세계 1등은 다르게 일한다

세계 1등은 다르게 일한다

LG전자, 생활 가전 세계 넘버원의 비밀   이영하 지음

서울문화사

1999년 IMF 외환위기 상황에서 글로벌 컨설팅 회사가 "생활 가전 사업은 성숙 산업이고 수익성을 높이기 어려우니 제값을 받을 수 있을 때 매각하는 것이 좋겠다"고 LG전자에 조언했다. 그러나 LG전자는 생활 가전 사업에 매진했고 그들의 조언이 잘못되었단 사실을 증명했다. 모방과 원가 경쟁력에 기반한 LG전자의 생활 가전 사업은 비전 없는 후발주자 취급을 받았다. 그러나 끊임없는 연구 개발, 기술력과 소비자 니즈를 반영하는 신제품 개발, 조직 문화와 리더십을 토대로 한 실행 능력 등으로 LG전자는 세계 최고의 가전 업체로 발돋움했다.

LG전자의 생활 가전 사업은 지난 30년 동안 한 해도 적자 없이 지속적인 매출 성장으로 이익을 높이고 있다. 2021년에는 글로벌 1위 업체인 월풀을 제치고 세계 최고 업체로 등극을 앞두고 있다. LG전자는 혁신을 통한 DD 세탁기 등 기존 제품의 재활성화뿐만 아니라 스타일러 등 새로운 제품군과 시장을 세계 최초로 만들어가는 혁신 리더로 자리매김하고 있다.

1999년 LG전자의 생활 가전 사업을 보고 오늘의 모습을 상상할 수 있었던 사람은 별로 없었을 것이다. LG전자의 생활 가전 사업은 불가능을 현실로 만든 역사고, 무엇보다 이 책의 저자인 이영하 사장은 이러한 변화와 혁신 과정에서 다양한 역할을 담당한 주역이다. 이 책은 그의 경험과 지혜를 담은 책이다. 35년 경륜을 토대로 한 그의 조언을 통해 LG전자 생활 가전 사업의 변신 과정으로부터 우리가 어떤 미래를 꿈꿀 수 있고 이를 실현하기 위해서는 어떤 노력을 해야 하는지를 알 수 있을 것이다.

나와 이영하 사장의 인연은 2015년 봄학기 고려대학교 경영대학 EMBA 프로그램에서 개설된 '불확실성과 신규 사업 전략' 과목에서 교수와 수강생으로 시작되었다. 과목 자체가 실무 경험이 많은 임원급을 대상으로 한 데다 신규 사업에 관한 것이라 많은 토론이 이루어졌다. 이영하 사장은 여러 면에서 눈에 띄는 수강생이었다. 그는 수업 시간에 여러 사례와 경험을 공유하면서 교수가 설명하는 이론적 이야기를 다양한 맥락 속에서 이해할 수 있도록 도와주었다. 때로는 이론과 맞지 않는 사례나 미처 생각해보지 못했던 질문을 이야기해 나를 당황하게 했지만, 그 덕분에 우리 모두 더 많은 것을 공유하고 학습할 수 있었다. 그 후 내가 이영하 사장의 DBA 박사학위 논문 지도교수를 맡으면서 더 많은 이야기를 나눌 수 있었고 LG전자 생활 가전 사업에 녹아든 경영 철학을 이해할 수 있었다.

나는 이영하 사장의 35년의 역사를 책으로 만날 수 있는 것이 너무 기쁘다. 그가 창원 공장의 신입사원에서부터 글로벌 리더가 되기까지

의 과정과 LG전자의 생활 가전 사업이 글로벌 톱 1이 되는 과정 자체
도 흥미롭다. 그의 경영 철학이 정리된 이 책은 직장 생활을 막 시작한
사회 초년생부터 조직을 이끄는 리더까지 곱씹어볼 만한 내용이 많다.
많은 분들께 도움이 되는 이야기이므로 일독을 권하고 싶다.

김희천

고려대학교 경영학과 교수,
전 한국인사조직학회·한국전략경영학회 회장

World First, World Best.

 '세계 최초, 세계 최고'라는 의미며 내가 현직에 근무할 때 가장 좋아했던 단어들이다. 고객을 위한 창의적 가치는 그것을 세계 최초로 내놓을 때 그 가치가 가장 높고, 후발자들이 모방하는 순간 하락하기 시작한다. 그리고 고객에게 이미 제공되고 있는 가치라 해도 고객이 확실히 차별화를 느낄 수 있게끔 경쟁사 대비 세계 최고 수준으로 획기적이게 제공한다면 새로운 수요를 창출할 수 있다.

 이 세상에 영원한 1등은 없다. 변하지 않는 것은 없으며 1등은 계속 도전을 받고 순위가 바뀌기도 한다. 수많은 벤처 기업이 탄생하듯이 새로운 사업은 시간과 공간을 초월해 생겨나고 있다. 후발주자도 언제든 1등을 향해 도전할 수 있다. 그렇기에 1등의 위치에 있는 기업은 스스로 후발 추격자와 큰 격차를 벌리는 것을 목표로 설정하고 뛰지 않으면 그 위상은 언제든 변할 수 있다.

나는 인생을 3막으로 나누어본다. 1막은 태어나서 취직할 때까지, 그리고 2막은 취직해서 정년퇴직할 때까지, 마지막 3막은 은퇴 후의 삶이다. 인생 1, 2막은 '하지 않으면 안 된다must do'의 연속이다. 따라서 인생 3막은 나의 의지대로 '원하는 것을 한다want'로 정했다.

다행히 아내가 살림을 알뜰하게 해서 노후 걱정은 말고 인생의 3막은 건강을 잃지 말고 내가 하고 싶은 것을 하라는 당부와 함께 흔쾌히 지원해줬다. 한강이 보이는 서재에 나만의 공간을 마련해준 아내에게 늘 감사한 마음을 갖고 있다.

은퇴 후 경영학 박사학위 취득을 위한 MBAMaster of Business Administration (경영학 석사), DBADoctor of Business Administration(경영학 박사)의 5년은 내가 걸어온 길과 다른 분야에서 일하는 젊은 후배들과 다른 관점에서 토론도 하고 내가 걸어온 길을 관조해보는 좋은 기회가 되었다.

성공한 기업도 많고 본받을 분들도 많은데 어쩌면 이 책을 쓴다는 것이, 후배들에게 무언가 도움이 되는 말들을 정리해보겠다고 나선 것이 만용이었고 부끄럽다는 생각도 든다. 하지만 나는 인생의 2막인 60세까지 만 35년을 열심히 일했다. 인생의 1막인 배움의 과정을 마치고 금성사(현 LG전자)에 입사하면서 고민도, 갈등도 많았다. 여러 과정을 거쳐서 35년을 생활 가전 사업에 매진하고 글로벌 경영의 사업 책임을 맡아 훌륭한 선배, 동료들 그리고 후배들의 도움에 힘입어 세계 1등 사업의 초석을 놓는 데 기여한 보람은 결코 잊을 수 없는 일이다.

여기에 쓰여 있는 것은 거창한 철학 이야기가 아니다. 다만 촌놈이 충실히 직장 생활을 하면서 한 걸음 한 걸음 다가가다 보니 어느새 글로벌 리더가 되어 있던 과정이다. 정리해보면 대략 9가지 정도로 요약해볼 수 있었다. 이 내용이 자신이 흙수저라고 생각하거나 사회생활을 처음 시작해 걱정이 많은 젊은이들에게 조금이나마 도움이 된다면 용기를 내서 집필한 보람을 느낄 것이다.

항상 꿈을 설계하고 실천하라

1장 _____

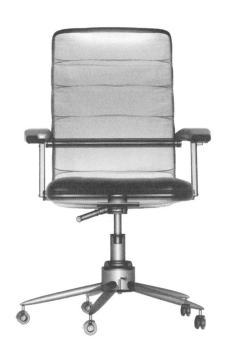

장군에서 엔지니어로

자라면서 꿈을 가지고 계속 그 꿈을 향해가는 사람도 있는가 하면 중간에 꿈이 바뀌는 사람도 있다. 김영삼 대통령은 학창 시절부터 '나는 대통령이 되겠다'는 목표를 벽에 크게 써 붙여놓고 공부를 했다 한다. 결국, 그는 여러 역경을 이겨내고 목표했던 꿈을 이루어냈다. 하지만 성장 과정이나 환경에 따라 꿈이 바뀌어 어릴 적 꿈꾸었던 것과 다른 곳에 서 있는 사람들도 많다.

  내 어릴 적 꿈은 장군이 되는 것이었다. 동네 앞, 뒷산 가릴 것 없이 전쟁놀이의 장소가 되었고 나무로 만든 권총과 어깨에 메는 장총을 가지고 나뒹굴었다. 중학교 때 같이 하숙을 하던 친구는 해군사관학교에 가서 해군 참모총장이 되고, 나는 육군사관학교에 가서 육군 참모총장이 되는, 꿈 이야기를 서로 나눈 적이 있었다. 그러나 고등학교 때 어려운 사람을 돕던 봉사 활동을 하다가 그만 오른손 집게손가락 한 마디가 절단되는 사고를 당했다. 그 순간 장군의 꿈은 사라져 버렸다. 병무청에서 신체검사를 할 때 장군은 고사하고 군의관이 병역이 면제되는 병종으로 판정하려고 해서 사정을 했다. 군의관이 "참 이상한 놈 다 보겠네. 남들은 군대 안 가서 좋다고 할 건데 당신은 왜 군대 가려고 해?"라고 했다. 그래서 나는 "사회 나가서 군대 안 다녀온 놈이라는 눈총을 받기 싫고 남자라면 한번 꼭 경험해보고 싶습니다"라고 대답했다.

"좋아! 당신이 그렇게 원하면 현역은 안 되고 보충역으로 판정한다. 단 보충역은 자원에 따라 군 생활을 할 수도 있고 면제될 수도 있다."

보충역으로 판정받고 병무청에 근무하는 초등학교 동창의 도움으로 영장을 받아 군부대에서 방위로 14개월을 근무했다. 조치원에서 추운 날씨에 3주간 힘든 입소 훈련을 받은 일, 영내 생활 등, 이런 경험이 없었으면 사는 내내 허전함과 미련이 많이 남았을 것이다. 아무튼, 장군의 꿈은 고등학교 절친에게 권유해 그가 나중에 장군이 됨으로써 대리 만족이나마 하게 되었다. 이러한 과정을 보면 나는 외향적 성격이었고 현장 중심의 일을 선호했던 것 같다.

1973년 대학에 입학할 때는 시골에서 가난하게 살았기 때문에 잘 살아보자는 공업 입국의 꿈으로 공대에 지원했다.

나중에 회사 생활을 하면서도 공학을 전공한 것에 대해 후회한 적은 없었다. 논리적으로 사고할 수 있고 기술이나 제품을 실제로 만드는 일을 할 수 있기 때문이다. 엔지니어의 꿈을 꾸며 화학공학, 품질관리, 환경·안전관리 분야 등의 5개 1급 기사 자격증을 품에 안았고 자격증은 이후 공장 생활에 많은 도움이 되었다. 그리고 회사 생활을 하면서 공학 배경을 가지고 MBA 등 상경계의 필요한 지식을 습득해나갈 수 있었다.

진로를 정할 때 여러 선택지를 고민했지만, 최종적으로 기업에 취직하는 것을 선택했다. 1979년 입사할 당시 맨손으로 자수성가해 큰 그룹을 일으킨 창업자들, 샐러리맨으로 시작해 글로벌 경영을 훌륭하게 해낸 분들의 이야기는 뇌리에 강력하게 각인이 되고 귀감이 되었다.

기업에 입사한 후의 목표는 그런 롤 모델과 같이 나도 글로벌 경영을 하는 사장이 되는 것이었다. 이 꿈은 언제나 일을 맡으면 그 분야에서는 '내가 사장이다'라는 생각으로 임하는 기준이 되었다. 맡겨지는 범위가 점차 커지고 어느덧 나도 모르는 사이에 만 50세에 글로벌 경영을 하는 사업본부장이 되어 있었다.

이렇게 꿈을 갖는다는 것은 끝없는 에너지를 분출하게 하고, 꿈을 향해 매진하다 보면 어느 순간에 자기도 모르게 그 위치에 서 있는 자신을 발견하게 된다. 정년 퇴임까지의 지난 세월 동안 나에게 붙여진 별명을 회상해보면 꿈이 다소나마 이루어졌음을 느끼게 한다.

조직 구성원들이 붙여준 것은 '불도저'였고 동료 L사장이 붙여준 별명은 '야전 사령관'이었다.

비전을 정립하라

꿈은 꾸어야 이루어질 수 있다. 꿈이 있어야 그를 달성하기 위해 할 일이 보이고 도전 의지가 생기기 때문이다.

비전은 미래에 도달하고자 하는 미래상 또는 희망을 말한다. 비전의 특성은 상상력, 영감, 인사이트insight(통찰)를 위한 다양한 정신적 능력을 포함하는 여러 지적 형태라 할 수 있다.

비전을 세우기 전에 상위 개념의 미션Mission(사명)이 정립되어야 한다. 즉 기업이나 조직이 왜 존재하는지 그 이유와 궁극적인 목적이 명확히 정립되어야 한다. 이 미션은 쉽게 변할 수 없는 고유의 가치가 된다. 그리고 이를 달성하기 위해서 핵심 가치인 비전을 설정해야 한다. 이는 구성원들이 한 방향으로 나아갈 수 있도록 정해야 하며, 막연한 표현이 아니라 구성원들이 명확하게 인식하고 쉽게 공유할 수 있도록 구체적이어야 한다. 비전은 상황과 실행 정도에 따라 유연하게 변화할 수 있지만 이를 뒷받침하는 강한 전략과 실행으로 수정을 최소화해야 한다.

예를 들면 애플의 미션은 '사람들에게 힘이 되는 인간적인 도구들을 제공해, 우리가 일하고, 배우고, 소통하는 방식을 바꾼다'이다. 미션을 실행하기 위한 비전은 '사람이 세상을 변화시키는 창조자가 되어야 하며 기계나 시스템에 종속되어서는 안 된다'이며 슬로건은 '다르게 생각하라Think different'로 정했다. 이 가치가 오늘날의 애플을 있게 한 원동력이라고 생각된다.

애플의 스티브 잡스는 그의 비전을 "심혈을 기울여 열과 성을 다하는 것"이라고 표현했다. 잡스는 선견지명과 상상을 결합하는 데 있어서 뛰어난 사상 전향 및 과대망상의 소유자였다.

애플은 2020년 9월 말 기준으로 연간 매출액 2,740억 달러, 영업이익률 24%이며 시가 총액은 세계 1위인 2조 2천억 달러(약 2,400조 원)의 초우량 기업이다. 일반적으로 매출액 대비 1~2배 정도의 시가 총액이 되면 우량 기업이라고 한다. 애플이 매출액 대비 8배 정도의 시장 가치를 인정받고 있다는 것은 시장이 애플의 수익성과 성장 잠재력을 크게 인정하는 것이라고 볼 수 있다.

구글은 미션을 '전 세계의 정보를 체계화해 모두가 편리하게 이용할 수 있도록 하는 것'으로 정하고 이를 실행하기 위한 비전은 '단 한 번의 클릭으로 전 세계의 모든 정보에 접근하는 것'으로 정했다. 이와 같은 미션과 비전을 실행하기 위해서 검색에 집중해 전 세계 검색량의 90%를 점유하는 가장 뛰어난 역량을 갖추었고 지배력이 더욱더 커지고 있다. 창립 후 20여 년이 지난 2020년 말 기준으로 구글은 연간 매출액 1,824억 달러, 영업이익률 20% 이상인 초우량 기업이 되었다.

LG그룹의 비전은 '1등 LG'이며 이를 달성하기 위한 경영 이념은 고객을 위한 가치 창조와 인간 존중의 경영이다. 경영 이념은 회사가 경영 활동을 통해 실현해나가고자 하는 신조, 지향점 등 고유의 가치관을 나타내는 것이며 그 기업이 존재하는 이유다. 따라서 경영 이념은 직원들을 한 방향으로 향하게 하고 수많은 의사 결정이나 행동의 기반이 된다.

고객을 위한 가치 창조는 고객을 최우선으로 생각하고, 고객에게 최고의 가치를 제공하는 것이며 고객 만족을 극대화하기 위해 지속적으로 혁신하는 기업 활동의 목적이다.

인간 존중의 경영은 구성원의 창의성과 자율을 존중하고 성과주의 경영을 통해 개개인의 능력을 최대한 개발하고 발휘할 수 있도록 하는 기업 운영 원칙이다.

이러한 경영 이념 실천을 위한 행동 방식은 정도 경영이다. 고객에게 정직하고 더 나은 가치를 제공하기 위해 꾸준한 혁신으로 실력을 배양하고, 고객을 위한 가치 창조를 실현해야 하며, 공평하게 기회를 제공하고 능력과 업적에 따라 공정하게 대우함으로써 인간 존중 경영을 실천할 수 있다.

최고 경영층에 의한 비전 리더십은 문화 변혁을 위해서 필수다. 비전을 실행하는 데 있어서 매우 중요한 비전 리더십의 정의는 다음과 같다. 첫째, 요구되는 미래 조직의 모습을 꿈으로 그리는 것이다. 둘째, 추종자들에게 효과적으로 소통하고 분명히 표현하는 것이다. 셋째, 추종자들이 비전을 실행할 수 있도록 힘을 실어주는 것이다. 즉 비전 리더십은 비전(아이디어)→소통(언어)→권한위임(행동)과 같은 구체적인 단계의 과정으로써 정의된다.

비전 수립은 막연하게 보이는 것이 아니라 달성하고자 하는 모습을 구성원들이 보고 느낄 수 있도록 구체화하고 추진 단계를 명확히 해야 한다. 특히 비전의 문화적 변혁은 시간에 걸쳐 단계적이고 점진적으로 이루어지기 때문에 더욱 그러하다.

비전에 대한 의사소통은 연구를 많이 해야 하는 사항으로 논리가 있어야 하고 감정을 자극하고 동기를 부여할 수 있어야 한다.

그리고 비전 리더십은 불가능한 꿈이 현실이 되도록 영감을 불어넣어주며 혁신의 꿈이 실현되도록 북돋아주는 것이다.

이상과 같이 살펴본 비전이 한낱 꿈으로 그치지 않으려면 실제로 변화시킬 수 있는 변혁적 리더십이 뒷받침되어야 한다. 그리고 이 변혁에 구성원들이 함께 참여할 수 있도록 신뢰가 형성되고 이는 진성, 공유 리더십(3장에서 설명하겠다)이 뒤따라주어야 한다.

변혁적 리더십은 좋은 모습의 조직을 위해서 이해타산을 초월하는 기대 이상으로 실행할 수 있도록 추종자에게 영감을 불어넣고 단기, 장기적인 프로세스로 변혁하도록 하는 리더의 행동이다. 이러한 변혁적 리더들은 직원들에게 리더 자신과 조직에 프라이드, 충성심, 존경심을 갖도록 북돋아주는데 이를 카리스마라 한다. 카리스마는 진성 리더십이 뒷받침되어야 하며, 리더들은 이를 통해 직원들에게 영감과 지적 자극을 준다.

생활 가전 사업에서 비전을 보다

어떤 사업이든 사업 본질의 비전을 명확히 설정해야 존속 가치가 있다. 내가 몸담았던 생활 가전 사업은 한때 사양 산업으로 인식되어 구조조정 대상이 된 적도 있었다.

생활 가전 사업은 필수적인 의식주에 관한 것이기 때문에 인류가 존재하는 한 영원히 없어지지 않는다. 따라서 생활 가전 사업의 미션은 고객이 가치를 느끼는 솔루션을 제공해 고객이 더욱 편리하고 건강한 삶을 영위하도록 하는 것이며 비전은 이러한 미션을 바탕으로 생활의 모습을 가장 먼저 다르게 바꾸어나가는 일류 회사일 것이다.

조선, 반도체, TV 등은 오래전부터 세계 1위의 위치를 차지해오고 있지만, 냉장고, 세탁기, 오븐, 에어컨 등 한국의 생활 가전 제품이 세계 일류의 반열에 올랐다는 것을 아는 사람은 많지 않은 것 같다. 생활 가전 제품은 다른 전자제품과 달리 혁신 속도가 상대적으로 느린 편이다. 하지만 동종 업계와 비교하면 과감한 연구 개발과 스피드 경영으로 2021년부터는 100년 이상의 역사를 가진 미국 월풀을 제치고 LG전자의 생활 가전 사업이 선두에 나설 것으로 보인다.

이처럼 생활 가전은 규모나 수익성 측면에서 LG의 효자 사업이 되고 있지만, 한때 위기를 맞은 적도 있었다. 1989년 발생한 창원 공장의 100일간의 노사 분규는 절체절명의 위기를 가져왔다. 모든 것이 정지된 상황이었고 이것은 전사적으로 심각한 경영 위기에 봉착할 정도의 큰 충격을 가져왔다.

그리고 1997년 말에 터진 IMF 외환위기 때 생활 가전 사업도 매각 후보에 올라 검토된 적이 있었다. 온 나라가 외환 보유 부족에 시달렸고, BIS Bank for International Settlements (국제 결제 은행)가 권고한 은행 자기 자본 비율 8% 이상, 기업 부채 비율 200% 이하를 맞추지 못하면 대출이 중지되거나 일부 사업을 매각해 맞춰야 했다.

이 작업을 주관하던 M컨설팅의 파트너였던 K컨설턴트에게 거칠게 항의한 적이 있었다. 당시 나는 컴프레서 사업부장을 맡고 있었는데 컴프레서는 냉장고, 에어컨의 핵심 부품이기는 하지만 글로벌 경쟁사들은 아웃소싱 하는 부품 사업이니 첫 번째 매각 대상이었다. 특히 에머슨 그룹의 C사가 가장 눈독을 들이고 있었다. K컨설턴트의 설명인즉, 생활 가전이 안정적인 수익을 내고 있으나 캐시카우 cash cow (시장 점유율이 높아 꾸준한 수익을 가져다주지만 성장의 가능성은 낮은 제품이나 산업) 사업이기 때문에 제값을 받을 수 있을 때 매각해 그 자금을 성장성이 높은 사업에 투자하는 것이 미래를 대비하는 것이라고 했다. 이론적으로는 맞는 말이지만 그 전략을 실행하지 못했을 때에는 어떻게 할 것인가?

후일 기존 생활 가전 분야에서 세상을 바꾸는 창의적인 혁신 제품들이 연달아 출시되고 성장 및 수익성에 크게 기여해 이 생각이 틀렸음이 증명되었다.

- 꿈은 꾸어야 이루어질 수 있다.
- 기업이나 조직의 미션은 명확히 정립되어야 한다.
- 기업의 비전은 구성원들이 한 방향으로 갈 수 있도록 정해야 한다.

전공은 다시 시작된다

2장 ─────────

직장은 평생 학습의 터전이다

배움의 장소인 학교에서 사회로 나오는 시기는 많은 기대와 불안이 교차하는 때다. 초등학교 입학부터 대학교 졸업까지의 세월은 무려 16년이고 유치원, 군 생활 등을 포함한다면 거의 20년을 배우고 사회에 나오는 셈이다. 이런 배움의 장소에서 시험으로 일정 지식에 대해 경쟁하는 것과 직장 생활에서의 경쟁은 크게 다르다. 마치 주어진 온실에서 자란 화분을 야생에 내놓는 것과 같다.

사회는 워낙 분야가 다양하고 삶의 형태, 가치관이 다른 사람들이 혼재해 살아간다. 이러한 세상이 돌아가는 힘과 방식은 항상 변하고 있고 새로운 지식이 필요해진다. 그러므로 학교에서 배운 기본적인 지식만으로는 새로운 세상의 변화를 전부 충족시키지 못한다. 제조 산업, 서비스 산업 등 모든 분야에서 평생 학습이 필요한 이유다. 뜻하지 않은 길을 선택하는 경우도 많이 있기 때문에 더욱 그렇다.

그리고 지식 못지않게 더욱 중요한 것은 사람과의 관계, 소통 능력, 리더십 등의 함양이다. 물론 이론대로 잘 되지 않는 것이 대인 관계다. 많은 경험과 반성을 하고 매일 개선해나가야만 하는, 죽을 때까지 해결하기 어려운 숙제다.

입사 1년 차 신입사원 시절, 전공과 다른 직장에 입사해서 이직을 고민하고 있을 때 우연히 그룹 사보에 게재된 기사를 봤다. LG화학 어느 부사장의 글이었다. 대학에서의 전공은 넓은 범위의 일반적인 기초 지식이고 직장에 들어오면 전공으로 쌓은 지식을 더 깊이 있게 학습하거나 전공 이외의 분야를 학습하지 않으면 안 된다는, '전공은 다시 시작된다'는 내용이었다. 즉 평생 학습을 강조한 글이었다.

전공에 맞는 곳에 취업해도 실제 현장에서 쓰이는 지식은 대학에서 배운 것들 중 일부분이다. 따라서 어떤 제품을 만드는 회사에 들어갔을 경우 그 제품에 대한 전문성과 다양성에 대해 더욱 학습해야만 한다.

한 예로 냉장고를 만드는 회사가 제품 설계를 한다고 가정해보면 주로 기계공학 전공에 따라 차별화된 디자인, 끝마무리 품질을 뒷받침할 수 있는 기구 설계가 많이 필요하다. 그러나 일반 냉동 이론에 더해 단열, 유체 유동 등에 의한 효율 향상, 소음·진동 저감, CAE Computer Aided Engineering (컴퓨터 이용 공학) 해석, 6시그마 기법의 품질 개선 등 많은 분야에 대해 추가로 학습해야 한다. 그리고 제품을 효율적으로 가동해주는 스마트 제어에 대해서도 협업할 수 있는 능력이 필요하다. 냉장고 내 보관 식품의 유효 기간 알림과 그에 따른 쇼핑 지원 등 똑똑한 냉장고를 만들기 위해서는 AIArtificial Intelligence(인공지능) 기술이 필수 불가결한 시대가 되었다. 잘 팔리는 제품을 설계하려면 소비자가 원하는 것을 잘 파악할 수 있는 상품기획 능력도 필요하다. 또한, 수익성이 높은 제품 설계를 위해서는 원가 개념도 명확해야 하고 생산 현장을 고려한 생산성도 반영할 수 있어야 한다. 조직 책임자는 리더십과 인사 관리의 능력도 갖춰야 한다.

이렇듯 기업에 들어가 일을 하려면 전공에 더해 다방면의 지식과 경험을 쌓아야 한다. 학교 졸업은 또 다른 전공을 위한 출발점이 될 것이다.

전공을 뛰어넘어 새로운 직무로

보통 전공별 특성을 보면 이공계 계통은 논리적이고 문제 해결 능력이 높고 인문계 계통은 상상력이 풍부하고 유연성이 높은 편이다. 기업 경영에 있어서는 이 두 분야의 역량을 모두 갖추기 위한 지속적인 학습이 중요하다. 서로 다른 분야를 융합해 어떻게 시너지를 낼 수 있는지가 중요한 시대가 되어가고 있다.

새로운 삶의 변화를 추구하고, 애플의 스마트폰 혁신을 이끌었던 스티브 잡스는 철학과 중퇴였으며 경영의 귀재로 일컬었던 제너럴 일렉트릭GE의 잭 웰치는 화학공학과 박사였다. 중국 성장을 주도했던 장쩌민 주석의 전공은 전기공학, 후진타오와 시진핑의 전공은 수리공정 및 화학공학이었다. 물론 이들은 정치가로 성장하면서 인문, 법학 등의 역량을 갖추고 지도자로서의 면모를 갖춰나갔을 것이다. 반면 마이크로소프트의 빌 게이츠, 페이스북의 마크 저커버그, 아마존의 제프 베조스는 응용 수학이나 컴퓨터를 전공하고 전공 분야에서 성공한 창업자들이나 그들도 회사 규모가 커지면서 재무 등 경영에 관한 학습을 해야 했다.

창원 공장의 신입사원

요즈음 채용 절차는 서류전형과 인·적성 테스트를 거쳐 면접을 보는 순서로 이루어지는 경우가 많다. 서류전형과 인·적성 테스트는 대개 정형화되어 있어서 정량적으로 평가한다. 거기에서 기본적인 자질이 되는 인재를 선발해 최종 면접을 보는데 정성적으로 평가하기 때문에 여러 변수가 많다.

내가 입사 시험을 보았던 1978년 9월로 되돌아가 보면 고도 경제성장기였기 때문에 요즘과 같이 취업이 힘들지는 않았다. 하지만 LG, 삼성, 현대, 대우 같은 당시의 4대 그룹은 경쟁이 치열했고 취업이 되면 지금처럼 선망의 대상이 되곤 했다. 시대의 흐름에 따라 취업이 잘

되는 인기 학과가 달라지곤 했는데 1980년대로 진입하는 시점에서는 기계, 화학공학 같은 기초 분야는 어느 정도 신규 투자가 된 상황이라, 신규 성장의 추는 조선업으로 가 있었다.

내 전공은 화학공학이었기 때문에 4대 그룹 중 화학 분야 사업에서 강점을 가진 LG그룹에 지원하게 되었다. 화학공학 분야의 그룹 공채는 먼저 서류전형에서 100명을 뽑았다. 그리고 그 100명을 대상으로 필기시험을 봤는데 전공과 영어였던 것으로 기억한다. 4대 그룹은 중복 지원을 방지하기 위해서 같은 날 필기시험을 실시했다. 9월 중순에 100명의 절반인 50명의 필기시험 합격자를 뽑고 그 명단을 당시 본사였던 서울역 앞 빌딩의 현관에 게시했는데 마치 대학 합격자 발표 같았다.

9월 말에 면접을 봤는데 면접관이 당시 금성사의 중앙 연구소 상무한 분과 기계 사업부장 K상무였다. 그룹 공채라 각 계열사에서 면접관이 차출된 것 같았고 금성사 임원에게 배당된 것이 내 운명의 시작이었던 것 같다.

희망 근무 장소를 쓸 때 1지망부터 3지망까지 전부 대전 위에 있는 사업장을 선택했다. 이유는 집안 친척 두 분이 화학공학과를 나와서 한 분은 울산 화학 공장에, 또 한 분은 창원 공장 근무를 하고 있었는데 명절에 고향 금산까지 오려면 지금같이 고속도로가 놓여 있지 않아 버스, 기차를 타고 7시간 이상 와야 했기 때문이었다. 친척들은 가능하면 대전 이북의 공장으로 가라고 했고 그것이 많은 영향을 주었다.

입사 전까지 대전 밑으로 가본 적이라고는 김천 직지사와 경주 수학여행이 전부였으니 무지할 수밖에 없었고 면접관의 첫 질문인 "서울이 고향이 아닌데 왜 1지망으로 서울을 희망했느냐?"라는 질문에 답이 궁할 수밖에 없었다. 에둘러 이리저리 이유를 댈 수밖에 없었고 급기야 친척들의 이야기까지 동원되었다.

화학공학 전공 필기시험 합격자의 절반인 25명이 그룹 공채에서 최종 합격이 되었고 그중 3명이 금성사로 배치되었다. 면접관은 왜 날 합격시켰을까? 면접이 결과에 영향을 끼쳤을까? 아니면 금성사 창원 공장에서 화학공학 전공자에 대한 충원 요구가 강했기 때문일까? 또는 그나마 친척과 연고가 있어 정을 붙이고 잘 근무할 수 있을 것이라 배려했을까? 어떤 것이 영향을 주었는지 모르지만 이런 과정을 거쳐 운명의 창원 공장으로 배치 발령을 받았다.

일반적으로 전공을 생각하면 화학 공장이 많은 울산이나 여수 화학 공업 단지로 배치했을 텐데, 이후 알레르기 비염으로 평생 고생한 것을 생각하면 화학 공장에 안 간 것이 어쩌면 다행일지도 모른다.

1979년 1월 화학공학이 주력이 아닌 금성사 창원 공장에 처음 입사했을 때 몇 가지 걱정이 앞섰다. 먼저 생활 가전 제품을 만드는 이 공장에서 화학공학을 전공한 내가 보람 있는 일을 할 수 있을 것인가? 그리고 경상도 사투리, 음식 등 문화가 안 맞는 이곳에서 잘 적응할 수 있을까? 가능하면 대전 이북으로 가라던 친척은 내가 입사하기 전에 전공을 살리고자 화공엔지니어링 회사로 이직한 후였다.

나를 맞이해준 창원 공장의 첫인상은 정말 낯설기만 했다. 직원들의 말소리는 빠르고 톤이 높아 못 알아듣는 사투리도 튀어나오고 말투는 마치 나에게 싸움을 걸어오는 것처럼 느껴졌다. 또 첫 식사에서 나온 음식은 생전 처음 먹어보는 미더덕찜, 향내 짙은 산초가 들어간 장어국, 너무 짠 김치 등이었다. '아~ 내가 과연 이곳에서 적응하고 살 수 있을까' 하는 생각이 드는 하루였다. 그러나 지금은 미더덕찜도 맛있고 산초 들어간 장어국도 시원하니 사람은 환경에 적응하는 동물이 맞는 것 같다.

지금은 서울과 지방의 격차가 많이 줄어들었지만, 취업생들은 여전히 지방 근무를 기피한다. 수도권에서 대학을 졸업한 학생들은 더욱 그러하다.

이런 트라우마 때문이었는지 사업본부장 재임 시에 신입사원들이 잘 안착할 수 있도록 호텔 수준의 기숙사, 식사 질 개선, 신입사원에 대한 다양한 교육 체계 및 실전 OJT On the Job Training(직장 내 교육 훈련) 등을 집념을 가지고 추진했다.

1979년 입사해서 처음 맡은 업무는 품질관리였고 그중에서도 화학, 금속 재료에 대한 물성 시험을 하는 업무였다. 전공과 일부 관계되는 일이지만, 냉장고에 들어가는 부품이었기 때문에 전체 성능이나 제품에 대해서 잘 알 수 없었다. 당연히 직무 만족도가 낮을 수밖에 없었고 그해 가을 채용 시즌에 화학 회사로 다시 응시할까 많이 고민했다.

40년이 지난 2018년 잡코리아에서 기업 인사 담당자들을 대상으로 한 설문조사 결과를 보면 퇴사자의 절반이 1년 차 미만 신입사원이고 3년 차 미만이 80% 이상으로 집계되었다. 신입사원의 80%가 이직 의사가 있으며 실제 이직 활동을 하는 직원도 46%에 이르고 있다. 3년 차 미만, 특히 신입사원의 관리가 특별히 요구되는 이유다.

무엇이 이들을 이직하고 싶게끔 만드는 것일까? 1, 2순위는 연봉 수준과 복리후생이었고 3위는 성장에 대한 불안감, 4위는 직무 및 일에 대한 회의감이었다. 나의 경우는 상대적으로 대우가 좋은 대기업이었으므로 화학공학 전공으로 과연 이 회사에서 성장할 수 있을 것인지 하는 불안과 제품에 대한 주 업무가 아니라 부차적인 부품 업무여서 업무 만족도가 낮았다. 여기에서 계속 근무할 것인지 아니면 전공을 찾아 다른 회사로 이직할지 고민하던 입사 6개월쯤 되었을 때의 일이다. 품질관리 부장이었던 K부장과 함께 퇴근할 일이 있었는데 그때 K부장이 물어왔다.

"이 기사! 어때, 할 만해요?"

"아니요. 재미없습니다."

"아니 왜?"

"냉장고를 만드는 공장에 있으면서 제품 전체를 모르고 부품만 시험하고 있으니 보람도 없고 재미없습니다."

"제품을 하면 골치 아픈데 뭐 하러?"

"그래도요."

신입사원이 당돌하게 10년이나 위인 하늘 같은 부장에게 스스럼없이 대답할 수 있었던 것은 K부장이 부서 분위기를 워낙 화목하게 이끌어갔고 큰 형님처럼 잘 대해주었기 때문이다. 만약 이날의 대화가 없었다면 나는 하반기에 다른 화학 공장으로 옮겼을지도 모른다. 이런 대화가 있은 지 2주일이 지나 부서 회의를 할 때 K부장은 업무 조정을 했다.

"냉장고 네 번째 라인이 새로 가동되는데 기존 3개 라인의 제품검사 담당의 J기좌 업무가 많으므로 새 라인 제품검사는 이 기사가 기존 시험 업무를 하면서 추가로 맡도록 한다."

이 지시에 따라 이직 의향이 높았던 1년 미만의 신입사원은 30여 명의 시험 및 검사원의 리더가 되어 현장을 정신없이 뛰어다녔다. 덕분에 이직 시기를 놓치고 이어서 품질관리기사 1급 자격증을 취득하는 데 온 힘을 쏟아야 했다. 또 품질관리기사 육성 사내 강좌의 강사가 되어 후배들을 육성했는데, 대략 50여 명이 1급 자격증을 취득하도록 한 것 같다. 요즈음은 6시그마 IT 도입으로 훨씬 편리한 통계적 방법을 사용하게 됐지만, 당시 검정·추정, 실험 계획법은 수작업으로 해야 했기 때문에 쉬운 일이 아니었다. 이렇게 품질관리 업무에 몰입하는 동안 이직을 생각하는 3년이 후딱 지나가 버리고 나에게는 어느덧 품질관리 전문가라는 호칭이 붙게 되었다.

이처럼 사회 초년생인 신입사원은 대우, 장래에 대한 불안, 직무 불만족이 큰 고민이고 쉽게 흔들리곤 한다. 따라서 진솔한 대화를 통해서 불만족 사항을 얘기할 수 있도록 하고 본인의 일을 중요하게 생각할 수 있도록 개선해 가치 있는 일을 하게 해주는 것이 중요하다. 그 일을 수행할 수 있는 역량을 키우기 위한 체계적인 학습도 중요하다. 배움은 자신의 존재 가치가 높아진다는 것을 느끼게 해주기 때문이다.

다른 일을 해보고 싶어 하는 직원들의 욕망

어떤 일에 있어서 주 업무가 있고 부 업무가 있으면 부 업무를 하는 사람들은 주 업무를 해보고 싶다 생각하기 마련이다. 주 업무를 하는 사람도 역량 확대를 위해 다른 주 업무를 해보고자 하는 욕구가 있다. 또는 적성이 안 맞아서 직무 전환을 원하기도 한다.

예를 하나 들면 제품 설계를 하는 연구실에서는 어떤 신제품을 개발하는 팀이 구성되었을 때 전체 구조 설계 컨셉이 중요하기 때문에 기계 전공의 엔지니어들이 주로 팀 리더를 맡게 된다. 개발팀은 구조 설계, 회로 제어, 생산, 구매 등 관련 엔지니어나 담당자들이 모여 과제 해결 팀을 구성한다.

AI 시대가 된 지금은 컴퓨터나 전자공학을 전공한 엔지니어가 각광받는 시대가 되었지만 1995년 공조기 연구실장을 맡고 있을 때의 회로 제어 연구팀은 기구 설계와 달리 열등감을 가지고 있었다. 이유는 개발의 주인공은 기구 설계고 제어는 부 업무라고 생각했기 때문이다. 개발이 끝나고 성과를 포상할 때 팀 리더인 기구 설계 엔지니어가 스포트라이트를 받고 제어 설계자는 기여도가 낮은 평가를 받을 때 제어 설계팀은 소외감을 느꼈다. TV나 휴대폰 사업의 설계자로 입사했으면 그들의 일이 주 업무고 주인공이 될 텐데 생활 가전 내에서 비전이 불명확해 보여 만족도가 낮았다.

제어 설계팀을 맡고 있던 J팀장과 면담할 때 그는 이렇게 말했다.

"실장님! 제품에 살아 있는 혼을 넣는 것은 우리인데 우리는 주인공이 되지도 못하고 항상 부차적인 대접입니다. 우리 팀원들이 앞으로 임원이나 실장이 될 수 있는 희망이 있습니까? 소외감을 달래려고 팀워크 등 결속력을 다지고 있습니다만 걱정입니다."

다행히 그들은 똘똘 뭉쳐 있어서 고맙게 생각했다. 개발 성과를 분석해보면 기구 설계와 회로 제어 설계 엔지니어 모두 두 분야의 설계 이해도가 높을 때 완성도가 높고 좋은 제품이 출시되었다. 따라서 첫 단계로 회로 제어 설계자들을 대상으로 기구 설계 교육 프로그램을 만들어 이수하도록 했다. 냉동 원리를 깊이 알아갈수록 그들의 얼굴은 더욱 밝아져 갔다. 두 번째는 그들에게 직장인의 꽃이라고 할 수 있는 임원의 비전을 주는 것이었다. 이 일은 후에 사업본부장이 되었을 때 실현시킬 수 있었다. 각 제품 사업부 연구실 내에 있던 회로 연구팀을 전부 한꺼번에 모아 제어 연구소를 만들었고 연구소장을 상무 직책으로 보임해 그들의 비전을 실현했다.

처음에는 제품 사업부 연구실에서 반대가 심했다. 조직이 별도로 분리되면 의사 결정이 늦어지고 부서 이기주의 현상이 심해질 것이라는 우려였다. 결국은 협업 시스템을 강조한 TDR Tear Down Redesign (한계 돌파 혁신) 활동을 강화하고 제품 개발 시에는 현장에 파견 근무하도록 함으로써 해결해나갔다. 지금은 전무가 그 직책을 수행하고 있고 많은 임원급 연구위원들이 배출되었다. 그들은 스마트 인공지능 가전, 로봇 청소기를 비롯한 로봇 사업 등에서 종횡무진 눈부신 활약을 하고 있다.

다른 업무를 해보고 싶을 때는 나의 적성이 어느 정도 맞는지 확인해보고 시도하는 것이 좋다고 생각한다. 단지 다른 업무가 좋아 보여서, 남의 떡이 맛있어 보여서 전환하면 실패할 확률이 높다. 요즈음은 신입사원 채용 시부터 인·적성 테스트를 해 가능한 한 그에 맞는 직무 배치를 하니 다행이다.

적성이 이런 것이구나 하는 것을 느낀 적이 있었다. 1995년 공조기 연구실장을 할 때 창원에 오랜만에 눈이 많이 내린 적이 있었다. 공장 주위 도로의 눈을 치우지 않으면 협력 회사의 부품 물류 차량이 납품하기 힘들 수 있어 출근하자마자 전 공장 직원들이 구역을 나누어 눈을 치운 적이 있었다. 생산 부서 직원들이 치운 장소는 깔끔하지는 않았지만 대충 빨리 치우고 마쳤다. 내가 보기에도 곧 눈이 녹을 것이고 차량이 다니는 데도 문제가 없어 보였다. 하지만 우리 연구실이 맡은 장소는 꼼꼼하게 면도한 것처럼 비교가 안 될 정도로 깨끗하게 치우고 있으나 아직 절반이나 남아 있었다. 명확하게 느낄 정도로 큰 차이가 있었다. 만약 이런 적성을 가지고 있는 사람이 반대로 일한다면 설계에서는 에러가 나기 일쑤일 것이고 생산에서는 변화무쌍하게 일어나는 생산 현장의 이슈에 대해 빨리빨리 대응하지 못할 것이다.

설계에서 일했지만 리더십이 있어 사업 책임자가 된 사람도 있고 생산, 상품기획, 품질관리, 영업으로 전환 배치되어 훌륭한 인재로 큰 경우도 많다. 연구 개발 경험은 쉽게 할 수 없는 분야기 때문에 나는 처음에 연구 개발 부서로 배치해 전문성을 익히게 한 다음 적성에 맞게 다른 부서로 재배치하는 것을 선호했다. 제품 사업에서는 연구 개발의 경험이 전체 수준을 높이는 데 많은 역할을 한다. 인·적성 테스트는 주로 인사 부서에서 실시하고 본인에게 공개하지 않기도 한다. 웹을 이용하면 스스로 점검해볼 수 있으므로 본인의 적성을 잘 인지해 본인이 잘할 수 있는 영역에서 비전을 만들고 실현하는 것이 중요하다. IPIP-300 Personality Test(인·적성테스트)는 http://www.personal.psu.edu/~j5j/IPIP/ipipneo300.htm을 이용하면 자가진단을 해볼 수 있다.

새로운 전공에 도전하라

제조 현장을 원했던 이유

품질관리 업무 7년 차가 되었을 때의 일이다. 당시 창원 공장은 아이스크림을 보관·판매하는 쇼케이스 제품을 생산하고 있었는데 앞면에 스테인리스 장식 부품의 굽은 모서리가 날카로워서 소비자가 상해를 입을 수 있는 PL Product Liability(제품 책임)의 문제가 있어 불합격 판정을 했다. 이후 제조에서 금형을 계속 개선했지만, 당시의 금형 기술로는 한계가 있어 불합격이 일주일 연속으로 이어졌다. 결국, 출하하지 못하는 제품들이 창고에 가득 쌓이자, 제조팀의 J과장은 한도를 설정해서 출하하자고 매달렸다. 소비자 측면에서 출하 불가하다고 계속 말하니 J과장이 화를 냈다.

"이 과장! 여기까지가 내가 할 수 있는 최선이야. 이 과장이 주장하는 품질 수준을 원하면 개선 방법을 가르쳐줘. 그러면 그대로 해볼게."

다시 말하면 '내 실력으로는 이 이상 못하겠으니 잘난 네가 해봐라'로 들렸는데 간접 부서에만 있던 나로서는 갑갑한 일이었다. 이 일은 나중에 사업 책임자가 된 후 품질관리 요원을 설계나 제조 경험이 있는 직원들로 순환 배치하는 계기가 되었다. 아무튼, 이 충격으로 상사였던 부장에게 이제 품질관리를 7년이나 했으니 직접 부서인 제조에서 실제 품질을 개선하고 경험을 쌓게 해달라는 요청을 했고 긍정적인 답변을 받았다.

도쿄 주재 근무로 시야를 넓히다

그러나 운명은 전혀 다른 곳으로 흘러갔다. 생각지도 않게 도쿄 지사 설비 구매 담당으로 발령이 났다. 핵심 기술의 설비는 일본에서 많이 구매할 때였다. 전사의 설비 구매를 담당하는 것이었으므로 창원 공장의 생활 가전은 물론 평택, 구미 전자 공장의 연구 및 생산 설비를 총괄 구매하는 업무였다.

어떻게 해서 내가 주재원으로 선정되었을까? 후에 이야기를 들은 바에 의하면 도쿄 지사에서 평가한 결과 1차로 각 공장의 생산기술 부문으로부터 추천받은 인원들 중에 적합자를 찾지 못했던 것 같다. 따라서 생산기술 부문 외의 부서로 확대해서 2차 추천이 이루어졌고 내가 창원 공장 대표로 추천되어 최종적으로 도쿄 지사에서 승인했던 것 같다. 매사 적극적으로 임하는 자세가 눈에 띄었던 것일까?

도쿄 지사 근무를 하며 나는 열심히 일하고 많은 것을 배웠다. 또한 이 일을 계기로 자신감도 생겼다. 일본의 설비 업체와 최종 가격 협상을 하려면 설비에 대해서 잘 알아야 하고 일본어도 유창해야 했다. 평택, 구미 공장 전자제품 생산에 주로 사용되는 회로 기판의 부품 삽입 기계, 납땜 설비, 비디오 드럼 가공 설비, 전자관 생산 설비 등은 접하지 않았던 분야라서 열심히 학습해야 했다. 그리고 냉장고의 발포·진공 성형 설비, 에어컨 핀 프레스, 컴프레서 가공 설비, 세탁기 금형, 모터 권선기·프레스 설비 등도 모두 새로 배워야 하는 것들이었다. 그야말로 전공 공부를 다시 하는 것 같았다.

일본은 과거의 아픔 때문에 쉽게 회복될 수 없는 관계인 나라기도 하지만, 태평양 전쟁 때 미국을 상대로 싸운 항공모함과 제로 전투기를 개발, 생산했던 국가인 만큼 요소요소에 배울 수 있는 많은 기술을 가진 나라다. 쉬운 예로 2019년도까지 노벨상 수상자를 보면 한국은 평화상 1개뿐인데 비해 일본은 물리학, 화학, 의학, 문학, 평화상에 골고루 25명의 수상자를 배출했고 외국 국적 일본인까지 포함하면

30여 명에 이른다. 기초 과학에 강점이 있고 기기 제조사나 중소기업 연구자가 노벨상을 받는 것을 보면 강한 장인 정신을 느낄 수 있다. 우리도 일본에게서 본받아야 할 부분은 확실히 배워야 할 것이다.

아오지 탄광 공조열기 사업부를 자원하다

1990년 4년간의 도쿄 지사 근무를 마치고 귀국할 때 Y전무와 인사 면담을 했다.

"이 부장! 귀국하면 어디에서 근무하고 싶은가?"

"예, 창원 공장 출신이니까 창원으로 귀임하고 싶고 희망은 공조열기 사업부입니다."

Y전무는 공조열기 사업부 희망이 의외라는 반응이었고 왜 그런지 물었다.

"제가 일본에서 4년간 생활하다 보니 일본은 3C Color TV, Car, Cooler(컬러 TV, 자동차, 냉방기)가 성장 제품으로 산업을 견인하고 있는 것 같습니다. 한국에도 컬러 TV, 마이카 시대가 도래했으나 아직 에어컨 문화 시대는 열리지 않은 것 같습니다. 한국은 온돌 문화로 인해 에어컨의 난방 기능 필요성이 낮아서 일본의 다다미 문화와 달리 대중적인 가정용 에어컨 사용이 늦어지고 있습니다. 하지만 생활 수준으로 보면 5~10년 후에는 한국 시장에도 에어컨 시대가 도래할 겁니다. 현재 공조열기 사업부가 어려움이 많은데 그곳에 가서 사업을 일으키는 데 기여하면 보람이 있으리라 생각합니다."

Y전무는 이 이야기를 듣고 "이 과장 말이 맞아요. 나도 그렇게 생각합니다. 에어컨이 지금은 어려우나 장래가 있습니다. 사업부장과 협의해보도록 하지요"라고 했다.

당시 공조열기 사업부는 북한의 아오지 탄광과 같은 이미지였다. 지난 20년 동안 몇 해만 흑자를 낸 만성적자 사업이었고 1988~89년 2년 동안 사업부장, 공조기 공장장, 열기 공장장의 경영자 인사 이동이 12회나 있었으니 험지를 자청하는 것에 대해 가상하게 생각했을지도 모를 일이었다. 새로 부임한 공조열기 K사업부장도 흔쾌히 승낙해서 생산기술실장으로 부임했고 아마도 어려운 사업부를 자원한 것에 대한 첫인상이 좋아서인지 신뢰를 바탕으로 여한 없이 일하게 되었다.

1995년의 공조기 연구실장 발령은 나와 조직 모두에게 큰 변화였다. 연구실장은 전통적으로 설계를 해왔던 전문성을 갖춘 인재에게 맡기는 것이 일반적인 관례였으므로 파격적인 인사였다.

1990년 도쿄에서 공조기 생산기술실장으로 부임 후 생산 현장을 송두리째 바꾸어놓을 정도로 혁신했고 또 공조열기 사업의 구조 혁신을 위해 M컨설팅과 향후 사업의 구조조정 방향을 정하고 실행하는 중이었다. 그런데 직접 설계 경험도 없는 나를 왜 연구실장으로 보임했을까?

지난 5년 동안 생산기술의 혁신, 사업 구조 혁신에 대해 온 힘을 쏟아 어느 정도 수준이 오른 것 같아 예의 직접 부서에의 염원이 되살아

났다. 그래서 S사업부장과 면담할 때 사업부와 비교하면 협력 회사의 수준이 많이 뒤처져 있는 것 같으니 협력 회사를 혁신할 수 있도록 다음에는 구매 업무를 하고 싶다고 건의했다. 기회가 되면 반영해보겠다고 했는데 생각지도 않은 연구실장으로 발령이 났으니 의아했다. 후일 전해 들은 이런 인사의 배경은 연구실이 변화에 보수적인 면이 있어서 연구실 혁신을 추진하기 위해 K사업본부장이 발탁했던 것 같다.

지금 생각해보면 인사이드 아웃Inside Out 문화를 아웃사이드 인Outside In 문화로 변화시키려 한 것이 아닌가 생각된다. 인사이드 아웃 문화는 우리가 가지고 있는 역량을 중심으로 고객이나 시장에 제공할 수 있는 가치를 제공하는 것이다. 그러나 아웃사이드 인 문화는 고객에 대한 새로운 가치, 경쟁 우위 확보를 위해서 필요한 역량을 새로이 구축하는 것이다.

이러한 혁신을 위해서 연간 2~3개의 신제품 개발에서 12개의 신제품 개발로 확대했고 개발 인원도 대대적으로 충원했다. 연구실장으로 지낸 3년 동안의 혁신 도전은 공조기 사업부 흑자 전환의 바탕이 되었으며 글로벌로 시장을 확장하게 만든 참으로 보람 있는 일이었다.

그 중간에 1년 동안 전사 혁신을 위해 전자 사업 부문 구조조정 활동에 참여한 일도 시야를 넓혀주는 계기가 되었다. 통상 제품 사업에 있어서 가치사슬의 주 업무는 연구 개발, 생산, 판매라 할 수 있다. 판매 부문은 직접 경험하지는 못했지만, 사업 구조조정 혁신 활동에서 판매촉진프로그램, PMSProduct Market Strategy(제품시장전략)와 같은 프로젝트를 통해 접할 수 있었다. 이런 직무 경험은 후일 사업 책임자가 되었을 때 많은 도움이 되었다.

컴프레서 사업 책임자가 되다

IMF 외환위기가 발생한 1997년 말 44세의 나이에 임원 승진이 되어 에어컨 컴프레서 사업부장을 맡게 되었다. 컴프레서는 냉동 사이클의 핵심인 압축기로, 정밀 기계 가공 부품과 모터로 구성되어 있어 사업 본부 내에서도 가장 기계공학적인 요소가 강한 사업이었다.

품질 확보는 미크론 단위의 초정밀도로 인해 매우 까다로웠다. 컴프레서 상부 덮개를 용접하고 나서 불량이 발생하면 컴프레서 자체를 폐기해야 하고 에어컨이나 냉장고의 제품에 부착된 후 불량이 발생하면 그 손실은 몇 배로 커지며 만약 리콜이 발생하면 그 손실은 감당하기 힘들 정도의 재앙이 된다. 따라서 연구 개발, 신뢰성 확인, 사전 공정 품질관리가 매우 중요한 제품이다. 고효율 성능이 경쟁력이기 때문에 메커니즘에 대한 기초 연구가 많이 필요하고 모터와의 전기적 특성 매칭도 중요한 사항이다. 또한, 기계도 정밀 가공이 가능한 고가의 최신 설비들이 필요하고 숙련된 작업자들이 필요했다.

다행히 도쿄 지사에서 근무할 때 컴프레서 가공 및 조립 생산 설비를 많이 구매했던 경험이 있어 생소하지는 않았지만, 냉동 이론은 많이 공부해야 했다.

IMF 외환위기로 인한 급격한 원화 환율 하락은 엄청난 수출 경쟁력이 생겨 공조기 사업부와의 내부 거래 중심을 외부 판매로 확대하는 계기가 되었다. 어려운 환경에서 일치단결해 위기를 기회로 삼아 오히려 매출은 2배로 성장하고 10% 이상의 이익을 낼 수 있었다.

- 입사 후에는 깊이 있는 전공과 그 외 분야를 평생 학습해야만 한다.
- 변하는 모든 것에 관심을 가져라.
- 업무에 불만족하는 직원들을 위해 경청과 배려, 지속적인 교육은 필수다.
- 다른 업무를 배우고 싶다면 성과를 인정받은 후 도전하라.

상호 신뢰하는 문화를 만들어라

3장

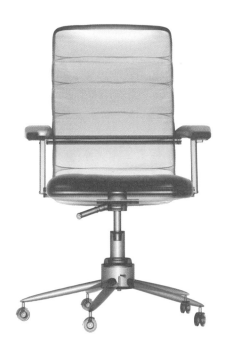

함께하는 사람들과의 신뢰

조직은 위로는 상사, 옆에는 동료, 아래로는 직원인 360도 사람 관계로 움직인다. 과거, 현재, 미래 그리고 정치, 군, 경영, 사회활동 등에 이르는 모든 분야에 있어서 상호 신뢰 구축은 이처럼 사람이 모여 이루어지는 조직이 반드시 갖추어야 하는 영원한 과제다.

직장 생활에 있어서 도의, 신의는 참으로 중요하다. 혹자는 경쟁이 심한 세계이므로 남보다 앞서가기 위해 수단 방법을 가리지 않고 살아남아야 한다고 말하기도 한다. 그러나 사람이 모여 사는 세상에는 옳지 않음보다 옳음을 추구하는 사람들이 훨씬 많다. 옳지 않음은 단기적으로 유리할지 모르나 시간이 지날수록 제대로 평가를 받기 마련이다.

모두의 평가에서 만점을 받는 것은 하느님 정도는 되어야 가능할 정도로 정말 어려운 일이다. 나도 조직 생활을 하면서 수도 없는 욕을 먹고 개선하기 위해 많이 노력했지만, 매번 반성해야만 했다.

사람을 대할 때 있는 모습 그대로 감정을 개입시키지 않고 대한다는 것은 참으로 어려운 일이다. 사람은 각각 서로 다른 특성이 있다. 대하는 사람에 따라 장단점이 서로 바뀌기도 하고 선·불호가 달라지기도 한다. 즉, 내가 가지고 있는 마음의 창에 따라 달라진다.

내가 가지고 있는 감정으로 사람을 대하는 것을 분별심이라고 하는데 지나치면 좋아하는 감정, 싫어하는 감정이 확연히 나타나고 업보(業報)가 쌓이게 된다. 이렇게 감정에 흔들리지 않고 사람을 있는 그대로 대할 수 있는 평정심을 가지려면 정말 많은 노력이 필요하다.

일체유심조(一切唯心造)는 화엄경의 중심 사상이다. 글자 그대로 해석하면 '모든 것은 나의 마음으로부터 만들어진다'는 뜻이다. 다시 말하면 일체의 사물은 본디 있는 그대로인데 나의 인식하는 마음, 감정에 따라 존재가 달라진다는 것이다.

경영할 때 이런 일체유심조의 사상으로 직원을 대했건만 지나온 세월을 돌이켜보면 부끄럽기 짝이 없다. 일의 사안에 따라 얼마나 많이 화냈으며 개인에게 심한 질책의 업보는 쌓지 않았는지…. 타고난 천성에 따라 감정 노출이 심한 다혈질인 사람이 있다. 외향적인 성격에서 많이 나타나는데, 나 또한 그러한 면이 있어서 울화, 미움, 서운함 등이 일어날 때는 잠시 속으로 일체유심조를 되뇌면서 그 불꽃을 가라앉히려고 수없이 노력하곤 했다. 이러한 끈이 없었다면 감정 제어가 안 되는 경우가 더욱 많이 있었을 것이다. 60대 중반을 넘어가는 인생살이에서도 여전히 이 번뇌를 이겨내지 못하고 있다. 참으로 어려운 화두임에 틀림없다.

혁신하는 데 있어서 일체유심조 사상은 많은 도움이 되었다. 일 본연의 가치, 사업 본연의 가치를 왜곡 없이 통찰해볼 수 있는 마음이 중요했다. 그리고 어찌할 수 없는 천재지변 같은 경우를 제외하고는 긍정적인 마음을 먹는다면 사람이 모여 하는 일, 그리고 사업 본연의 가치를 제대로 실현하는 것에 불가능이란 없다. 다만 시간과 노력이 필요할 뿐이다.

상사는 어떤 마음으로 대할 것인가?

상사에게서 무엇을 배울 것인가? 어떤 인연을 맺어갈 것인가? 사람은 누구나 장단점을 가지고 있다. 그리고 인간이기 때문에 서로 성향이 맞기도 하고 심하면 상극인 경우도 있다. 우선 상사를 존경하는 마음을 가져야 한다. 직장, 사회에서의 선배이고 경험이 많으므로 장점에 대해서는 배우고 벤치마킹을 하는 것이 바람직하다. 겸손하게 자기를 내려놓아야 한다. 그래야 받아들일 수 있는 마음이 생기기 때문이다.

상사의 단점에 대해서 통상 동료끼리 비판 대상으로 삼곤 하나, 이는 본인의 발전에 아무런 도움이 되지 않는다. 상사는 내가 마음에 들지 않는다고 바꿀 수 없기 때문이다. 본인의 발전에 도움이 될 수 있도록 상사의 단점을 반면교사로 삼고 차후에 내가 리더가 되었을 때 항상 유념하면서 그와 같이 행동하지 않는다면 좋은 배움의 기회가 될 것이다.

상사와의 인연을 소중하게 생각하고 존경하는 자세로 지내면 그 상사는 귀인이 되어 본인의 발전에 음양으로 많은 도움을 줄 것이다. 이런 관계를 쌓으면 퇴직 후에도 좋게 지낼 수 있다.

직원을 아끼고 육성하라

바튼 전 맥킨지 회장은 "조직 내 2% 인재가 기업 성장의 핵심이다. 최고 경영자는 외부 수혈 못지않게 조직 내 숨어 있는 이들 인재를 찾아내 육성하는 데 집중해야 하며 또한 98% 직원들의 잠재력을 이끌어 내고 업무에 몰입할 수 있도록 해야 한다"고 말했다.

일은 직원을 통해 이루어진다. 생사를 같이할 수 있는 신뢰는 진심 어린 애정에서 생겨난다. 직원이 큰 인재가 될 수 있도록 체계적으로 육성하는 것은 상사의 의무이자 책임이다. 논어에 나오는 것처럼 직원은 진심 어린 사랑으로 대해야 하는 대상이지 부리는 대상이 아니다. 이런 쉬운 진리를 말처럼 쉽게 실천하기는 어렵다.

언젠가 연구소를 방문해 연구원들과 프로젝트 회의를 마치고 저녁 회식 자리에서 한 연구원이 우리 연구소장이 최고라고 말했다. 그때의 연구소장은 P상무였는데 그는 정통으로 연구소에서 성장한 엔지니어가 아니라 해외 기술협력 업무를 하다가 연구소장으로 부임한 사

람이었다. 어째서 최고라고 생각하느냐고 물어보니 "이번 P연구소장
은 연구원들의 얘기를 잘 경청해주고 합리적으로 판단합니다. 그리고
프로젝트가 잘 수행될 수 있도록 지원과 격려를 잘 해주는 편입니다.
특히 사업부 설계 및 관련 부서와의 관계에서 어려운 일들을 앞장서
서 소통하고 해결해주기 때문에 일하기가 편합니다. 반면 연구소에서
성장한 연구소장들은 똑똑한 본인의 지식을 바탕으로 많이 가르치려
하고 질책하기 때문에 편하지가 않았습니다"라고 답했다.

P연구소장에게 연구원들에게 높은 인기의 노하우를 물어보자, "우
리 연구원들은 대부분 석, 박사 출신으로 국내 또는 세계에서 내로라
하는 실력을 갖추고 있는데 내가 그들보다 기술적으로 잘 알 수는 없
지요. 기술적인 것은 존중해주고 방향을 결정할 때는 그들의 얘기를
열심히 들어본 뒤 가능한 한 합리적인 판단을 하려고 합니다. 또, 똑똑
한 연구원들이지만 그들도 감정이 있는 인간이기 때문에 열심히 술
사주고 사기를 북돋아주는 것이 내 일 아니겠습니까?" 하고 껄껄 웃
으면서 답했다.

직원들에 대한 교육은 직능별 전문 역량, 계층별 리더십, 혁신 문화
구축에 대한 로드맵road map을 정교하게 구축하고 어떻게 실천할 것인
가에 달려 있다. 일반적으로는 교육 계획을 세워 놓아도 바쁜 현업에
밀려 잘 실행되지 않는 경우가 많다.

인재 개발을 중요시하는 어느 그룹의 지인이 해외 근무 중인데 한
국에 출장을 왔다. 그에게 업무 출장을 왔느냐고 물어보았더니 교육

받으러 왔다고 했다. 일반적으로 해외에서 근무하는 경우, 교육만을 위해서 출장을 오기가 쉽지 않은데 교육 모럴이 강해 교육 발령이 나면 업무에 우선해서 받아야 하는 문화가 형성되어 있었다. 교육 훈련을 얼마나 중요하게 생각하는가에 따라 기업의 문화, 조직의 문화가 형성된다.

피드백과 동료의 중요성

상사, 동료, 직원에 의한 정기적 평가에 대해 평가 대상자에게 어떻게 피드백할지는 대단히 중요한 사항이다. 우선 평가된 내용을 그냥 서류로 전달하기보다 면담 시간을 확보하고 진정성 있는 대화를 나누면서 전달하는 것이 바람직하다.

그러나 직접 대면해서 장단점을 코칭하는 것은 실제로는 쉽지 않다. 첫 번째 이유는 조직 책임자들이 일에 우선순위를 두기 때문에 면담 시간을 잘 확보하지 못한다는 것이다. 그리고 두 번째 이유는 단점을 피드백하는 것이 부담스럽고 코칭 스킬이나 방법을 잘 몰라 꺼려하는 것이다.

누구든 단점을 피드백 받는 것은 얼굴이 화끈거리고 부끄러운 일이다. 본인이 잘 인식하지 못하는 단점의 경우는 더욱 그러하며 거울로 자신의 솔직한 자화상을 보지 않는 한 스스로 단점을 보기가 쉽지 않다. 그리고 사람마다 보는 각도가 달라서 같은 행동 패턴이라도 좋게 보기도 하고 나쁘게 보기도 한다. 세상의 모두에게는 양면성이 있어서 장단점이 있다. 직무에 따라서 장단점이 서로 바뀌기도 하므로 단점으로 보이는 부분을 잘 살릴 방법에 대해 허심탄회하게 이야기를 나누는 것이 바람직하다. 이러한 피드백 스킬에 대해서 제대로 교육을 받지 못하는 경우가 많으므로 외부 전문가의 도움을 받는 것도 좋은 방법이다.

통상 동료는 경쟁적 관계다. 선의의 경쟁을 통해서 서로 발전하는 계기도 만들고 좋은 여론을 형성하는 협력적 관계가 되면 더할 나위 없이 바람직하다. 그러나 필연적으로 발생하는 갈등을 잘 관리하지 못하면 견제자가 되고 지나치면 사사건건 발목을 잡을 것이다.

갈등은 관계 갈등과 성과에 따른 과업 갈등이 있을 수 있다. 관계 갈등은 일상생활 및 직장 생활에서 만나는 사람들과의 태도 때문에 생기며 그로 인해 고민하고 또 해결하고자 노력해야 한다. 주로 불친절한 태도 및 언사, 무시하는 듯한 눈빛, 우월적 프라이드 과시, 선입견 및 오해 등이 갈등의 원인이다. 선천적으로 타고나는 품성도 있고 가정과 학교의 교육에 따라 정도의 차이가 있을 수 있다. 종교 활동도 잘못된 행동에 대해 정기적으로 반성하고 뉘우치는 좋은 계기가 된다. 관계 갈등은 평생을 두고 발생하며 끊임없는 자기 성찰이 필요한 사항이다. 평생을 원수로 지내는 사태가 생겨서는 안 될 것이다.

과업 갈등은 성과에 따른 불균형으로 인한 부러움, 시기 등에 의해서 발생하며 불공정한 평가 때문에 발생하기도 한다. 이러한 갈등을 해소하기 위한 노력으로는 조직의 사명과 비전을 설정, 공유하고 이를 달성하기 위한 공동 목표를 동지애를 갖고 같이 추진해나가는 것이다.

문화 변혁을 실행하는 방법

진성 리더십으로 변혁하라

진성 리더십은 의사 결정을 하는 데 필요한 정보를 공유하고 동료, 부하의 의견을 받아들이는 개방성을 장려하는 투명하고 도덕적인 리더의 행동 패턴이다. 조직 책임자의 언행일치는 직원 신뢰에 깊게 연결된다. 더욱이 직원 신뢰는 사원들의 참여에 깊게 연결되는 것을 보여준다.

최고 경영자가 장기적인 조직 변화의 비전을 제시하고 추진하고자 할 때 선행해서 실행해야 할 사항이 진성 리더십이다. 조직 구성원들이 믿고 따를 수 있는 환경이 먼저 조성되어야 하기 때문이다. 특히 노동조합 파업, IMF 외환위기와 같은 격변기에는 더욱 그러하다. 위기 극복을 위해서 경영층이 솔선수범하는 모습, 현장 경영을 통한 실무 라인과의 공감대 형성, 노동조합과의 진정성 있는 소통 등은 최고 경영층에 대한 신뢰를 높여준다.

LG전자의 생활 가전은 1965년 부산 공장에서 냉장고 사업을 시작한 이후 선진 업체로부터 기술 학습, 한국 시장을 중심으로 경쟁사 대비 빠른 출시 요구 등, 빠른 실행의 문화와 하향식 리더십이 주를 이루었다. 1989년에 발생한 100일간의 파업은 이러한 리더십을 변화하게 하는 중요한 계기가 되었다. LG는 파업으로 인해 막대한 경영 손실과 함께 한국 시장의 시장 점유를 경쟁사로 내어주게 되는 큰 고통을 겪어야 했다. 이 경험을 바탕으로 노사 분규의 근본 대책을 사람 중심으로 보고 신뢰 회복을 최우선 과제로 정하게 되었다.

먼저 경영층이 솔선수범함으로써 신뢰 회복 활동들을 시작했다. 거리감이 있는 경영층이 아니라 함께한다는 프로그램으로 관리자들이 솔선수범해 출근 시 관리자가 정문에서 인사하기, 현장 화장실 청소 참여, 최고 경영층의 현장 방문 시 노동조합 먼저 들르기, 노동조합과 경영 현황을 투명하게 공유하기 등을 통해 신뢰를 회복해나갔다. 즉 경영층을 포함한 관리자들이 먼저 진정성 있는 행동 변화를 실행해 직원들과의 신뢰가 회복될 수 있었다.

1990년 공조기 생산기술부장으로 근무할 때 마쓰시다의 말레이시아 공장을 견학한 적이 있었다. 생산 현장은 우리와 비교가 안 될 정도로 깨끗했다. 공장장이 우리와 같이 라인을 돌던 중 설명을 멈추고 허리를 굽혀 직접 복도에 떨어져 있던 쓰레기를 줍기도 했다. 견학이 끝난 후 공장장이 직접 주운 것에 대해 질의응답 중 그는 5S(청소, 청결, 정리, 정돈, 습관화)가 생산 품질의 가장 중요한 기본적 요소이며 전 작업자가 습관화해야 달성되는 것이라고 강조했다. 그러면서 백 마디 말보다 직접 몸소 실행하는 모습이 가장 영향을 주고 스스로 느껴 따라 하게 된다고 설명했다. 이 경험이 계기가 되어 나의 경영 철학에 솔선수범이 자리 잡게 되었다.

자율적으로, 창의적으로 변혁하라

자율, 창의를 바탕으로 추진되는 직원들의 참여는 문화 변혁을 위해서 필수적이다.

따라서 직원들의 자율이 존중되어 아이디어를 내는 통합적, 협업적 참여가 촉진되어야 한다. 이를 위해서 미디어, 게시판, 강의 등 수직적인 한 방향 소통보다도 자발적인 참여를 유도하는 수평적인 쌍방향 소통(참석자 자유로운 질문 및 시간 확대)을 강화하는 것이 필요하다.

관리자가 직원들의 실질적인 자율성, 개인적인 인정, 집단 응집력을 높여주면 혁신적인 문화를 창출하는 데 기여할 것이다. 고객 지향과 자율, 창의의 문화 형성은 매우 중요하며 이를 일관되게 추진함으로써 세계 최초를 만들어내는 조직 문화가 구현될 수 있다. 이를 실현하기 위해 팀워크를 키우고, 창의적인 일터를 만들고, 직원들의 다양성을 존중해야만 한다.

공유 리더십으로 변혁하라

공유 리더십은 그룹 또는 조직적 목표의 달성을 위해 그룹과 개인 사이에 영향을 미치는 활발한 상호작용적 프로세스다. 이 프로세스는 동료와 같은 수평적 영향과 상하 수직적 영향 모두를 포함한다. 높은 공유 리더십은 각 개인에 국한되기보다 그룹이나 팀 내에 넓게 전파되어 팀 전체 차원의 성과로 연결된다.

1980년 초에 실시되었던 심리학 전문 Y컨설턴트 주관 ST_{Sensitive Training}(감수성 훈련) 교육은 가식으로 포장되어 있지 않은 내면에 가지고 있는 진실한 마음을 표현하는 과정이었다. 참가자들이 쉽사리 마음을 잘 열지 않아 며칠간의 합숙 과정, 촛불 의식 등을 통해서 겨우 마음을 열고 대화하기 시작했다. 그러고 나서 상대방의 얘기에 진정으로 공감하는 것이 가능해졌다. 이 과정은 후에 내가 조직 리더가 되었을 때 공감 능력을 키우는 데 참으로 많은 도움이 되었다.

역량을 갖춘 변화 추진자를 육성하라

문화 변혁을 위해서 변화 추진자_{CA : Change Agent}들과 그들의 행동에 연계된 전담 조직을 만들어야만 한다.

LG전자의 생활 가전 사업이 글로벌 일류 위치에 오를 수 있었던 것은 전 조직의 혁신 문화 조성과 이를 바탕으로 '글로벌 톱_{top} 3', 이어서 '톱 1'의 비전을 수립하고 조직의 하부 단위까지 구체적으로 실행할 수 있도록 공식, 비공식 조직 문화 변혁 추진 체계를 갖추었기 때문으로 볼 수 있다. 여기에서 공식은 조직 문화를 전담하는 조직을 말하며 비공식은 일선 하부 조직 단위의 변화 추진자 및 사무직 직원의 대표와 현장 직원의 대표인 노동조합의 대의원을 말한다. 문화 변혁의 실행 주체로서 변화 추진자의 역할과 육성이 중요한 과제로 설정되고 지속적인 추진이 이루어졌다.

변화 추진자는 조직 변화를 가져오는 데 촉매와 같은 일을 하는 사람이다. 변화 추진자는 현재 조직의 상태를 진단하고 요구되는 미래 문화로의 혁신을 추진해나간다.

변화 추진자가 문화 혁신을 이끌어가기 위해서는 혁신 역량을 갖춰야 하며 조직의 문제점에 대해 끝없이 탐구하고 그에 대한 해결책을 의사 결정자가 채택할 수 있도록 영향을 줄 수 있어야 한다. 이러한 영향력을 가지려면 문화를 인식하고 문화 혁신에 대한 스킬을 습득해야 한다. 그러나 변화 추진자들이 그러한 역량을 갖추지 못해 많은 문화 혁신의 노력들이 실패하고 있다.

이러한 노력이 실패하는 이유는 다음과 같이 다양하다. 첫째로 가장 중요한 이유는 어떤 지역이나 조직에 젖어 있는 문화를 크게 무시한 채로 일하는 것이다. 둘째, 변화 추진자가 문화 혁신에 쓰는 시간을 배려하지 않는 리더십의 부족이다. 셋째, 의사 결정자들에게 제공되는 데이터가 피상적이어서 제안된 변화에 대해 그다지 열성적이지 않다. 넷째, 조직 변화의 성공에 중요한 팀 빌딩이 적절하지 않다. 다섯째, 모든 조직에서 변화에 저항하는 조직원에 대처하는 방안 준비가 부족하다. 여섯째, 변화로 영향을 받는 모든 개인적 차원의 소통이 필요한 것보다 철저하지 않다. 일곱째, 변화에 책임감이 있는 경영자들은 문화 변혁에 대한 책임을 잘 지지 않아 변화에 대한 긴급성과 중요성이 약해진다. 여덟째, 사람들은 프로세스나 시스템이 만들어지면 이미 변화했다고 생각한다. 적어도 1년이 지날 때까지는 문화 변혁에 대해서 성공을 단언하지 말아야 한다. 아홉째, 변화 추진자는 문화 혁신이 긴 시간에 걸쳐 이루어진다는 것을 충분히 인식하지 못한다.

상기와 같은 문제점들을 어떻게 개선해 변화 추진자들이 역량을 잘 발휘할 수 있도록 할 것인가가 문화 변혁의 관건이 될 것이다.

존중받는 리더가 되라

조직에 있어서 일선 조직 단위 관리자의 역할은 매우 중요하다. 최고 경영층의 경영 사상과 사업 전략을 실행해야 하고 구성원 개개인에 대한 업무, 역량 개발에 대한 코칭을 하고 선도해야 한다.

GLMGreat Leader Meeting(강한 리더 육성 회의) 세션은 먼저 리더가 개선해야 할 문제점과 바람직한 리더의 모습에 대한 직원들의 생각을 이슈별로 정리해 구성원들의 생생한 목소리가 담긴 비디오로 만들어 청취하도록 한다.

과중한 업무로 인해 구성원들의 눈에 비친 리더는 일에 찌든 모습으로 보이고 향후 미래상으로 존경하기 힘든 모습이 될 수 있다. 제기된 이슈별로 토론을 통해 공유하고, 개선안을 수립해 전체가 모인 자리에서 토론 팀별로 발표하고 논의를 거쳐 확정한다. 중요한 것은 이러한 논의를 통해 리더 스스로 조직 문화의 문제점에 대해 체득하고 스스로 도출한 해결안에 대해 책임감을 느끼도록 하는 것이다.

GLM에서 결정된 조직 및 리더의 변화 사항들은 다시 직원 대표, 변화 추진자, 노동조합 대의원들이 참석하는 GPM Great People Meeting (강한 인재 육성 회의)에서 보다 구체적인 실행방안을 논의해 수립한다. GPM 에서 수립된 실행방안은 해당 조직의 직원 대표, 변화 추진자, 노동조합 대의원들이 주관이 되어 각 조직 단위별로 전 구성원이 참여해 실행해야 할 사항을 정하는 워크숍을 실시한다.

직원들이 주체가 되어 진행하는 문화 변혁 활동을 통해 창의와 자율 문화에 장애가 되는 사항들을 꾸준히 제거해나가도록 한다.

이러한 조직 내의 문제점들에 대해 상향식으로 의견을 수렴하고 다시 단계식으로 개선해나가는 방식은 신뢰 구축의 좋은 사례가 되며 구성원들이 의견을 내고 공유하는 창의와 상호 존중의 문화 형성의 시발점이 될 것이다.

LG전자 생활 가전의 혁신 문화

문화 변혁은 긴 기간에 걸친 지속적이고 점진적인 노력을 요구한다. 창원 공장의 혁신 문화는 1989년 노사 분규 이래로 30년 이상을 최고 경영층에서부터 전 직원에 이르기까지 끊임없이 노력해 이룩한 결정체이다. 이러한 문화는 하루아침에 이루어진 것이 아니라, 내재화되어 있기 때문에 쉽게 무너지지 않는다.

창원 공장의 문화는 조금 다르다고 한다. 왜 그들은 다른 문화를 소유하고 있을까? 계층별로 이루어지는 끊임없는 혁신 교육, TDR을 통한 부서 간 협업 및 도전 정신이 조직 내에 강하게 깃들어 있기 때문이다.

문화는 개인적인 독특한 개성의 좁은 수준에서부터 사회, 회사 등 일반적인 특성의 넓은 수준까지 걸쳐서 나타나는 집단적인 현상으로 가치, 믿음, 행동에 있어서 통합되어 일관성 있게 나타나는 체계다. 따라서 오랜 시간 경제, 법, 정치 등의 역사 속에서 서서히 쌓인, 눈에 보이지 않는 특징을 가지고 있다.

문화의 변혁은 장기적 관점을 가지고 추진해야 하는 아주 중요하고도 어려운 과제다. 각 개인이 자라온 환경이 다 다르고 또 개인이 가지고 있는 성격 또한 달라서 한 방향으로 문화 변혁을 하는 데에는 하향과 상향, 쌍방향에서 변화를 위한 지속적인 노력이 필수다.

문화 변혁을 위한 최고 경영층의 역할은 비전을 수립하고 조직 내의 다양성을 조율하고 분산된 조직을 체계적으로 운영하는 것이다. 그리고 핵심 가치를 서로 간의 상호작용과 정보 공유를 통해 강화하는 것이다. 문화는 학습과 상호작용의 프로세스를 통해 전파되기 때문이다.

조직의 경쟁력은 최고 경영층과 구성원 간의 신뢰 구축에 달려 있다고 볼 수 있다. 신뢰 구축을 위해서는 최고 경영층과 중간 관리자들의 진솔한 리더십으로 구성원들 간의 벽을 없애기 위한 다양한 활동들을 끊임없이 펼쳐야 한다.

또한, 혁신적인 문화를 만들기 위해서는 조직 간의 벽을 없애고 조직 간 기능 횡단 팀 구축과 도전 목표 설정을 해 전력투구하도록 해야 한다. 이에 당위성을 얻기 위해서는 다양한 형태의 소통이 이루어져야 한다. 혁신하기 위한 마인드, 스킬 제고를 위해서는 혁신 학교, 벤치마킹을 통한 혁신기법 개발 등 인지적 리더십 또한 필요하다.

　　LG전자의 생활 가전 사업을 글로벌 1등에 이르게 한 혁신 문화를 구축한 리더십 모형을 다음 〈그림 3-1〉과 같이 정리했다.

그림 3-1 | 문화 변혁 리더십 모형

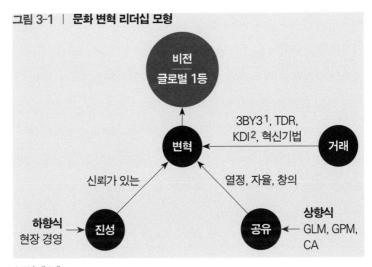

1 3년 내 3배.
2 Key Development Indicator : 핵심 개발 지표.

변혁을 위해 도전하라

창의적인 일터를 만들어라

사람들의 지혜를 이끌어내는 환경이 자유롭고 상호 존중이 되어야 창의적인 문화가 생겨난다. 먼저 경직된 조직 분위기를 유연한 모습으로 바꾸기 위해서 전 사원이 참여하는 창의적 유머 및 제품 컨셉 경연 등을 실시하고 아름다운 도전 문화 조성을 위해 실패 사례를 끊임없이 공유하는 것이 바람직하다.

창의력을 바탕으로 성공한 구글, 애플, 3M 등의 여러 우수 사례들을 벤치마킹하고 자체 문화 변혁 방안들을 강구하는 것이 조직 내 창의적 사고 활성화 방안 중 하나가 될 수 있다.

예를 들면 아이디어 제안 제도, 설계 등 기능 부서별로 창의적 개선 활동 우수 사례 공유 및 촉진 활동, 전문 기술 분야별로 창의적 개선 활동을 위한 협의체 운영 등 각 회사의 조직 문화의 수준에 따라 여러 공통 이슈를 해결하는 아이디어가 있을 수 있다.

또한, 각 개인의 창의력 제고를 위한 창의성 스킬 교육 과정도 개발해 운영하면 도움이 될 것이다.

블루오션 전략의 가치곡선 분석을 이용한 상품 컨셉 결정 시 제거, 감소, 향상, 창조의 판단 기준 중 창조에 가장 중점을 두고 제품 개발을 추진하는 것이 바람직하다.

개개인의 다양성을 인정하라

사람들이 제각기 다름을 인정하라. 다르다는 것은 창의성의 근간이 되는 것이며 이를 받아들일 수 있는 것은 유연함이다. 서로 다른 사람들과 조합된 TDR 활동, 고객 현장에서의 체험은 다양성에 대한 이해도를 높여준다.

생활 가전 사업은 세계적인 사업이다. 세계 각 지역의 생활 문화는 서로 다른 특성을 가지고 있고, 그에 따라 제품도 지역별로 특화되어 있다.

따라서 해외 사업의 증가에 따라 각기 다른 지역 문화, 성별, 국가 간 차이에 대한 이해 및 수용의 폭을 넓혀 글로벌 경영의 역량을 높여야 할 필요성이 증대되었다. 종종 한국식으로 경영하려는 데서 갈등이 발생하곤 한다. 글로벌 표준의 컨셉은 사고는 글로벌로, 행동은 현지에 맞도록 하는 것이다.

그리고 현지 직원들이 한국의 모 공장을 방문해 경영 철학, 혁신 문화를 학습하고 공유하는 교차 문화 체험이 필요하다. 이러한 체험은 상호 다양성에 대한 이해를 높여 한 방향으로 나아갈 수 있도록 해준다.

우리는 한 팀! 팀워크 문화 만들기

원 팀one team 문화 형성은 분위기 조성과 아울러 일하는 방식에 내재화되어야 팀워크가 강한 문화가 만들어질 수 있다. 조직 내 신뢰 구축을 위한 주기적인 조직 단위의 목표 공유 및 실행 점검, 멜트인melt-in,

부서 및 계층 간 벽 제거를 위한 간담회, 경영층의 주간 직접 소통, 상향식 소통 등이 그 일환이다.

우선 직원들이 자발적으로 참여하는 문화와 일체감을 형성하기 위한 전 직원 교육이 필요했다. 현장 직원을 포함한 전 직원을 대상으로 고객 만족, 품질혁신 등을 주제로 한 2박 3일의 한마음 합숙 교육은 계층 간 다양한 소통과 합의에 많은 도움이 되었다.

팀워크를 증진하는 가장 효율적인 방법은 기능 횡단 혁신 조직을 활발하게 운영하는 것이다. 기능 횡단팀에는 다양한 부서원들이 모여 있고 서로 다른 의견을 가지고 있기 때문에 논의를 통한 합의가 중요하다. 창원 공장에서는 이 기능 횡단팀에 한계 돌파의 과제를 해결하도록 하는 TDR이라는 형태로 운용하고 있다.

팀의 성과는 구성원들이 얼마나 자유롭게 추진상의 문제나 우려를 얘기할 수 있고 리더가 그것을 잘 인지하는 데에 달려 있다. TDR에 조인한 각 기능의 다양성은 합의를 방해하는 요소이기도 하지만 팀의 혁신 활동을 저해하는 중요한 요소로 보기는 힘들며, 리더를 비롯한 팀 구성원들이 어떻게 합의되지 않는 과제를 잘 관리하는지가 가장 중요하다.

TDR 활동에서는 혁신성과 효율성, 이 두 가지 속성 사이의 적절한 조화를 이루어야 한다. 왜냐하면, 혁신을 위해서는 창의가 필요하고 효율을 위해서는 협상이 필요하기 때문이다.

TDR은 참가 구성원들에게 다양한 기능을 접할 기회가 되고 프로젝트를 통한 조직적 학습으로 역량이 한 단계 발전될 수 있는 기회가 된다. 이 활동은 지식 습득(스킬의 개발 또는 창조, 인사이트), 지식 공유(얻은 지식 전파) 그리고 지식의 활용(새로운 상황에 넓게 이용되고 흡수될 수 있도록 하는 학습의 통합)으로 나누어볼 수 있다.

TDR은 개인적인 것보다 팀의 공헌에 대한 평가가 중요하다. 혁신 목표 달성에 대한 성취감과 조직 전체에 대한 파급 영향을 고려해 파격적인 성과 보상의 거래 리더십이 필요하다. 여기에서 비금전적 보상도 같이 고려하는 것이 바람직하다.

현장을 혁신하라

현장은 모든 부서의 결과가 모이는 최종 골인 지점이다. 현장 혁신 활동은 현장에 연결되어 있는 설계, 구매, 생산, 배송, 영업, 품질에 이르기까지 불가분의 관계에 있다.

현장의 개선을 위한 합리화 활동이 추진되었고 경영층에서부터 현장 감독자에 이르기까지 팔리는 만큼만 생산하는 평준화 생산 개념의 도요타 생산 방식 벤치마킹이 이루어졌다. 주요 추진 활동은 5S, 눈으로 보는 관리, 3불(불필요, 불균일, 불합리) 추방, 100 PPM_{Part Per Million} 품질혁신이었다. 혁신의 체질화를 위해서 혁신 10계명[3]을 만들어 혁신 사상을 내재화하고 행동지침으로 삼도록 했다.

관리자를 포함한 전 직원 대상으로 일주일 기간의 현장 혁신 학교의 운영이 시작되었고 개선에 대한 체험 학습을 통해 혁신 마인드 함양이 이루어졌다. 또한, 지속적인 개선을 위해서 FI-10[4]의 평가 시스템을 만들어 개선 지향의 현장 운영이 되도록 했다.

이어서 제2의 혁신 활동으로 3년 내 3배의 생산성을 향상하는 3BY3(3년 내 3배 경쟁력 확보) 혁신이 추진되었다. 이런 3BY3 혁신 추진으로 강한 인재 육성, 제품 혁신, 조직 체질이 강화됐다. 조직 부문별로 활용된 스킬은 제품 개발 부문에서는 Vic21[5], 6시그마, 생산 부문에서는 100 PPM, 판매 부문에서는 PMS를 주로 추진했다.

1989년 노사 분규 이후 5년간 현장 중심의 합리화 활동을 추진해 기본적인 경쟁력을 회복했으나 1990년대 중반에 도래한 경쟁사의 가격 파괴, 급격한 원화 환율의 절상이 1달러당 800원을 돌파하면서 300원까지 절상될 수 있다는 최악의 시나리오에 대비해야 했다.

이런 경영 환경을 극복하고 초우량 기업의 조건인 경상이익률 8% 이상을 달성하기 위해서는 현장만이 아닌 전 비즈니스 시스템에 걸친 총체적인 경영혁신 활동으로 한계 도전의 3B3Y가 요구되었다. 이를 달성하기 위해 운영 체계는 경영층으로부터 부여된 명확한 목표를

---

3 ❶ 5%는 불가능해도 30%는 가능하다 ❷ 한 방에 끝내라 ❸ 조직을 파괴하라 ❹ 실천하는 것이 힘이다 ❺ 'No' 없는 도전 ❻ 나 아닌 우리 ❼ 자원유한 지무한 ❽ Early Innovation ❾ 과수원 패러다임 ❿ 큰 덩치를 잡아라.

4 Factory Innovation(공장 혁신) 10 : 5S, 3정(정품,정량,정위치), 눈으로 보는 관리, 자율운영, EESH(Energy,Environment,Safety,Health), 설비, 낭비, 100PPM, 물류(간판), 다기능.

5 Vision realization through innovation of products, process & empowerment for customer satisfaction toward 21st Century(21세기 지향 고객 만족을 위한 창의 및 제품, 공정의 혁신을 통한 비전 실현).

바탕으로 기능 횡단 TDR과 기존 조직으로 나누고 기대성과의 배분은 TDR 과제를 70%, 기존 조직 과제를 30%로 했다.

TDR 과제는 개선 효과가 크게 기대되나 실현이 쉽지 않은 어려운 핵심 과제를 선정해 패러다임 전환, 구조조정, 30% 이상의 도전 목표를 정해 해결하도록 하는 것이다. TDR 활동 인원은 직제 운영 인력의 30%를 차출해 운영했다. 전체 TDR 과제 중 목표 달성도, 경영 성과 기여도, 영향, 창의성, 도전성을 평가해 상위 30% 이내는 팀원 부부동반 해외여행 등 파격적인 포상을 했다.

Vic21 프로세스는 상품기획 단계에서 고객에게 제공해야 하는 차별화된 가치를 명확히 설정한 후에 낭비가 수반되지 않는 이상 제조 원가 목표를 정하고 이의 실현을 위해 TDR으로 30% 이상 향상된 도전 목표를 실현해나간다.

1996년도에 GE로부터 6시그마 프로세스를 벤치마킹해 개발 단계에 적용함으로써 개발 단계에서의 품질 개선이 획기적으로 이루어지게 되었다. 6시그마는 1980년대 중반 모토로라에서 현장에서 쉽게 사용할 수 있도록 IT 통계 프로그램을 개발했고 1990년 초 GE에서 시스템적으로 보완해 본격적으로 전 산업계에 확산하기 시작했다.

PMS 활동은 시장별로 신규로 진입하거나 확장해야 할 우선순위를 정한 뒤에 선택된 시장별로 3C_{Customer, Competitor, Company}(고객, 경쟁, 자사) 분석을 하고 4P_{Product, Place, Promotion, Price}(제품, 유통, 판촉, 가격) 전략을 도출해 실행하는 것이다.

이러한 신뢰 형성을 바탕으로 3BY3 변혁이 가능하게 되었다. 이러한 변혁을 가능하게 한 요소는 앞서 언급한 최고 경영층의 리더십과 Vic21, 6시그마, PMS, 평준화 생산 등과 같은 혁신기법을 끊임없이 개발하고 성공적으로 적용한 것이다. 또한, TDR과 같은 상시 혁신이 가능하도록 조직을 운영하고 전 구성원을 혁신 인재화한 데 있다.

전 조직에 걸쳐 혁신적인 TDR 활동을 하는 팀에 대해서 최고 경영층이 조직 책임자와 주요 멤버들을 대동하고 매월 현장을 방문하는 현장 순회 경영을 한다. 여기에서 직접 소통을 하고 필요한 의사 결정을 즉시 해주는 것은 대표적인 조직 학습과 공유 리더십의 하나다.

워라밸을 지켜라

일하는 과정에서 생기는 높은 업무 스트레스, 늦은 퇴근 시간, 저부가가치 업무 수행 등과 같은 불균형 사항들을 개선하고 일과 삶의 균형을 도모해 보람과 재미를 느끼는 밝고 활기찬 조직을 만들어야 즐겁게 일할 수 있다.

직원들의 프라이드를 높일 수 있는 주요 개선 활동으로 정시 퇴근, 재충전의 휴가 활성화, 가정의 날, 부부동반 재충전 TDR 포상, 직원 가족을 위한 재미있고 유익한 프로그램(어린이 영어 및 수영 캠프, 어린이날 행사 개최 등 공장 오픈 행사) 등이 추진됐다. 공장 오픈 행사는 직원만이 아니라 직원에게 큰 영향을 주는 가족으로부터 회사에 대한 우호적 지지 및 회사 정책에 대한 공감대 형성에 크게 기여했다.

또한, 회의 문화 개선도 직원들이 원하는 주요 개선 사항으로 꼭 필요한 결정 사항만 논의하는 회의 스타일, 요점 중심의 1장 보고 문화가 필요하다. 비대면 업무가 증가하는 4차 산업혁명 시대에는 더욱 그러하다.

낭비 제거 활동은 개개인이 핵심적인 일에 집중할 수 있도록 저부가가치 업무 개선을 전원 참여로 없애나가는 것이다. 이 가운데서 변화가 가장 힘든 사항은 늦게까지 열심히 일하는 문화 풍토에서 건전한 휴가 문화를 만드는 것이었다. 지금은 주 52시간 제도의 시행으로 많이 개선됐지만, 당시는 업무 문화 변화가 쉽지 않았다. 중점 관리 대상을 조직 책임자로 정하고 솔선수범하는 분위기를 조성해나가야만 했다.

강한 회사, 강한 인재를 만들어라

혁신을 마치 종교처럼 추진하고 강한 경쟁력을 갖추어가고 있는 시점에서 IMF 외환위기를 맞이했다. 그리고 2000년 이전까지 원가 경쟁력 확보 및 1998년의 IMF 외환위기를 극복하는 데 주력했다. 이후 21세기의 재도약과 글로벌 일류 달성을 이룩하기 위해서 경영 환경 변화에 능동적으로 도전하고 가치 중심이 내재화된 문화로의 변혁이 필요했다.

2001년 사업본부의 비전을 글로벌 톱 3로 정하고 달성 슬로건을 GCGP Great Company Great People (강한 회사, 강한 인재)로 정했다. 강한 회사란 끊임없는 도전과 혁신을 통해 탁월한 성과를 창출하는 회사를 의미하며, 강한 인재란 일에 대한 열정과 전문 역량을 보유하고 높은 목표에 도전해 탁월한 성과를 창출하는 인재를 의미한다. LG전자의 생활 가전 사업은 정량적인 목표를 세워 2005년 글로벌 톱 3 달성을 정했다. 다음 5개 항목은 GCGP를 달성하기 위해서 추진한 주요 내용들이다.

탁월한 비즈니스 | 공격적인 경영을 통해 빠른 혁신을 추진하며 이러한 능력을 바탕으로 글로벌 경영을 한다.

탁월한 조직 | 수평적이고 강한 조직을 지향하며 조직과 사람을 정렬시키고 학습 조직을 만든다.

탁월한 리더십 | 제품, 기술, 시장 리더십을 확보한다.

탁월한 문화 | TDR 활동을 심화해 강하고 빠르며 도전적인 실행이 체질화되도록 한다. 또한, 신뢰, 자긍심, 일하기 좋은 직장을 실현하며 e-문화를 가속화한다.

탁월한 인재 | 높은 성과를 내는 강한 인재를 개발하고 글로벌 인재로 육성한다. 강한 인재에 대해서는 파격적인 보상을 한다.

이러한 추진 내용들이 하부 조직까지 잘 전파될 수 있도록 조직 단위별로 변화 추진자를 구성해 문화 변혁 경영을 추진했다. 변화 추진자의 역할이 제대로 수행되도록 하는 조직 내의 관심, 지원, 인사제도 등은 문화 변혁의 주요 요소라 할 수 있다.

조직 단위별로 인재 개발과 육성은 열정, 실행, 인사이트 및 직관, 변화, 전략적 사고, 유대 관계, 글로벌 마인드, 도전, 자기계발로 나눠 추진되었다. 그리고 GCGP를 실현하기 위한 전 조직의 합의를 위한 멜트인이 시작되었고 강한 인재를 육성하기 위한 교육 체계도 정비되었다.

그리고 문화 변혁을 이끌어갈 수 있는 변화 추진자를 조직 단위별로 선정해 역량과 스킬을 교육하고 분기 1회 문화 변혁을 논의하도록 했다. 논의의 결과는 경영층, 부서장들과 공유해 실행력을 높이도록 했다. 여기에서 변화 추진자의 역할은 매우 중요하므로 조직 단위에서 향후 리더로 육성될 수 있는 인재가 선정되도록 하고 문화 변혁 활동을 통해 역량을 높이는 것이 바람직하다. 그리고 문화 변혁 활동을 업무에 반영함으로써 부서장의 관심과 책임을 높이는 것도 고려해볼 수 있다.

하향식에 의해 형성된 실행 문화는 강력하지만 글로벌 회사에 적합한 일하기 좋은 직장을 위해서는 개선할 점이 많았다. 각 조직 단위의 변화 추진자를 중심으로 문화 변혁을 추진함으로써 부서원들이 변화를 피부로 느끼게 했다. 그리고 이러한 문화 변혁 활동을 경험한 멤버들이 늘어나 조직 전체의 변화 역량이 확보되고 자율적으로 과제를 해결하는 선순환 사이클(Flywheel 효과)이 정착되도록 하는 것이 중요하다.

그리고 지식 경영 시스템의 일환으로 6시그마 프로세스를 전 업무에 적용함으로써 개선에 대한 경영 사상으로 발전시켜나갔다. 이러한 6시그마 경영 활동은 미국 GE, 시어즈 등의 주요 거래선과 ODM Original Development Manufacturing (제조자 개발 생산) 시 신뢰를 확보할 수 있는 강력한 소통 방법이 되었다. 그리고 e-learning(학습), e-communication(소통), e-solution(해결 방안)의 디지털 경영 시스템도 강화해나갔는데 이는 후에 4차 산업혁명을 이끌어나가는 디지털 트랜스포메이션Digital Transformation(디지털 전환)의 기초가 되었다.

글로벌 톱 3를 달성하기 위한 직원들의 공유, 도전 의지, 일체감 조성 등을 위해 사내 방송, 행사 시 직원들이 즐겨 불렀던 〈톱 3〉 노래 가사를 여기 적어본다. 당시 유행했던 노래 〈사랑은 아무나 하나〉를 개사한 것이다. 군대에서 행진곡, 군가 등은 신통하게도 일체감과 사기를 북돋아주는 역할을 하는데, 이 노래도 마찬가지 역할을 했다.

톱 3 아무나 하나 (톱 3!) GCGP가 바탕이 되어야지 (LG!)
혁신의 메카도 영원한 1등도 우리가 만드는 것
지난 세월에 열정 하나로 혁신했던 우리가
톱 3 아무나 하나 어느 누가 쉽다고 했~나

간단하지만 톱 3 도전 문화를 형성하는 데 크게 기여한 노래였다. 당시 같이 일했던 직원들은 이 가사를 보면 남다른 감회에 젖을 것이다. 이로부터 글로벌 1등의 위치에 오르기까지는 15년의 세월이 더 소요되었다.

글로벌 1등 DNA를 내재화하라

세계 최고의 인재가 세계 최고의 일하는 방식으로 고객을 위한 가치 창출에 열광하는 회사야말로 글로벌 1등 회사라 할 수 있다. 2004년 도에 매출 기준으로 글로벌 톱 3를 조기 달성했으나 연구 개발 인력의 70%가 경력이 5년 이내인 점 등 조직 구성원들의 역량은 이에 미치지 못했다. 직원들은 과연 우리의 혁신 수준이 높은가 하는 의문을 품게 되었다.

조직 진단 결과, 도전 목표에 대한 혁신 및 실행력에 대한 최고 경영층의 리더십과 조직 간의 팀워크는 강한 편이며 구성원들의 글로벌 1등에 대한 비전 실현 열망 또한 강하게 나타났다. 그러나 자발적 참여의 혁신을 위해서 개성 및 자율성을 인정하는 문화가 필요하며 인재 육성을 위한 체계적인 노력을 더 기울여야 한다는 의견이 많았다.

그리고 LG전자 생활 가전의 성장에 따라 글로벌 일류를 차지하고 있는 월풀, 일렉트로룩스의 경계와 견제가 시작되는 등 경영 환경은 어려워지고 있었다. 이러한 가운데 경영진, 직원들의 인터뷰와 전문가 자문을 거쳐 1등 DNA 문화 변혁의 방향이 설정되었다.

문화 변혁의 큰 축은 글로벌 1등 사업을 이끌어갈 수 있는 강한 인재의 육성과 고객 중심의 가치를 창출할 수 있는 창의와 자율의 1등 조직 문화 구축이었다. 이를 바탕으로 핵심 가치인 혁신을 더욱 강화하고 체질화해 세계 최초 제품을 끊임없이 출시하는 것이 목표였다.

문화 변혁은 정성적인 내용이라서 변화의 결과인 KPIKey Performance

Indicator(핵심 성과 지표)를 정해 관리해도 그 원천인 추진 요소를 향상하지 않으면 의도한 결과를 이루어내기 쉽지 않다.

다시 말하면 KPI는 결과 관리, KDIKey Development Indicator(핵심 개발 지표)는 원인 관리라고 볼 수 있을 것이다. 어떤 일을 할 때 측정할 수 없는 것은 관리할 수 없고 관리할 수 없는 것은 경영할 수 없다. 결과와 그 결과를 만드는 프로세스로 성과를 측정한다. 성과의 측정은 경영의 기본적인 원칙이며 현재와 향후 요구되는 성과 사이에서 그 차이를 명확히 하고 그 차이를 따라잡기 위한 지침을 제공하기 때문에 중요하다.

글로벌 톱 1의 비전 달성을 위해 지금까지 추진한 문화 변혁과 톱 3의 문화 변혁이 다른 점은 글로벌 1등 DNA 구축에 필요한 사항을 경영 스타일, 올바른 인재, 문화의 3개 영역에서 핵심 개발 지표를 설정해 추진한 것이다.

고객 중심으로 경영하라

고객 관점에서 의사 결정을 하고, 가치를 창출하는 혁신 활동을 수행할 수 있는 혁신 리더를 변화 결과의 이미지로 정했다. 이를 위한 1등 DNA 요소는 가치 창출 노경 관계, 고객 중심, 혁신 활동으로 크게 나누어볼 수 있다.

가치 창출 노경 관계란 신뢰와 존중을 바탕으로 노동조합과 경영자가 동반자적 파트너십을 강화해 브랜드 이미지를 높이고 기업 가치를 높이는 것이다. LG전자의 생활 가전 사업은 1등 노경 관계를 KDI로 정해 지역사회 봉사 활동, 환경보호 등 CSR Corporate Social Responsibility(기업의 사회적 책임) 활동을 공동으로 추진하고 판매 촉진 활동 등 우수 사례를 창출하며 불안전 행위 방지 등 기본 규칙 준수를 추진했다.

고객 중심 문화는 고객에 집중해 고객 감동을 위한 근본적인 가치를 발굴해 제공하는 풍토를 말한다. 즉 고객의 소리를 귀담아듣고 그들의 눈높이에서 인사이트를 바탕으로 기대를 뛰어넘는 고객 감동을 선사해 차별화된 가치를 끊임없이 창출하는 것이다. 이를 위해서는 잠재된 요구도 한발 앞서 찾아내며 기존의 틀을 깨는 차별화된 아이디어를 창출하고 끊임없이 더 나은 방식을 찾아 실행하는 것이 필요하다.

전 직원의 인터뷰를 거쳐 먼저 고객을 위한 사고 및 업무의 변화를 쉽게 이해하고 체질화할 수 있는 고객 감동 7원칙[6]을 KDI로 정했다. 이에 대한 교육 과정을 운영하고 캠페인을 강력하게 추진했고, 각 조직 단위별로 구체적인 실행 계획을 수립하고 체질화하도록 해나갔다.

혁신 활동의 새로운 정의는 혁신 사상을 바탕으로 6시그마 프로세스에 의한 TDR을 통해 가치 혁신을 달성하는 것이다. 이를 통해 향후 3년간 사업 과제를 미리 준비하는 것이며 TDR 참여도, 혁신 학교를 통한 혁신 능력 배양, 6시그마 벨트 양성을 통한 6시그마 경영 역량

6　❶ 고객은 나의 보스다 ❷ 고객과 자주 만나자 ❸ 빠른 대응 ❹ 모든 판단은 고객으로부터 ❺ 붉은 신호면 선다 ❻ 품질은 판매다 ❼ 감동과 프라이드를 고객에게.

확보 등이 역량 측정 지표가 된다. 1등 DNA KDI로써 TDR 활동을 얼마나 충실하게 실행하는지 측정하고, 혁신 활동에 있어서 6시그마 프로세스를 충실히 수행하는 것으로 했다.

빠른 실행과 앞선 혁신은 강한 실행력을 바탕으로 고객에게 한발 앞선 가치를 제공하는 혁신 문화를 만드는 것이며 선수 필승의 세계 최초, 최고 제품으로 시장을 선도하는 것이다.

올바른 인재를 육성하라

올바른 인재 육성은 1등 제품 및 성과를 만들어내는 핵심 인재의 육성과 전 직원의 혁신 역량 향상에 목표를 두었다.

핵심 인재 육성의 정의는 사업 전략에 따라 글로벌 톱 1 달성을 주도할 핵심 인재를 확보하고 육성하며 유지하는 것이다. 여기에서 핵심 인재란 1등 DNA에 부합되는 역량과 리더십을 갖추고 글로벌 톱 1 비전 달성을 위해 요구되는 핵심 직책과 직무 수행 경험이 있고, 탁월한 성과를 창출하는 고성과자군을 뜻하며 사무직 인원의 상위 20% 수준에서 선정했다.

핵심 인재는 가능한 한 직원 단계에서부터 조기 발굴해 육성, 평가, 재선정의 과정을 거쳐 최종적으로 사업 책임자 및 연구 개발 책임자의 후계자군으로 육성하며 또한 외부에서 연구 개발, 마케팅 등 동종 업계의 최고 수준의 인재를 영입하는 것도 포함했다.

체계적이고 의도적인 직무 경험의 확대 및 교육을 통한 육성이 핵심 인재 육성의 기본 개념이다. 예를 들면 사업 책임자의 후보자는 설계, 생산, 마케팅 등의 직무 중에서 2개 이상을 반드시 거치도록 하며 해외 생산 및 판매 법인이나 지사에서 직무 경험을 하도록 해 글로벌 경영 역량을 갖추도록 하는 것도 추진했다.

글로벌 1등의 비전을 실행해 갈 수 있는 인재 육성의 대표적인 사례는 의도적 육성 체계인 PBL Product Business Leader(제품 사업 리더) 제도다. PBL은 상품기획에서 판매에 이르기까지 전 사업 영역에 대한 학습과 역량을 갖추게 하는 소사업부장 성격의 사업가 육성 제도이다. 이러한 PBL이 갖추어야 할 역량은 핵심 TDR 수행, 혁신 마인드 함양을 위한 혁신 학교 이수, 그리고 6시그마 경영을 위한 블랙 벨트(6시그마 전문가) 이상의 자격이다. 그리고 사업이 글로벌로 전개되면서 글로벌 경영에 필수적인 영어 능력이 일정 수준 이상이 되도록 했고 예비 경영자 과정 이수와 MBA 과정을 수료하도록 했다.

전 직원 혁신 인재 육성의 정의는 기능별 전문 분야에서의 최고 역량과 다른 분야 전반에 대한 지식을 보유한 T자형 인재를 의도적으로 육성하는 것이다.

신입사원의 경우 일정 수준의 실무 능력이 갖추어질 때까지 사업본부 차원의 조직적인 육성 프로그램을 개발해 교육한 후에 실무 부서에 배치하는 육성 풍토에 초점을 맞추었다.

기존 직원들은 직속 상사 중심의 책임 육성을 근간으로 역량 개발 면담을 하고 기대 수준과의 차이에 대한 역량을 개발하는 합의를 이루도록 했다. 역량 개발은 기능별 맞춤형 교육 프로그램, 업무 수행, 자기계발, TDR, 업무 전환 배치 등을 통해서 할 수 있다. 역량 평가에 따른 차이를 합의하려면 평가 결과의 개방이 필요하며, 조직 책임자의 공정한 평가 능력, 코칭 역량 개발도 중요한 과제가 된다. 관리자의 리더십에서 가장 보완해야 할 점은 경청과 코칭 능력이다. 이러한 능력을 향상하기 위해서 전문가에 의한 1:1 코칭 훈련과 프로그램을 운영했다.

앞의 인재 육성에 대한 과제를 추진하고 변화의 가속화를 위해서 경영층의 업무 시간 중에서 인재 육성과 조직 문화 변혁의 시간 비중을 확대하는 것이 바람직하다. 2005년 기준 10%를 2007년에는 30%로 확대했으며 그 주요 내용은 사상 전파, 변화 관리, 올바른 인재 개발, CSR 등이다.

양손잡이 관점에서 경영하라

비전 제시, 조직의 변혁은 강력한 하향식 경영, 자율과 창의의 문화는 인간 중심의 상향식 경영이 효과적이다. 이성적인 성과 주도와 더불어 가족을 포함한 감성적인 인간 존중의 경영도 병행되는 것이 중요하다.

기업 전략에서 자원의 낭비를 막기 위한 혁신성을 강조하다 보면 시장 대응에 대한 효율성이 떨어지는 딜레마에 빠질 수 있다. 또한, 사람에 대한 배려는 느슨한 조직 문화를 가져오거나 승부 근성을 떨어뜨릴 수 있고 일의 성취를 지나치게 강조하면 인재의 이탈을 가져올 수 있다. 따라서 효율성과 혁신성, 통제와 자율, 안정과 변화를 동시에 갖춘 양손잡이의 패러독스 경영이 필요하다. 효율적인 운영을 위해서는 정렬이 필요하지만, 창조를 위해서는 불확실성, 애매함과 모순된 사람을 포용하는 능력이 필요하다.

비전을 제시하되 현장 중심적으로 행동하기와 같은 야누스 리더십도 같은 맥락으로 해석할 수 있다. 양손잡이 개념은 탐구와 실행으로 나누어볼 수 있다. 탐구는 유연성, 분권화와 느슨한 문화에 관련되는 것이며 실행은 효율성, 중앙 집중화와 엄격한 문화에 관련된다고 볼 수 있다. 최고 경영자는 이 두 개의 상반된 요소를 능숙하게 동시에 조합해 운영할 수 있는 능력을 갖추는 것이 필요하다. 그리고 중간 관리자들도 조직 운영에 있어서 이러한 생각으로 운영할 수 있도록 조직적인 뒷받침이 있어야 한다.

일반적으로 회사 경영을 하다 보면 사업계획 달성에 대한 욕구가 강해 조직을 효율 중심적으로 운영하기 쉽다. 따라서 미래의 성장을 가져올 수 있는 창의력이 발휘되는 문화가 형성되려면 탐구를 추진하는 경영층의 리더십이 있어야 하고 공식, 비공식적 조직 운영 구조가 뒷받침될 수 있어야 한다. 구조적으로 서로 다른 조직을 통합하고 상반된 양손잡이 문화를 만드는 데는 긴 시간의 종단적 접근이 필요하다.

경영자가 강하게 추진하면 구성원들은 의존적이고 순종적이게 된다. 구성원들이 일의 주인이 되도록 때로는 참고 기다려야 하고 그들의 이야기를 귀담아듣고 어려운 것을 해결해주는 도우미 역할을 해서 의욕을 불타오르게 해야 한다. 너무 나서지 말고 너무 물러서지도 말아야 하니, 참 어려운 문제다.

- 상호 신뢰 구축은 관계에서 반드시 갖춰야만 한다.
- 한번 맺은 인연은 소중히 간직해야 한다.
- 체계적인 직원 육성은 리더의 의무이자 책임이다.
- 문화 변혁을 위한 필수 요소는 자유로운 환경과 상호 존중이다.
- 비전 제시 및 조직의 변혁은 강력한 하향식 경영, 자율과 창의의 문화는 인간 중심의 상향식 경영이 효과적이다.

소통과 합의는 필요할 때 즉시 하라

4장 _____

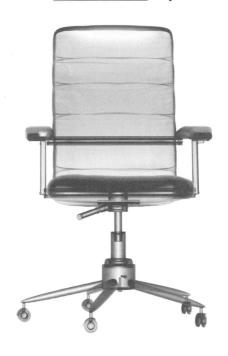

소통

소통이란 '사람이 의사나 감정으로 생각이나 뜻이 서로 통하는 것'이
며 사회생활을 하기 위해서 가장 필수적으로 가지고 있어야 하는 능
력이다. 가족 단위에서부터 큰 조직에 이르기까지 필연적으로 이루어
지는 소통은 참 어려운 일이다. 흔히 말이 안 통해 답답하다는 말을 자
주 하고 심지어 소통이란 '소하고 통하는 것이다'라는 우스갯소리가
있을 정도다.

직장에 모여서 일할 때까지는 타고난 천성부터 다르고 가정교육도
저마다 다르며, 학교 교육도 다른 곳에서 배운 뒤 성인이 되어서 만
났기 때문에 서로 다르다는 것을 인정해야 한다. 직장 내에서도 젊은
20대부터 정년퇴직을 앞둔 60대까지 어우러져 같이 일하는데 소통이

안 된다면 세대 간 갈등이 심해지고 신뢰 구축이 어렵게 된다.

소통은 직접 하라

소통은 전달 단계가 많아질수록 조금씩 변질되어 마지막에는 전혀 엉뚱한 메시지가 전달되기도 한다. 악성 소문이 그러하다. 정치판에서는 마타도어가 횡행하고 연예계 같은 경우는 확대 재생산이 되면 당사자를 죽음까지 몰고 가는 경우도 볼 수 있다.

정확한 의사 전달이 얼마나 어려운지 실제 교육 현장에서 실습해본 적이 있다. 약 10여 명을 나란히 줄을 세워 놓고 첫 번째 전달자가 어떤 내용을 정해놓고 귓속말로 다음 사람에게 전달하고 그것을 받아서 그다음 사람에게 전달한다. 이렇게 맨 마지막 사람까지 말로 전달한 뒤 그 내용을 보면 유사하게 전달된 것부터 상당히 다르게 전달된 것까지 많은 차이가 있는 것을 확인할 수 있다.

이는 조직 단계도 마찬가지다. 조직 단계가 많고 복잡할수록 소통의 문제는 더욱 커진다. 글로벌 대기업들이 방대한 해외 조직, 다른 언어를 사용하는 수십만 명의 직원들을 한 방향으로 나아가게 하는 것은 어려운 과제다.

이런 소통의 문제를 해결하고 의사 결정 속도를 높이기 위해서는 첫째, 조직의 단계를 단순하게 만든 수평 조직으로 만들어야 한다. 사람은 기본적으로 승진의 욕구가 있어서 어떻게 보람의 욕구로 변화시킬 수 있느냐가 수직적인 조직을 파괴할 수 있는 수평 조직의 성공 요건일 것이다.

둘째, 조직에서 일을 추진할 때 실제 일을 수행하는 실무자들과의 직접 소통을 강화하는 것이다. 직접 소통의 방법들은 전통적으로 전 직원을 모아놓고 행하는 정례 조회, 사내 게시판, 방송, 이메일, SNS, 간담회 등 다양한 방법들이 있다. 그러나 직접 소통을 강화했다고 해서 제대로 전달되었다고 생각하는 것은 오산이다. 관심 없는 직원들은 귀담아듣지 않으며 흥미를 갖도록 표현하지 않으면 눈길이 잘 가지 않기 때문이다.

따라서 조직 계층 간의 소통을 강화하기 위한 간담회를 여러 형태로 강화할 필요가 있다. 실무자들이 쉽게 접할 수 없는 최고 경영자나 높은 상사들과 직접 대면하고 진솔한 대화를 나누는 것은 굉장한 영향력을 주고 조직 내 강한 전파력을 갖는다. 어떻게 직접 접촉의 시간을 많이 낼 수 있느냐는 이런 소통의 시간을 얼마나 중요하게 생각하느냐에 달려 있다. 나는 경영기획이나 조직 문화팀에 사업본부장의 업무 시간 중에서 약 30% 정도를 인사 관리, 조직 문화의 혁신에 반영하도록 하고 가능한 한 그런 시간을 확보하고자 했다.

열린 소통을 하라

열린 소통은 격의 없는 대화를 말한다. 특히 위계가 있는 조직에서는 더욱 필요한 사항이다. 상사는 곧잘 직원들과 열린 대화를 시도하지만, 그들이 마음대로 이야기를 나눌 수 있는 환경을 만들기는 쉽지 않다. 열린 소통을 가로막는 함정들이 곳곳에 있기 때문이다.

첫 번째는 상사가 갖는 권위다. 조직에서는 상사에게 여러 가지 힘을 부여하기 때문에 넘어서기 쉽지 않은, 보이지 않는 어떤 경계가 있기 마련이다. 이는 자신을 평가한다는 권력, 인사에 대한 권력이 지배하는 위치에 있게 하고 경외감을 갖게 한다.

두 번째는 상사 개인이 가진 자질 여부에 따라 다르다. 외향적 성격 또는 내성적 성격인지, 대화를 즐기는 성격 또는 과묵한 성격인지에 따라 달라진다. 즉 타고난 천성에 따라 대하기 편한 사람도 있고 불편한 사람도 있는 것이다. 예전보다는 많이 변화되었지만, 유교적인 가부장적 문화가 아직도 직원들이 자유롭게 말하기 어려운 분위기를 조성하고 있다.

쌍방향 소통을 활성화하라

조직 구성원들과 대화할 때 내 생각을 전하고 서로 자유롭게 대화를 주고받으면서 공감대를 형성하고 최적의 결론을 도출하는 것이 쌍방향 소통이다. 조직은 개인의 전유물이 아니라 조직 구성원들의 공동체가 이끌어나가야 하기 때문이다.

조직 구성원들과의 소통을 위한 간담회 등 대화의 자리를 마련해보면 구성원들의 이야기를 경청하는 것보다 높은 사람 중심으로 자기의 생각을 전달하려고 하는 훈시의 자리로 변질되기가 십상이다. 어떻게 해야 일방적인 주입식 훈시의 시간이 되지 않으면서 구성원들이 자유롭게 말하게 하고 그들의 이야기를 경청하며 함께 만들어가는 시간이 될 수 있을까?

최근 지상파 방송과 같이 일방적으로 전달하는 매체는 점점 시청자들의 관심을 받지 못하고 있다. 더욱이 시청자들의 참여가 제한되고 공감을 얻지 못하는 일방적 콘텐츠나 뉴스는 시청률이 올라가기가 점점 힘들어질 것이다. 왜냐하면, 시청자들과 쌍방향 소통을 하는 유튜브, 라이브 방송 등이 점차 많아지고 있기 때문이다. 광고는 시청률이 높은 곳으로 이동하기 때문에 시청률 저하는 경영 악화로 연결된다. 지상파가 살길은 전파와 인터넷을 모두 사용해 쌍방향 및 복합 서비스가 가능한 체제로 일대 전환을 하는 것이다.

열린 소통에 NPS 평가를 적용하라

NPS Net Promotor Score (순 추천 고객 지수)는 추천 고객에서 비추천 고객 비중을 뺀 지수로 고객 충성도를 나타낸다.

2003년 베인 앤 컴퍼니라는 컨설팅 회사가 〈하버드 비즈니스 리뷰〉에 소개하고 GE 등이 업무에 적용하면서 확산되었다. NPS를 산출하는 방법은 〈그림 4-1〉와 같다.

질문은 아주 간단하게 "이 제품이나 서비스를 동료나 주위에 추천할 의향이 얼마나 됩니까?"로 단 하나의 표준화된 질문만 한다. 그리고 왜 그런 선택을 했는지 의견을 적게 한다. 이 의견은 소중한 개선 방향이 된다. 이 간단한 지수로도 건강도, 향후 성장 또는 퇴보의 가능

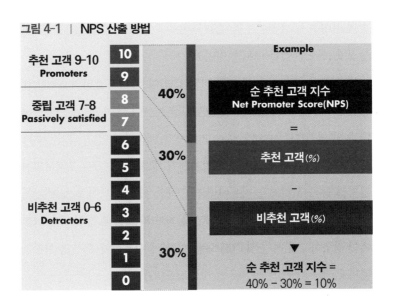

그림 4-1 | NPS 산출 방법

추천 고객 9-10
Promoters

중립 고객 7-8
Passively satisfied

비추천 고객 0-6
Detractors

Example

순 추천 고객 지수
Net Promoter Score(NPS)

=

추천 고객(%)

−

비추천 고객(%)

▼

순 추천 고객 지수 =
40% − 30% = 10%

성을 손쉽게 예측해볼 수 있고 경쟁자와 같이 비교하면 나의 위치를
잘 파악할 수 있다.

〈하버드 비즈니스 리뷰〉의 연구 결과에 의하면 NPS는 실제로 기업
의 3년 성장률과 비례한다고 한다. 이론적으로 모든 고객이 만족해 추
천하고 불만족하는 비추천 고객이 한 명도 없다면 NPS는 100%로 나
올 수 있다.

전기 자동차로 돌풍을 일으키고 있는 테슬라 전기 자동차의 2015년
7월 NPS가 96.6%로 나왔다. 이에 대한 증명은 5년 후 시가 총액으로
나타났다. 2020년 7월 테슬라의 시가 총액은 251조 원으로 세계 1위
도요타의 246조 원을 능가했다. 불과 6개월이 지난 2020년 말에 시가

총액 차이는 무려 3배로 벌어졌다. 이토록 믿을 수 없을 정도의 놀라운 일을 일으킨 것은 대체 무엇일까?

분기 생산 대수로 볼 때 테슬라의 10만여 대와 도요타의 240만 대 규모를 비교하면 테슬라는 엄청난 성장 예상과 혁신 제품, 온라인 판매 등의 혁신 방식에 대한 미래 기대치가 반영되어 있다. 그러나 GM, 도요타 등 기존 굴지의 자동차 업체들이 내연기관을 구조조정하면서 전기 자동차에 전력을 기울이면 테슬라의 시가 총액이 현재와 같이 고평가를 유지할 수 있을지 주목된다. 테슬라를 예로 들었지만, 여기에서 강조하고자 하는 것은 NPS를 유효하게 활용할 수 있음을 설명하고자 한 것이다.

사업본부장의 열린 소통의 일환으로 외부 손님과 별도의 오찬 약속이 없으면 조직 계층 간 또는 분야별로 10~20명 정도의 끊임없는 중식 간담회를 실시했다. 또는 사안에 따라 50~100여 명 정도로 소강당에서도 실시했는데 이 경우는 좀 더 많은 준비가 필요했다. 이 열린 소통은 중간 관리자에서부터 현장 작업자에 이르기까지 최고 경영자와 직접 허심탄회하게 소통할 수 있는 소중한 자리였다.

이런 NPS 평가를 본부장 중식 간담회에 적용해봤다. 중식 간담회까지 시간을 내서 나름 허심탄회하게 대화를 나누었다고 생각해 기대했는데 1차는 22.8%로 실망스러운 결과가 나왔다. 비추천 직원들의 의견은 본부장을 가까이에서 볼 수 있어 좋았지만, 업무적인 분위기를 벗어나서 자율적인 분위기로 좀 더 인간적인 친숙함을 느낄 수 있으면 좋겠다는 의견이 많았다. 따라서 업무에 관한 대화를 20% 이내로 줄이고 경영 철학과 근무 시 애로 사항, 알고 싶은 궁금증을 중심으로 익명으로 적어내도록 개선했다.

1차 NPS 평가 시의 문제점을 개선해 실시한 중식 간담회의 2차 NPS 평가 결과는 61.5%였다. 비추천 직원은 없으나 중립 직원(7~8점)의 의견은 사전에 질문거리를 정해서 주는 듯한 느낌이며 조금 형식적인 형태와 주제로 자연스럽지 못하다는 것이었다. 개선 방향은 참석자들이 필요하고 원할 때 유용하게 느낄 수 있는 정보만 주관 부서에서 제공하는 것으로 하고 직원들이 질문하고 싶은 것을 자유로이 작성하도록 했다.

이렇게 2차 NPS 평가의 문제점을 개선해 중식 간담회를 실시했다. 중식 간담회를 실시한 후 3차 NPS 평가 결과는 100%로 나타났다. 추천 직원(9~10점)의 의견을 정리해보면 "직접 본부장과 대면해 진솔한 모습을 볼 수 있었고 경영 사상을 상세히 듣게 되어 서로 벽이 없어지고 친근감과 소속감이 생겼다. 신규 사업의 미래와 중요성, 방향을 설정할 수 있었고 개인의 삶과 조직의 삶을 나누고 공유할 수 있었다. 그리고 본부장의 가정 및 개인 생각까지 가감 없이 듣게 되었고 처음으로 개인적인 사항을 이야기할 기회였다. 조직 문화를 심도 있게 이해할 수 있는 계기가 되었다" 등이었다.

다른 사람의 말에 귀 기울여라

"쇠 방망이 맞을 각오가 있어야 직언(直言)을 받아들일 수 있다."

중국 당나라 선승인 조주 선사의 말이다.

경청은 다른 사람의 말을 귀 기울여 적극적으로 듣고 이해하는 것인데 모든 의사소통은 기본적으로 여기에서부터 시작된다. 따라서 경청은 매우 중요하나 의외로 실행이 쉽지 않다. 타고난 천성도 원인 중 하나지만, 교육 훈련이 부족한 것에도 기인한다.

경청의 기본 자세는 먼저 사람을 보는 사고에서부터 시작한다. 남보다 잘났다는 자만심이 가득하고 권위 의식이 있으면 경청의 첫 단추는 잘 꿰어지지 않는다. 모든 인간은 다 똑같이 귀중하다. 즉 내가 중요한 만큼 남도 똑같이 중요한 것이다. 그러나 나의 귀중함만 보이면 남의 귀중함이 잘 보이지 않고 무시 또는 간과로 나타날 수 있다. 자타일여(自他一如), 주객불이(主客不二), 역지사지(易地思之) 모두 상대방의 입장을 배려하자는 말이다. 경청하는 태도는 상대방을 존중하는 마음이 있어야 눈빛, 표정, 끄덕임 등의 호응으로 나타날 것이다.

친숙도 프로그램을 운영하라

조직 변경이 되어 새로운 리더가 부임하거나 신입, 전입 등 새로운 얼굴이 들어오면 그 조직 구성원들은 당연히 새로 온 사람이 어떤 사람일까 하는 많은 궁금증을 가지게 된다. 새로 들어온 사람도 낯선 것은 마찬가지다. 열린 소통을 하지 않으면 추측에 의한 입소문이 돌게 마런이어서 너무 늦지 않게 친숙도 프로그램을 해보는 것이 좋다. 방법은 간단하다. 조직 구성원들이 궁금한 것을 카드로 적어내게 하고 특성별 그룹으로 나누어 벽에 붙인 다음 새로운 리더나 해당 당사자가 읽고 그에 대한 답을 준비해 피드백하는 것이다. 일종의 쌍방향 소통으로, 아직 낯선 상태에서도 어려움 없이 질문하기 좋은 카드식 질문 형태를 사용하는 것이다. 낯이 익지 않은 상태에서 직접 질문을 하는 것은 용기가 필요하기 때문이다.

적시타가 중요하다

'필요할 때 즉시 하라'는 야구에서 필요할 때 점수를 내는 적시타의 개념으로 이해하면 좋을 듯싶다.

유머를 잘하는 사람들을 보면 필요한 시기에 배꼽을 잡고 웃을 수 있는 촌철살인의 멘트, 표정, 억양 등이 절묘하게 어우러진다. 유머를 잘하는 사람들은 타고난 끼도 있지만, 노력을 정말 많이 한다. 앞에서 유머 감각의 예를 들었듯이 소통은 필요할 때 즉시 해야 가장 효율적이다.

어떤 일이 끝났을 때 또는 보고가 끝났을 때 대면 상태에서 건네주는 피드백이 적시타다. "수고했습니다", "고맙게 생각합니다", "자! 힘내자고!", "역시 ○○구만" 등 이런 기본적인 몇 가지 긍정적 멘트는 입에 배어 있는 것이 좋다. 언제 어디서나 필요한 멘트가 표정과 아울러 진심으로 전달될 때 구성원 간의 친밀도 및 소속감이 높아지고 조직을 하나로 뭉치는 데 큰 영향을 준다. 감사할 줄 아는 리더가 강한 팀을 만든다.

인정받고 싶은 욕구는 누구에게나 있다. 그렇기에 칭찬은 여러 사람 앞에서 작은 것이라도 즉시 크게 알리도록 한다. 칭찬은 고래도 춤추게 하기 때문이다.

반면에 질책은 조용하게 개별적으로 해야 한다. 이때 일의 내용 및 행위에 대해 감정을 싣지 않고 객관적으로 해야 한다. 즉 잘못되었을 경우 평정심을 잃고 심하게 질책하는 것은 삼가야 한다. 그것도 여러 사람 앞에서 자존심에 상처를 주는 질책은 반성보다는 심한 모멸감을 느끼게 하기 때문에 더욱 그러하다. 많은 직장 상사들이 부여된 권한 행사와 일 추진에 대한 조급한 성격, 재발 방지를 위해서 강한 자극을 주어야 한다는 이유로 심한 질책이라는 덫에 빠지는 것이 현실이다.

스트레스의 원인을 제거하라

갈등, 스트레스는 그대로 내버려 두면 내면에서 점점 심해진다. 생각은 생각을 낳기 때문이다. 스트레스의 원인을 풀기 위한 소통이 시작되면 내면이 강화되는 사이클에서 끄집어낼 수 있다. 그러나 소통의 때를 놓치면 점점 깊어져 치유가 힘들어진다.

우리는 직장에서나 일상적인 생활에서 크고 작은 스트레스를 받으며 산다. 적당한 스트레스는 적당한 긴장감을 주어 오히려 일을 추진하는 동기를 갖게 한다. 문제는 극심한 스트레스와 그로 인해 심한 갈

등을 겪는 일이다.

스트레스는 일에서 오거나 사람에게서 오는 두 가지 경우가 대표적이며 어느 경우든 스트레스의 원인을 제거해야 풀리게 되어 있다. 회오리바람이 일었을 때 그것을 없애려고 곁에서 아무리 애를 써도 잡히지 않는다. 그 중심의 원인인 대기 불안정이 해소돼야 순식간에 사라진다. 스트레스도 이와 마찬가지여서 원인을 제거하지 않고 내버려두면 없어지지 않고 점점 심해지는 특성이 있다.

예를 들어 어떤 큰 사건이나 일이 터졌을 때, 보통의 경우 감내하기 힘들 정도의 스트레스를 받는다. 제품을 판매하는 사업의 경우 고객으로부터 제품 안전에 관한 클레임을 받아 리콜할 때 책임감과 엄청난 손실로 인해 지탱하기 힘들 정도의 스트레스를 받는다. 그 상황을 피하려 하고 미봉책으로 막으려 한다면 고객의 불신을 더욱 키워 호미로 막을 것을 가래로도 막을 수 없는 상황이 온다. 나쁜 소문의 전파력은 매우 빨라서 내버려 두면 걷잡을 수 없이 타오르기 마련이다. 문제가 발생한 고객 현장을 냉철하고 정확히 파악하고, 때를 놓치지 말고 진정성 있게 고객과 소통해 정면 돌파를 해야 해결할 수 있다. 잘못이 있어도 이런 자세를 보이면 여론이 더 악화되지 않고 우호적으로 변할 수 있다. 손실은 일시적이지만 사업이 존재하는 한 고객 평판은 영원한 것이기 때문이다.

일에 의해서 생기는 스트레스는 그 일을 잘 해결해야 해소된다. 상사, 동료, 직원 모두가 필요한 소통을 원활히 하고 단단한 상호 신뢰의 팀워크를 만든다면 사람이 하는 일은 거의 해결해나갈 수 있다. 그래서 전력투구를 하면 심적 스트레스는 덜 쌓이게 되고 육체적으로 피곤할지라도 숙면하게 되어 정신 건강에는 더 좋을 것이다. 고민만 한다고 해결되지 않는다. 해결되지 않은 일의 스트레스는 없어지지 않고 거머리처럼 따라다닐 것이다.

사람에 의한 스트레스 중 가장 많고 해결하기 어려운 것이 바로 상사로부터 받는 스트레스다. 상사는 일을 시키고 평가하기 때문에 기본적으로 스트레스의 원인 제공자다. 여기에 인간적인 관계까지 좋지 않으면 그야말로 최악의 상황인 셈이다. 나하고 맞지 않는다고 상사를 내 마음대로 바꿀 수는 없다. 물론 탄핵할 수는 있지만, 함부로 할 수 있는 일이 아니다. 상사의 심한 질책, 인격 무시, 차별 대우, 안 맞는 성격 등은 가슴 깊이 스트레스로 남고 상사를 술안주 삼아 화풀이를 하지만 다음 날 그 상사를 보면 사그라들었던 감정이 다시 살아나 괴롭힌다. 마주 보기도 싫고 가까이 있기도 싫어 은연중에 슬슬 피하게 된다.

이런 관계가 계속되면 골이 깊어져 고치기가 쉽지 않고 절이 싫으면 중이 떠나야 하는 일이 생길지 모른다. 싫어도 쉽지는 않은 일이지만 용기를 내서 대면 상담을 하거나 이메일, SNS로 상담하면 대부분은 들어준다. 리더 위치에 있는 사람들은 장단점이 있기는 하지만 그럴 만한 무언가의 자질이 있어서 리더 반열에 있는 것이다. 리더라는 거울을 통해 본 나의 모습에 대해 개선하려는 노력을 많이 기울여야 해결할 수 있다. 사람은 자기를 좋아하는 사람을 좋아하게 되어 있는데 눈빛이나 표정도 적시타 소통의 한 수단이다. 예를 들면 마음속으로는 좋아하지 않으면서 겉으로 좋아하는 척 형식적으로 어린아이를 안았을 때 어린아이는 육감적으로 기가 막히게 편하지 않음을 안다. 그것이 인간관계인 것이다.

팀원을 대할 때도 마찬가지다. 예전과 같이 상사가 권한을 행사하는 게 아니라 부하 직원을 섬겨야 하는 시대가 되었다. 어느 시대에나 젊은 세대는 기성세대와 달리 새로운 것을 즐기고 변화를 가져오는 세대이다. 우리 때도 그랬다. 기성세대의 벽 파괴, 새로운 변화를 얼마나 주창했는가? 젊은 세대는 기성세대가 되고 또 새로운 젊은 세대가 태어나고 이렇게 세상은 윤회하는 것 같다. 기본적으로는 기성세대가 젊은 세대의 사고, 언어 등을 이해하고 눈높이를 맞추는 노력을 해야 한다. 왜냐하면, 그들은 우리들의 미래기 때문이다.

꽃을 가꾸듯 팀원들을 대하라

리빙Living 사업의 L본부장은 고객을 위해 사랑, 믿음, 정성의 꽃을 피우는 마음으로 제품을 만들어야 한다는 것을 주창했다.

공조기 연구실장으로 근무할 때 이러한 꽃을 피우는 마음으로 부하 직원들을 대하라는 의미로 그룹장들에게 그룹별로 화분에 꽃을 가꾸도록 했다. 사무실 분위기가 환해지는 것은 덤이었다. 꽃은 식물이지만 키우는 사람과 소통한다. 물을 제때에 주어야 하고 적당한 햇빛이 있어야 하고 바람이 잘 통해야 한다. 또한, 거름을 주고 분갈이도 제때 해주어야 한다. 하지만 이렇게 간단한 일도 쉽게 잘되지 않는다. 왜냐하면 정성이 필요하기 때문이다. 그러나 하루 이틀 소홀히 한다고 금방 죽지는 않는다. 문제는 일에 몰두하느라 한참 지나도 꽃이 말라죽는지가 보이지 않는 경우다.

팀원들 얼굴 보는 것도 이와 같아서 일에 정신이 팔리면 팀원의 얼굴에 드리워진 고민의 모습이 잘 보이지를 않는다. 이때 '커피 한잔할까?' 하면서 고민이 있는지 들어주기만 해도 반은 해결되는 것이다. 내버려 두다가 문제가 터지면 그것을 수습하느라 오히려 더 정신이 없어진다.

꽃을 피우는 마음은 사랑, 믿음, 정성이 있어야 한다. 상사, 동료, 팀원 모두 이와 같은 마음으로 대해야 하며 팀원에 대해서는 더욱 그러하다.

합의

회사 조직의 전략, 목표를 수립하고 실행하는 데는 조직 구성원들의 합의가 이루어져야 한다. 이 합의를 잘하기 위해서는 공감과 소통이 잘 이루어져야 하는데, 공감은 남의 감정, 의견, 주장에 대해 자기도 그렇다고 느끼는 것이다.

어떤 일을 추진할 때 일방적인 지시를 하기보다 구성원들과의 소통을 통한 공감을 바탕으로 합의를 이루는 것이 한 방향으로 나아갈 수 있는 추진력을 얻기 쉽다. 특히 큰 조직에 있어서 합의를 이끌어내는 것은 쉽지 않기 때문에 앞에 언급한 직접 및 열린 소통을 비롯한 여러 가지 효율적인 방법들을 활용해야 한다. 여기에서 실제 일을 추진하는 데 있어서 유용하게 활용되는 멜트인에 대해 살펴보고자 한다.

GE의 잭 웰치Jack Welch가 CEO를 맡고 있을 때 사업 전략이나 목표를 수립하면 전 구성원들까지 단계적으로 멜트인을 통해 합의를 이루어나가는 데에서 비롯되었다. 멜트인은 녹여서 한 몸이 된다는 뜻으로 끝장 토론을 통해서 구성원들 간 합의를 이루는 것이다. 워크숍 형태로 진행하지만, 전략과 사업 목표라는 주제가 명확하고 실행에 대한 합의를 명확히 한다는 점에서 구분이 된다. 워크숍은 어떤 주제에 대해 토의하며, 공유하고 여러 가지 아이디어를 내어 추진 방향을 수립하는 목적이 강하다. 새로운 경영 전략이나 스킬을 도입할 때 또는 조직 문화를 어떻게 변혁시켜야 하는지 논의할 때 주로 활용된다.

글로벌 기업인 GE는 직원만 전 세계에 30만 명이 넘는다. 하지만 최고 경영층에서 어떤 전략이나 정책이 결정되면 전 세계 직원들에게 공유 및 내재화하는 데 6개월이면 족하다고 한다.

그 과정을 보면 멜트인, 에스컬레이팅 미팅 등 많은 합의 도구들이 개발되고 실행된다. 지독하다고 할 정도다. 이런 토론 과정에서 결정된 전략과 정책은 각 개인의 사상으로 체득되고 내재화된다.

에스컬레이팅 미팅은 다음 하위자와의 1:1 미팅으로 같은 생각으로 합의될 때까지 논의하고 내재화하는 방법이다. 이런 방법으로 모든 직원에게 단계적인 방식으로 빠르게 전파하는 것이다. 따라서 GE는 거대한 기업인데도 민첩성 있는 조직이 되었으며, 이런 빠른 실행력은 GE의 강점 중의 강점이다.

LG전자의 생활 가전 사업이 혁신 목표를 달성하고 글로벌 경쟁력을 갖추는 데는 멜트인 형태의 혁신 활동이 크게 기여했다고 볼 수 있다. 4분기에 해당 연도의 혁신 활동을 분석하고 다음 년도 혁신 계획을 부서별로 멜트인을 해 사업부 목표를 수립한다. 마지막으로 사업 본부 내 과제별 TDR 리더, 전 임원 및 부서 조직 책임자들이 모여 다음 년도 사업계획에 대한 멜트인을 실시한다. 이때 모든 힘을 다해 도전해야 달성 가능한 스트레치 목표를 정하고 합의해나간다. 무리한 목표라 조직의 강력한 결속력이 있어야 달성 가능한 것이기 때문에 격려하기 위한 자리에는 사기 앙양의 페스티벌이 펼쳐진다. 이후 TDR 과제별로 실행에 대한 자체 멜트인이 실시된다.

- 실무자와 최고 경영진의 대담은 큰 영향을 끼친다.
- 열린 소통에 NPS를 적용하면 쌍방향 소통이 더 원활해진다.
- 쇠 방망이에 맞을 각오가 있어야 직언을 받아들일 수 있다.
- 진심을 담은 언행이 전달될 때 조직이 하나로 뭉칠 수 있다.
- 기성세대는 젊은 세대와 눈높이를 맞추려 노력해야 한다.
- 스트레스는 원인을 제거해야 풀린다.

모두가 나의 고객이다

5장 _____

고객 감동 7원칙

고객 중시, 고객 제일, 고객을 위한 가치 창조.

　이는 고객이 존재하는 모든 사업군에서 내거는 슬로건이자 모두가 추구하고 궁극적으로 이루고 싶은 지향점이다. 생활 가전 사업 책임자로 있으면서 어떻게 해야 우리 구성원들이 이 화두를 피상적으로 느끼는 것이 아니라 구체적으로 실천할 수 있는, 손에 잡히는 행동 철학으로 만들 수 있을지 고민했다. 위에서 정해서 실천할 것을 강요하는 것이 아니라 구성원들이 느끼고 일선에서 쉽게 실행할 수 있는 행동 원칙, 구체적인 실행 사항이 있으면 고객 만족의 모습이 훨씬 잘 실현될 수 있을 것으로 보았다. 사실 고객 만족이라는 표현보다는 고객 감동이라는 말이 고객이 기대하는 그 이상을 제공한다는 의미를 더 포함하고 있을 것이다. 이러한 문화의 구축은 일시적 이벤트가 아닌 지속적인 추진으로 조직 내 문화로써 내재화해야 한다.

고객에 대한 정의

고객이라는 단어의 협의적이고 사전적 의미는 고객이란 '나 이외의 모든 사람' 혹은 '나의 산출물을 받아보는 후공정 사람'이라고 말할 수 있다.

광의적 의미의 고객이란 회사 전체를 하나의 제공자로 보고 '우리 제품 및 서비스를 사용하고 효용을 발견하는 최종 소비자'로 정의할 수 있다.

고객의 협의적 의미는 주로 내부 고객에 적용되고 광의적 의미는 외부 고객을 말한다.

내부 고객

회사 조직 내에 있는 종업원을 내부 고객이라고 하며 최종 고객에게 효용이 있는 제품과 서비스를 제공하기 위해서는 연구 개발에서부터 최종 고객까지 전 가치사슬에 걸쳐 내 다음 업무가 고객이라는 생각으로 일해야 한다.

상품기획은 그다음 단계인 설계 단계에서 재설계가 일어나지 않도록 최종 고객으로부터 상품 컨셉을 검증하고 또 검증해 빠뜨리지 않고 설계할 수 있도록 하는 것이다.

그리고 설계는 그다음 단계의 부품을 만드는 협력 회사와 최종 조립을 하는 사내 생산 부서에서 쉽게 좋은 품질을 생산할 수 있도록 누구든지 쉽게 조립할 수 있는 실수 방지 설계를 해야 할 것이다.

좋은 제품과 품질은 마케팅과 판매 부문에 있어서 경쟁사보다 효율적으로 판매할 수 있는 강력한 무기가 될 것이다. 이처럼 회사 내부에서 전후 단계의 업무 부분 모두가 상호 만족을 위해 노력한다면, 이와 같은 역량이 모여 최종 고객한테도 만족과 감동을 줄 수 있을 것이다. 판매나 서비스에서 일하는 종업원의 태도나 친절도는 고객과 접촉하는 MOTMoment Of Truth(진실의 순간)기 때문에 그 회사에 대한 이미지를 결정한다. 특히 유통업 등 서비스를 주 사업으로 하는 분야에서는 종업원들의 충성도 수준이 최종 고객에 대한 만족도로 연결된다.

"고객에게 서비스를 팔기 전에 먼저 종업원에게 직무를 팔지 않으면 안 된다"라는 말을 명심할 필요가 있다.

외부 고객

외부 고객은 제품이나 서비스의 실제 구매자 또는 소비자로서 우리가 일반적으로 알고 있는 고객의 개념이다. 외부 고객을 구분하는 용어 중에 많이 듣는 것이 영어 단어인 customer, consumer, client다. 우리말로는 모두 고객으로 번역되어 혼동될 때가 많이 있다. 하지만 엄밀하게 정의하면 이들의 의미는 모두 다르다. customer는 제품을 구매하는 사람 및 회사를 말하고 consumer는 최종적으로 사용하는 소비자를 뜻한다. 어떤 물건을 내가 사용하기 위해서 매장에서 구매했다면 나는 customer이자 consumer가 되는 것이다. 그러나 어떤 물건을 친구에게 선물하고자 매장에서 구매했다면 나는 customer가 되고 친구는 consumer가 되는 것이다. 따라서 customer에게 중요한 것은 주 구매 고려 요인이고, consumer에게 중요한 것은 사용 가치다. client는 제품이 아닌 서비스를 이용하는 고객 또는 우대를 받는 고객을 지칭하기도 한다. 예를 들면 컨설팅 회사, 카드 회사, 법률 회사 등에서는 고객을 client(의뢰인)라고 호칭한다.

또한, 제품이나 서비스의 실제 사용 여부에 따라 기존 고객, 신규 고객, 잠재 고객으로 나누기도 한다. 잠재 고객은 미래에 잠재적으로 우리 회사 제품을 구매할 확률이 높은 고객으로 현재는 구매력이나 구매 의사 결정 능력이 높지 않지만, 시간이 지남에 따라 신규 고객이 되는 젊은 세대가 그 한 예가 될 것이다. 십 대 청소년들은 핸드폰이나 노트북 등으로 브랜드를 처음 접한다. 그리고 그때 형성된 브랜드 이미지가 그들이 성장한 후 세탁기나 냉장고 등 내구성 제품을 구매하는 데도 영향을 끼치므로 젊은 세대에 대한 브랜드 인지도 향상도 중요한 일 중 하나다.

고객을 위한 구체적인 행동지침

대부분의 회사가 고객을 매우 중요하게 생각하기에 경영 철학, 경영 이념 등에 이를 반영해 회사 내 전 조직원들에게 내재화시키고 차별화된 경쟁력으로 만들려고 한다. 즉 고객을 위한 가치 창조, 고객 제일, 고객 만족 등을 경영 이념으로 정하고 이를 실현하고자 노력을 기울이고 있다. 그러나 경영 현장에서 이를 실행하는 방법은 매우 다양하고 구성원들이 어떻게 해석하느냐에 따라 천차만별로 진행된다. 특히 경영자가 바뀌면 지속성을 잃어버리거나 새로 시작하는 경우가 많다.

따라서 회사 내 내부 고객과 고객 접점에 있는 외부 고객에 이르기까지 전 구성원들이 쉽게 실천할 수 있는 행동지침이 필요하다. 고객 감동을 실현할 수 있는 사상과 행동지침을 만들기 위해 설문조사, 인터뷰 등을 통해 표현을 추출했다. 많은 이론적인 단어들보다 구성원들이 쉽게 이해하고 와닿을 수 있는 표현들로 정리한 것이 지금부터 기술할 '고객 감동 7원칙'이다. 이 원칙은 어떤 학술적인 뒷받침이 있는 것은 아니다. 다만 총론보다는 구체적인 각론이 필요해 구성원들의 손에 잡히는 쉬운 표현들로 정리되었고 현장에서 실행해야 할 전 분야를 아우르는 행동지침으로 볼 수 있을 것이다.

고객 감동 7원칙 구성 체계

'고객 만족보다 고객 감동'의 사상은 고객의 투자 가치보다 더 높은 사용 가치를 제공해 고객이 기대한 것 이상으로 느껴 열광하도록 하는 것이다. 구성은 크게 풍토culture, 업무process, 제품product으로 구분했고 구성 체계는 다음 〈그림 5-1〉과 같다.

그림 5-1 | 고객 감동 7원칙 구성도

모든 것의 중심은 고객이다

고객 감동을 실현하기 위해서는 먼저 전 구성원에게 고객 지향적 사고를 체질화시키고 행동하도록 하는 풍토가 중요하다. 풍토는 사람이 만드는 것이지만, 하루아침에 완성할 수는 없다. 철학이 있고 일관성과 지속성이 있어야 하나의 문화로 자리 잡게 된다.

현재까지 전 세계 인류에 가장 영향을 미치고 있는 3대 종교의 역사는 불교와 기독교가 2천 년 이상, 이슬람교가 1,400년 이상이다. 믿고 따를 만한 교리, 즉 진리가 있었기 때문에 도중에 수많은 박해가 있었음에도 사라지지 않고 오랜 기간 유지되고 확대되고 있다. 고객 감동 조직 문화를 구축하는 것도 이와 똑같은 이치다.

고객 감동 문화가 영원히 존속해야 하는 중요한 진리라면, 고객 지향적 사고에 대한 원칙을 정하고 최고 경영층에서부터 마치 '고객 감동교'의 교주처럼 솔선수범하고 끊임없이 구성원들에게 고객의 중요성에 대해 질문하고 도전하도록 해야 한다. 경영층의 업무 시간 중 30% 이상을 고객에 관련된 업무에 할애하고 개선해나가는 것이 바람직하다. 의도적으로 시간을 관리하지 않으면 급한 일 중심으로 일하게 되고 당장 효과가 나지 않는 고객 관련 업무는 나중으로 미루기 쉽다.

고객 관련 업무 중 여러 고객을 매트릭스로 정리하고, 중요한 고객부터 우선순위와 만나는 빈도를 정해 직접 만나야 한다. 보고서를 통한 고객 정보를 접하면 생생함과 진실한 고객의 목소리가 그대로 느끼기가 쉽지 않다. 시간을 투자해 고객을 직접 만나면 고객의 목소리가 뇌리에 깊이 새겨져 고객 감동 경영을 이끄는 강한 추진력의 원천이 될 수 있다.

빠르고 옳은 업무를 행하라

모든 업무 프로세스상에서 고객의 니즈를 반영해 고객 중심으로 일하는 스타일을 구현한다.

고객에 대한 업무는 빠른 대응과 품질이 중요하다. 고객으로부터의 요청 또는 불만족에 대해 고객이 기대했던 것보다 빠른 속도로 대응하면 만족 또는 감동을 하게 되고, 기대보다 늦으면 불만족으로 나타난다. 같은 가치를 제공하더라도 기다리는 시간에 따라 고객이 느끼는 가치는 많은 차이가 난다.

품질 기준은 과거의 경험, 선진 업체로부터의 전수, 국가 규격 등에 의해 정해질 때가 많고 사내 의사 결정 회의에서 논의해 정할 때도 많다. 그러나 고객의 판단 기준은 사용 환경, 경쟁 환경, 사용자의 특성에 따라 계속 변화해가고 있다. 고객의 판단 기준을 제때에 반영하지 않으면 괴리가 발생하고 불만족 또는 품질 사고로 연결될 수 있다. 고객 입장에서 상식적, 도덕적으로 지켜야 할 사항들의 기준이 종종 회사 내에서의 의사 결정 시에는 모호할 때가 있다. 회사 입장에서는 잘못 판단할 수 있기 때문에 꼭 고객의 기준에서 판단해야만 한다.

고객 가치를 극대화하는 제품을 만들어라

고객이 매력을 느끼고 고객 가치를 극대화할 수 있는 감동 제품을 창출한다.

제품 품질은 크게 제품 가치와 사용 가치로 나눌 수 있다. 제품 가치는 고객에게 제공하고자 하는 제품 자체의 가치로, 제품이 갖는 고유의 기능과 성능이다. 가장 기본적인 가치는 품질이며 신제품 판매나 새로운 시장에 진입할 때 품질에 문제가 있으면 유통이나 소비자 측면에서 나쁜 구전이 형성되어 판매는 탄력을 받지 못한다. 이것을 정상화하려면 나쁜 유산legacy을 정리하는 데 긴 시간을 소비하고 기회 손실을 초래한다. 반면에 좋은 품질로 평판을 받으면 판매에 탄력을 받고 선순환으로 연결된다.

사용 가치는 여러 정의가 있지만 여기서는 고객이 실제 사용하면서 느끼는 가치라고 정의하고자 한다. 예를 들면 냉장고 채소칸의 사용 가치는 단순히 제품 성능만으로 정할 수 없다. 고객은 채소가 얼지 않고 수분이 건조되지 않은 싱싱한 상태로 오래 보관되는 것을 사용 가치가 높다고 평가할 것이다. 기술적으로 서로 다른 성능을 조합해 사용 가치를 높이기는 쉽지 않다. 또한, 사용 편리성, 디자인도 고객이 사용하면서 느끼는 가치다.

제1원칙 : 고객은 나의 보스다

- 고객은 우리의 보스로서 모든 판단과 의사 결정을 내린다.
- 제1원칙이 모든 원칙의 바탕이 되며 고객을 위한 가치 창조의 출발점이다.
- 고객 감동의 출발점은 고객에서부터 시작된다.
- 고객 감동은 모든 구성원이 참여해야 한다.

나의 보스는 누구인가?

피터 드러커는 "고객은 왕"이라 했으며 일본 소니는 "고객은 신"이라고 했다. 그만큼 고객은 절대적이라는 의미일 것이다. 제1원칙을 정할 때 왕이라는 표현은 절대군주를 연상하게 되어 가깝게 느껴지지 않는다는 의견이 많았다. 의견 수렴 결과 보스Boss라는 단어가 보다 가깝게 느껴지고 무한히 신뢰하는, 존경하는 대상을 지칭하는 말이라는 의견이 많았다. 'Boss'는 원래 네덜란드어(Bass에서 유래)에서 나왔으며 주인이라는 뜻이다.

보스는 재계, 정계, 교육계, 지역사회, 학교 등에서 집단의 중심인물로 강한 영향력을 행사하기 때문에 사회학 등에서는 무시할 수 없는 인물로 연구되기도 한다. 우리는 소비자를 진정한 보스로 생각하고 있는가? 어느 한 사람이 아닌 전 구성원이 그렇게 생각하도록 만들고 있는가?

유통 부문에서 전 세계 최대, 최고의 회사를 만든 월마트의 창업주 샘 월튼은 창업 초기부터 다음과 같은 사상으로 오늘날과 같은 규모의 월마트를 만들었다.

"보스는 단 한 사람, 오로지 고객뿐이며, 고객은 회장에서부터 하부의 구성원들까지 모두를 해고할 능력이 있다. 고객이 다른 곳에 돈을 쓰면 우리는 결국 일자리를 잃을 수밖에 없다."

P&G의 보스는 고객이다

P&GProcter & Gamble의 의류 및 홈 케어의 메스키타 사업부장이 2000년 중반 한국을 방문했을 때의 일화다. 먼저 잘 알려진 기업이지만 P&G에 대해 간단히 몇 가지 사항을 소개하면 SK-Ⅱ, 질레트 면도기 등을 만드는 생활용품 분야 세계 1위 기업이고, 2012년 기준 세계에서

가장 존경받는 기업 5위 이내에 들어가는 기업이다. 2020년 매출액 710억 달러, 영업이익 16억 달러로 영업이익률이 약 23% 수준인 초우량기업 반열에 있다. 경영 목적은 다음과 같다.

"P&G는 지금과 다음 세대를 위해 전 세계 소비자의 삶의 질을 향상하는 최상의 품질과 가치를 지닌 제품과 서비스를 제공할 것이다. 그 결과 소비자들은 우리에게 선두 자리의 매출, 이익 및 가치 창출을 선사할 것이고 우리의 임직원들과 주주 그리고 우리가 일하고 생활하는 지역사회도 더불어 번영하게 될 것이다."

메스키타 사업부장이 한국을 방문한 것은 세탁력을 높이는 세제와 냄새를 제거해주는 향 등을 LG전자 세탁기 사업부와 공동으로 개발하기 위한 C&D Connect & Development(외부 네트워크 활용 연구 개발)를 협의하기 위해서였다. P&G는 임원 승진이나 마케팅 활동은 철저히 내부 승진을 통해서 육성하지만, 연구 개발은 자체 개발과 오픈 이노베이션인 C&D를 동시에 적극적으로 추진하고 있었다. 오하이오주에 있는 신시내티 본사를 방문했을 때 자체 연구소의 규모나 연구하고 있는 프로젝트를 견학할 기회가 있었는데 가히 세계적인 규모로 보였다. 거기에 더해 C&D를 적극적으로 추진하고 있으니 고객에 대한 열망, 1위 유지에 대한 집요함이 있어 보였다.

메스키타 사업부장은 한국이 처음이었고 아침에 인천공항에 도착해 오후에 창원 공장으로 와서 미팅하게 됐다. 그런데 인사가 끝나고 환담 중에 그는 한국 가정에서 사용하는 김치냉장고에 대해 이야기했다. 세탁기가 놓인 위치, 사용하는 세제, 고객의 니즈에 대해 관심 있게 이야기하는 것이었다. 그때 나는 적잖이 놀랐고 한국이 처음이고 그것도 오늘 공항에 도착한 터인데 한국 생활 문화에 대해 상세히 알고 있는 것에 대해 매우 궁금했다.

메스키타 사업부장 말에 의하면 P&G는 'Customer is Boss(고객이 보스다)'라는 모토 아래 누구든지 어느 지역을 방문하게 되면 모든 업무를 시작하기 전에 먼저 고객을 방문해 현장을 직접 보고 고객과 대화를 나누면서 고객 니즈를 파악한다고 했다. P&G의 CEO였던 A. G. 래플리는 'Customer is Boss'라고 주장하고 본인이 스스로 고객이 되어 살아보고 일해보라고 강조했다. P&G에서 'Customer is Boss'를 실천해나가는 기본 원칙은 다음과 같다.

- 고객을 신뢰하라
- 고객을 우롱하지 마라
- 가치는 고객이 느끼고 말하는 것이다
- 고객이 무엇을 어떻게 원하는지를 찾아내라
- 고객이 원하면서도 그것이 무엇인지 모르는 것을 찾아내라
- 주의 깊게 경청하라. 자칫 고객을 오해하기 쉽다.
- 판매한 후에도 계속 귀를 기울여라

내게는 경영진이 솔선수범하는 모습이 상당히 인상적이었다. 고객

을 존중하자는 사고에 대한 원칙은 이 일에 영향을 받은 것이다.

LG전자에서 고객의 자리

1990년 경영 이념을 "고객을 위한 가치 창조"로 정했을 때의 일이다. 고객의 중요성을 전 직원들에게 인식시키기 위해 결재란의 맨 위쪽에 고객 칸을 만들어놓았다. 물론 회장 결재 시에도 그다음 칸은 고객의 자리였다. 가장 마지막에 승인하는 사람은 고객이라는 사실, 즉 고객이 보스라는 것을 평상시에 몸에 배도록 한 것이다. 회의실 탁자의 가장 좋은 자리에 고객석을 만들어놓아 회의 시에도 고객의 중요함을 느끼게 한 캠페인이었다.

그리고 4월을 고객의 달로 정해 경영층에서부터 고객 현장으로 나아가 고객의 소리를 듣고 고객 중심의 사상을 체득하는 활동을 했다. 이런 활동은 전 구성원에게 확실한 자극을 주고 고객 중심의 문화를 만들어가는 데 이바지한 것으로 보인다. 매년 신입사원이 새로 들어오고 기존 직원들도 이런 활동이 중단되면 점차 잊혀진다. 아무리 좋은 방법도 변화 없이 그대로 사용하면 관심이 떨어지므로 고객 중심의 사상을 끊임없이 견지하면서 변화된 캠페인을 해나가는 것이 좋다. 마치 제품에 있어서 디자인을 변화시키지 않으면 낡은 제품이 되는 것과 같은 이치다.

고객의 불만을 끝까지 해결하라

고객의 소리 분석 내용 중에 눈여겨봐야 할 항목은 반복적으로 발생하는 만성 불량과 건수는 많지 않으나 새로이 나타나는 불량, 특히 신뢰성으로 연결될 수 있는 불량은 개선될 때까지 관리해야 한다. 경영회의에 보고되고 논의하는 것 자체가 전 조직 구성원에게 긴장감을 주고 업무에 우선순위로 두게 된다. 당연히 해결 속도가 빨라지고 고객의 중요성을 체득하게 된다. 만성 불량 같은 경우는 당장 개선이 힘들고 설계 개선을 해야 하는 경우가 많다. 특히 현재의 기술로 해결이 힘든 경우는 연구소에서 시간을 들여 선행 기술을 개발해야 하는데, 이것은 경영층의 의사 결정과 추진력이 있어야 한다. 이런 기술을 경쟁사보다 먼저 개발하면 차별화 포인트가 된다. 그리고 발생 건수가 적더라도 신뢰성 불량을 발견해 미리, 빠르게 조치한다면 큰 손실을 조기에 방지할 수 있을 것이다.

그러나 상기와 같이 노출된 불만에 적극적으로 대응하는 것은 당연히 할 일이지만 진정으로 우려되는 것은 말하지 않는 불만 고객의 행동이다. 말하지 않는 불만 고객에 대해 TARP_{Technical Assistance Research} _{Program}사에서 조사한 결과는 다음과 같다.

첫째, 평균적으로 모든 산업 분야에서 제품이나 서비스에 불만(경미한 불만 포함)을 가진 소비자의 50%가 판매 일선에 직접 불만을 제기하는데 이 중 1~5%만이 현지 관리자나 본사에 보고된다. 더욱이 일반 마트에서 판매되는 포장 상품 및 기타 소형 티켓 품목의 경우 불만 소비자의 96%가 불만을 제기하지 않는다.

둘째, 불만족한 소비자의 나쁜 구전은 만족한 소비자의 구전보다 2배의 전파력을 갖는다. 코카콜라와 같은 일반 상품에서 만족한 소비자는 평균적으로 5명에게 호평을 전하고 불만족한 소비자는 평균 10명에게 나쁜 구전을 전파했다. 값이 비싸고 품질이 중요한 자동차의 경우에는 나쁜 구전이 일반 상품 대비 약 2배의 전파력이 있다.

셋째, 불만을 경험했으나 불만을 제기하지 않은 소비자는 제품의 경중에 따라 9~37%가 제품을 계속 구매하겠다는 낮은 충성도를 보이며, 고객 이탈이 높았다. 또한 불만 제기 고객이 만족하지 못하는 경우도 19~46%의 그리 높지 않은 충성도를 나타낸다.

새로운 고객을 확보하는 데 드는 비용은 현재의 고객을 유지하는 데 드는 비용보다 제품에 따라 2~20배가 더 든다. 그러므로 기존 고객의 불만 제기에 적극적으로 대처하여 고객 충성도를 높이는 것이 좋다.

직접 불만을 제기하는 고객 비율이 낮은 이유는 불만을 접수하고 해결해주는 방법이 복잡하거나 어렵고, 비용이 발생하기 때문이다. 소비자는 이런 경험을 싫어하며 시간 낭비라고 생각하기 때문에 기업은 고객이 편하게 고객센터에 접근할 수 있도록 개선해야만 한다.

상기 조사는 미국이나 유럽같이 사후 서비스 조직이 한국보다 강하지 않고 비용이 비싼 지역일 것으로 보이며 한국 시장 같은 경우의 불만 제기는 좀 더 높을 것으로 추정된다. 하지만 직접 불만을 제기하지 않는 잠재 불만 고객이 상당히 존재한다는 것은 사실이다. TARP의 조사 결과는 1명의 불만 고객은 20배의 나쁜 구전을 형성한다고 하는데 확산 가능성은 250배로 보는 것이 좋다고 본다. 왜 250배로 보는가?

1명의 고객을 250명으로 보라

미국의 자동차 판매왕 기사를 본 적이 있었다. 그는 연간 4만 대를 판매해 최고의 실적을 내고 판매왕이 되었는데 이는 일 평균 100대 이상씩을 판매한 놀라운 기록이다. 그에게 판매 비결이 무엇이냐고 물으니 한 사람의 고객을 250명으로 보고 판매했다고 한다. 결혼식장에 오는 하객의 평균 수가 250명인데, 이들은 신랑, 신부에게는 직접 참석해서 축하해주어야 하는 특별한 관계의 사람들인 것이다. 즉 구전 효과가 있는 사람들이 평균 250명이며 한 사람이 감동하면 250명까지 확대될 수 있고 이 연결이 그대로 된다면 250×250…. 이런 식으로 핵폭발처럼 연쇄반응이 생길 것이다.

경험해본 사람이 친한 관계에 있는 사람에게 전하는 구전은 다른 어떤 광고보다 강력한 설득력과 영향을 미친다.

2~5%만이 TOP에게 전달된다

산업 현장에서 고객에게 제공되는 제품과 서비스는 한 대를 만드는 수주 제품에서 몇억 대까지 제공되는 스마트폰에 이르기까지 셀 수도 없이 많다.

매일 고객 불만이 제기되고 이를 전담으로 해결하는 서비스 또는 고객 관리 조직이 있다. 고객 불만은 당연히 서비스 전담 부서에서 해결해야 한다는 조직 내 정서가 있고 최고 경영자에게 직접 보고하면 해당 사업 부문에 피해를 준다는 인식도 있는 것 같다. 또 제품을 만드는 사업 부문은 고객 불만이 있다는 것 자체가 업무를 잘못한 것이기 때문에 적극적으로 노출하기를 주저한다. 자연히 보고해야만 하는 중요 불만이나 사고성 품질 위주로 보고하게 되는 경향이 있다.

고객이 접수하는 VOC Voice Of Customer(고객의 소리) 현황 및 개선 대책에 대해 의사 결정할 수 있는 경영층이 직접 참여해 결정하는 문화가 중요하다. 실제로 이런 회의를 운영해보면 의외로 고객 불만이 접수된 것들 중 많은 부분이 경영층으로 전달이 잘 안 된다는 것을 발견할 수 있다.

고객 감동을 이루기 위해서는 최고 경영자가 가장 우선시하는 일이 고객 중심의 경영이어야 한다. 이것이 흔들리면 사업이 흔들리고 사업이 흔들리면 다른 업무도 빛을 발할 수 없다.

이처럼 의도적으로 노력하지 않으면 현장에서 경영층까지 전달되는 고객의 실제 목소리는 빙산의 일각이 될 수 있다. 조직의 단계가 많을수록, 조직이 방대할수록 그 현상은 심해진다. 왜 옛날에 백성이 직접 임금에게 고할 수 있도록 신문고를 설치했는지 그 배경과 뜻을 생각해볼 일이다.

친절하게 응대하라

고객이 어떤 회사에 대해 처음 접하는 접점, 즉 MOT는 전화나 방문했을 때이다. 상담원이나 안내의 친절, 예의범절이 그 회사에 대한 첫인상을 결정한다. 상담원이 잘 교육된 회사일수록 믿음이 가고 호감이 간다. 이를 위해서는 고객에 대한 철학이 있어야 하고 실행해야 할 가이드, 매뉴얼이 준비되고 몸에 밸 때까지 교육, 훈련을 시켜야 한다. 그리고 고객 측면에서 암행 점검을 하고 개선을 위한 피드백을 통해 체질화해야 한다. 일과성 행사로는 자리 잡을 수 없으니 끊임없이 실행하는 시스템을 구축해야 할 것이다.

친절 캠페인의 한 사례를 소개하면 전화 응대에 있어서 3초 이상 전화벨이 울리지 않도록 하기, 전화를 받으면 반가운 환영 및 끝맺음 인사하기 등이다. 막상 모니터링을 해보면 부서에 따라 사람에 따라 천차만별이다. 바람직한 수준에 이를 때까지는 노력을 많이 기울여야 한다. 말소리에서 진정성을 느끼려면 고객에 대한 진실한 존중의 생각이 몸에 배어 있어야 하므로 쉽지 않은 일이다. 콜센터나 안내 등의 고객과 자주 접하는 부서는 천성적으로 친절하고 명랑한 성격의 사원을 배치하는 회사도 있다. 고객을 직접 대할 때의 용모, 존중하는 말씨, 밝은 표정, 인사 시의 겸손함, 명함을 줄 때 예의 등 기본은 쉬워 보이지만 항상 실행하게끔 습관화하는 것은 쉽지 않다.

일본 도쿄 지사에서 근무할 때 일본인들은 지나치게 예의를 차리기 때문에 인사할 때 45도로 구부리기, 명함을 건넬 때 두 손으로 상대방이 볼 수 있는 방향으로 건네기를 상사로부터 자주 교육받았다. 이처럼 고객에 대한 친절한 응대가 습관화되기 위해서는 조직에 내재화될 때까지 노력하고 또 노력해야 가능하다.

24시간 서비스 하라

제품이나 서비스를 구매한 고객은 휴일 없이 연중으로 사용한다. 판매한 회사는 운영의 효율이나 사정에 따라 24시간 서비스 체제를 갖춘 곳도 있고 주로 정규 근무만 운영하는 회사도 있다. 금융이나 보험, 신용카드 같은 회사는 IT의 발달로 24시간 자동 처리 서비스를 지원하거나 시급한 불만 처리에 대한 24시간 상담원 체제를 운영하기도 한다. 이처럼 서비스는 확실히 고객 측면에서 점차 개선되고 있다.

업소용 냉장고, 에어컨 제품 등은 영업에 바로 직결되는 시급한 고객 불만이기 때문에 휴일 서비스 체제가 필요한 곳이다. 일본의 어느 업소용 냉장고 전문 업체는 24시간 서비스가 가능한 야간, 휴일 서비스 체제를 갖추고 타사와 차별화해 시장 점유율을 높여가고 있다.

운영비 등 투자 효율 때문에 대기업과 중소기업의 실행 정도는 차이가 있지만, 그것은 자체 문제일 뿐이지 고객 측면에서 고려해야 할 사항이 아니다. 고객 측면에서 24시간 서비스 체제가 필요한 영역을 선정하고 비용이 많이 수반되지 않는 개선 아이디어를 발굴해 실행해 나가는 것이 필요하다. 더 적극적으로 고객에게 다가가는 회사는 오지, 피서지 등 취약한 곳에 찾아가는 이동 서비스를 한다.

내부 고객을 보스로 생각하라

내부 고객을 보스로 생각하기는 참 쉽지 않은 일이다. 같은 회사 동료라는 인식이 깊이 자리 잡혀 있는 탓에 보스라고 여기기는 말처럼 쉽지 않다.

내부 고객의 만족과 고객 감동은 밀접하게 연계되어 있다. 회사에 불만족한 직원은 고객을 제대로 섬길 수가 없다. 메리어트 호텔 설립자 윌러드 메리어트는 "직원들을 소중하게 대하면 직원들은 고객을 소중하게 대하고 결국 고객이 돌아오게 된다. 이것이 바로 메리어트 호텔의 핵심 가치다"라고 말했다.

내가 1998년에 공조기 연구실장에서 임원으로 승진해 에어컨용 컴프레서 사업부장을 맡았을 때의 일이다. 공조기 사업부는 핵심 부품인 컴프레서를 같은 사업본부 내에 있는 컴프레서 사업부에서 구매하는 최대의 고객이었다. 이제는 입장이 바뀌어 근무했던 이전 사업장을 고객으로 모시게 된 것이다. 공조기의 S사업부장은 연구실장으로 있을 때 모셨던 보스고 이제는 우리 제품을 사주는 최대의 고객이니 당연히 중요한 고객으로 모셔야 하는 상황이었다.

당시 공조기 사업부는 해외 시장에 대한 수출 경쟁력을 높이기 위해 제품 경쟁력과 더불어 원가 경쟁력에 대해서도 절치부심할 때였다. 컴프레서 사업부 또한 원화 절하에 따른 수출 물량을 늘리고 사업부 구성원들의 자긍심을 위해 자력으로 이익을 창출하고자 매진하던 때였다. 따라서 가격 협상은 어렵게 진행되었고 각자 사업부의 이익을 생각하다 보니 보스보다 점점 비즈니스의 파트너가 되어가고 있었다. 우리가 의도대로 잘 맞춰주지 않자 외국의 경쟁사로부터 아웃소싱 outsourcing의 카드를 꺼내 들었다. 처음에는 우리보다 비싼 가격이고 재고의 위험도 있어 반신반의했지만 외국 경쟁사는 현재보다 추가로 물량이 증가하는 것이기 때문에 변동비 이상에서 발생하는 한계이익을 바탕으로 한 전략적 대응이었다. 그 수량은 당시 물량의 절반에 가까운 100만 대였기 때문에 컴프레서 사업부로서는 치명적이었다. 결국에는 모든 것을 들어주고 손을 들 수밖에 없었다.

어떤 부품을 사내에서 만드는 것과 협력사에서 만들어 공급하는 경우 같은 부품이라도 고객에 대한 대응은 많은 차이가 있다. 그래서 전략상 내부에서 만든다 해도 가능한 한 외부의 경쟁사를 개발해 경쟁시키는 것이 자극을 주고 후공정을 고객으로 생각하게 하고 경쟁력을 키우는 방법이다.

고객 현장 관리자에게 권한을 부여하라

고객 현장에서 고객의 불만이 발생했을 경우, 책임지고 해결할 수 있는 권한 부여를 어디까지 할 것인가가 고객 만족 실현에 중요한 사항이다. 회사들 대부분이 현장 관리 감독자의 자율적인 의사 결정 권한에 제한을 둔다. 그 이유는 정도에 어긋나지 않게 제대로 처리하지 못할 것이라는 마음이 바탕에 깔려 있기 때문이다. 상위 조직의 의사 결정을 기다리는 동안 고객 불만은 고조되고 화를 키워 소탐대실하게 된다. 특히 환불이나 제품 교체의 경우에 더욱 그러하다.

메리어트 계열인 리츠 칼튼 호텔은 현장 관리자에게 고객으로부터 어떤 불만을 제기받았을 때 즉시 해결하도록 하고 문제의 정도에 따라 와인, 무료 식사, 객실 업그레이드와 같은 사례를 할 수 있는 권한을 부여하고 있다.

또 다른 예를 들어보면 2017년 홍콩 폴리텍대학교에서 DBA(경영학박사) 과정 세미나를 수강할 때의 일이다. 폴리텍대학교에서 호텔경영학과의 현장 실습 장소를 겸해서 운영하는 아이콘ICON 호텔의 세미나실에서 강의를 들을 때 아마 빌딩용 에어컨의 냉매가 지나가는 소리인지, 딱딱거리는 소음이 수업에 약간의 방해가 되었다. 이런 상황에 불만을 제기했는데 강의가 끝나고 호텔 방에 들어와 보니 정중한 사과 편지와 함께 와인 한 병이 놓여 있었다.

그리고 처음 입실했을 때 고객을 위한 탁자, 샤워장, 침대 등 모든 부분이 고객을 위한 배려의 디자인이 되어 있어 세심하게 신경을 쓴 것이 인상적이었다. 특히 과거 사스의 영향인지 개인적으로 사용하는 물품마다 소독을 마쳐 위생적이라는 글귀가 적힌 띠 모양의 리본까지 두른 것 등 모든 것이 감동을 주기에 충분했다.

고객 마인드를 가져라

에어컨 연구실에 있는 B선임연구원은 생산 부서에서 상당히 인기가 있고 일을 잘하는 연구원으로 평판이 자자했다. 왜 그가 설계한 제품은 생산 현장에서 만들기 좋고 품질이 좋을까?

B연구원은 틈만 나면 생산 현장에 내려가 본인이 설계한 제품이 문제가 없는지 작업자의 애로 사항은 무엇인지 자주 경청했다. 그리고 판매되는 유통 현장이나 고객이 사용하는 현장을 자주 방문해 고객 니즈를 파악했다.

이런 고객 중심적 사고가 그를 최고의 설계자로 만들고 생산 부서나 실사용 고객이 좋아하는 제품을 설계하게 한 것이다.

고객 부서와 간담회를 하라

어느 부서가 우리 부서의 고객인가 정해 정기적으로 간담회를 하고 고객 부서의 요청 사항을 계속 해결해가면 몰라볼 정도로 관계가 개선되고 신뢰가 생기는 것을 볼 수 있다. 이런 의사소통이 잘 안 되면 부서 간 갈등이 고조되어 어렵게 일하게 된다.

LG전자의 노경 관계는 신뢰가 두텁기로 유명하다. 여러 활동들이 그런 관계를 만드는 데 영향을 주었겠지만, 노동조합의 대의원과 경영층이 매월 갖는 간담회가 큰 영향을 끼쳤다고 생각이 된다. 대의원들이 건의하는 사항들은 큰 문제가 없는 한 상호 신뢰를 바탕으로 해결한다. 1989년 파업 이후 지금까지 수십 년 동안 한 달도 거르지 않고 운영하고 있어 노경의 신뢰 관계가 두터운 것은 당연하다.

사우스웨스트 항공 : 직원이 가장 중요한 고객이다

사우스웨스트 항공사는 1971년 보잉 737기 3대로 운항을 시작해서 1998년 〈포춘〉에서 선정한 가장 일하기 좋은 기업 1위에 오르고 40년 이상 연속 흑자를 달성했으며 종업원 1인당 승객수가 경쟁사 대비 2~3배다. 이런 저가 항공의 비즈니스 성공 모델은 어떻게 시작된 것일까?

변호사였던 창업자 허브 켈러허는 미국의 대중교통 수단인 자동차보다 빠르지만 비싸고 탑승 수속이 불편한 항공노선을 자동차에 버금 갈 정도로 가격을 낮추고 쉽게 이용할 수 있게 하면 새로운 수요를 창출할 수 있지 않을까 하고 항공 사업에 도전하게 되었다.

따라서 이 사업의 핵심 가치인 운송과 고객의 편안함에 중점을 두고 다른 모든 것은 낭비로 보아 제거하기로 한 것이다. 그리고 이러한 핵심 가치를 실현해줄 수 있는 가장 큰 힘은 그것을 운영하는 조직 문화의 힘이라고 보았다. 물론 켈러허 자신의 인간을 존중하는 성향도 사우스웨스트의 조직 문화를 만드는 데 가장 큰 영향을 미쳤다고 볼 수 있다.

자동차와 경쟁이 될 정도로 가격을 낮추기 위해서 주력 항공사들이 운행하는 도시를 피하고 탑승 수속이 간단한 공항을 중심으로 작은 비행기로 시작했다. 비행기가 하늘에 떠 있는 시간이 가치 있는 시간이므로 체공 시간을 늘려가는 일과 높은 착석률 달성을 목표로 개선하기 시작했다. 비행기가 착륙하고 재이륙까지 걸리는 시간이 타사

평균 45분인 데 비해 사우스웨스트는 15분이었다. 이를 위해서 승무원들을 다기능화하고 직접 기내 청소를 해 시간 및 비용을 절약했다. 그리고 좌석도 배정하지 않고 탑승 순서대로 앉게 함으로써 수속 시간을 절감하고 무료 수하물 서비스도 제공하고 있다. 또한, 동일 기종만을 운행함으로써 관리 및 서비스 비용을 절감하는 등 수많은 고정관념을 탈피하는 개선들이 이루어졌다.

고객 감동은 고객이 지불한 비용 대비 얻어지는 효용의 극대화다. 비록 기내식을 없앴지만, 고객의 편안함과 특별한 경험의 즐거움을 극대화하기 위해서 승무원들이 창의적이며 즐겁고 독특한 여러 서비스를 제공하고 있다. 예를 들면 재미있는 유머를 활용한 특이한 안내 방송을 하기도 하고 특별한 날에는 특이한 복장으로 서비스하기도 한다. 이러한 아이디어는 승무원들이 더 나은 서비스를 위해서 자발적으로 수없이 만들어낸다.

사우스웨스트는 회사가 종업원들을 가족처럼 대하고 종업원도 회사를 가족 개념으로 생각하는 상호 신뢰의 인간 존중의 조직 문화를 갖고 있다. 인사 관리 유형으로는 자율 기반과 인간관계에 기초를 둔 헌신형으로 볼 수 있고 조직 문화는 회사와 직원들 간의 신뢰에 의한 일체감과 충성심을 바탕으로 장기적으로 안정적 고용 관계를 유지하는 공동체형 문화라고 볼 수 있다.

"우리의 직원들은 우리의 가장 크고 유일한 힘이자 지속적인 경쟁 우위 요소다. 직원을 잘 대하면 무슨 일이 일어날까? 고객이 다시 찾아올 것이다."

– 허브 켈러허

이러한 조직 문화 정착에는 창업자 켈러허의 리더십과 사업의 핵심 가치를 공유하고 실행해나가는 직원들의 철저한 교육 훈련이 뒷받침되었다. 켈러허는 직원들에게 먼저 인사하고 많은 시간을 직원들이 일하는 현장 방문에 사용해 그들의 이야기를 경청하고 공감대를 넓히고 신뢰를 쌓아갔다. 심지어 직원들의 이름을 대부분 기억할 정도였다.

연차 및 직위에 따른 다양한 교육은 기업 문화, 고객 서비스 및 업무 효율, 낭비 제거 등의 역량을 올려준다. 신입사원이 입사하면 승무원은 4주간의 교육 과정을 거치고 근무하는 중에도 2박 3일의 front-line forum(일선 경험자와의 토론회) 형태의 문제 해결 몰입과정을 거친다. 조직 문화를 구축해나가는 데 있어서 교육 훈련은 매우 중요한 역할을 차지한다.

교육 훈련 못지않게 중요한 것은 이런 문화에 맞는 인재의 채용이다. 채용 시에 팀워크, 동료 평가 등의 엄격한 프로세스를 통해 유머 감각이 있고 사우스웨스트 조직 문화에 잘 어울릴 수 있는 직원을 선발한다. 일하기 좋은 기업으로 평판이 나면서 입사 경쟁률은 30대 1을 넘을 정도로 치열하다.

이러한 사우스웨스트도 위기에 봉착한 적이 있었다. 켈러허가 차기 최고 경영자에게 경영을 넘겼을 때 경쟁사들의 저가 항공 참여, 유가 인상 등으로 손익이 악화되어 후임 최고 경영자는 비용 절감을 위해 복지 혜택을 동결시키고 비정규직을 늘려, 이로 인해 2004년경 노사 분규가 발생했다. 결국, 직원 해고 및 임금 삭감이 없는 켈러허의 창업 정신으로 되돌아와 위기를 극복하고 이후 더욱 견고해진 사우스웨스트만의 독특한 결속력이 강한 문화가 이어지고 있다.

그동안 주력 항공사였던 유나이티드 항공과 컨티넨탈 항공 등에서 저가 항공을 따라서 운영했으나 이러한 문화 구축의 실패로 적자를 면치 못하고 있다. 사우스웨스트는 조직 문화를 탄탄히 하여 조종사를 비롯한 직원들의 연봉이 업계 평균에 미치지 못하는데도 이직률이 2% 미만이고 고객 불만율, 수화물 유실률, 정시 운항률 등에 있어서 가장 우수한 기업으로 자리매김했다.

직원을 가족처럼 대하라

제품과 기술 등 눈에 보이는 것은 모방해 따라잡을 수 있지만, 조직 문화 및 애사심으로 무장된 직원은 쉽게 얻을 수 없다.

GE의 조직 문화는 시장형 문화로 볼 수 있다. 1~2등 사업에 대해서는 유지하지만, 성장 가능성이 없는 사업은 언제든지 구조조정 대상이 된다. 사업도 필요한 인수 합병이 많이 이루어지고 있었고 인재 또한 시장에서 필요한 우수 인재가 있으면 스카우트하고 내부 인력도 경쟁력이 없으면 도태되었다. 즉 경쟁과 성과에 바탕을 둔 인재 육성 및 보상 시스템이며 우수 인재는 고속 승진시키고 성과 부진자는 퇴출하는 문화였다.

창원 공장도 이런 시스템을 도입해 매년 성과 부진자를 구조조정했다. 빈 자리에는 젊은 신입사원을 새로이 채용해 조직의 평균 연령은 젊어져 갔다. 여기에는 조직의 역동성이 강화되는 긍정적인 측면도 있지만, 부정적인 조직 문화도 생겨나고 있었다.

2008년에 닥친 금융위기로 인해 세계 경기가 둔화되었고 감량 경영의 필요성이 대두되었다. 이에 경영자들은 어떠한 결정을 해야 할지 고민하게 되었다. 지금은 작고하신 회장께서 "금융위기의 불황에 인위적인 인력 구조조정을 하지 마세요. 가족과 같이 품고 같이 위기를 타개해나가기 바랍니다"라는 지침을 주었다.

이때를 계기로 창원 공장의 문화는 사우스웨스트와 같이 즐겁고 신나는 일터 만들기, 유연한 자율과 창의의 문화를 구축하는 데 더 힘을 쏟게 되었다. 결과론이지만 그로부터 12년이 지난 2020년 창원 공장 생활 가전의 매출은 22.3조 원, 영업이익률 10%를 넘겨 글로벌 1위 수준에 이르렀다.

사업의 유형에 따라 필요한 조직 문화는 다를 수 있다. 애플, 구글과 같은 IT업계는 천재적인 스타의 창의성에 의해 성장하는 사업이나 사우스웨스트, SAS Statistical Analysis System (통계 분석 시스템)사와 같은 헌신형 조직 문화도 있다. 또 이와 같은 각 사업 특성에 맞는 조직 문화의 정체성에 다른 조직 문화를 가미한 혼합형도 실제로는 많이 적용되고 있다.

그림 5-2 | 직원 만족 경영

기업은 수익을 창출하는 조직이며 직원은 이를 위한 수단이다. 인건비 절감은 수익성을 높이는 길이다.	→	직원을 만족시키면 고객은 자연스럽게 만족을 느끼게 되고 회사의 매출과 이익은 저절로 따라온다.

아무튼, 2019년에 세상을 뜬 사우스웨스트의 켈러허는 위의 〈그림 5-2〉와 같이 기존 경영의 패러다임을 바꾸어놓았다.

이 글을 쓰는 2020년, GE의 성장과 이익은 감소하고 있는 추세다. 반면에 사우스웨스트는 주력 항공사들의 파산이 잇따르는 레드오션 업계에서 지속적인 매출 성장과 40년 이상 연속 흑자를 기록하고 있다. 임금 삭감과 직원들의 해고가 없는데도 10% 이상의 수익을 내는 초우량 사업을 영위해가고 있다. 그 원인은 전 조직 구성원들에게 철저하게 내재화되어 있는 지속 가능한 혁신과 조직 문화 때문이 아닌가 생각이 든다.

자타일여, 역지사지의 정신으로

"고객은 나의 보스다"는 기본적으로 인간 존중의 경영에 바탕을 두어야 한다. 불경에서 나오는 말 중에 천상천하 유아독존(天上天下唯我獨尊)이란 말이 있다. 이 세상에서 제일 중요한 것이 나란 것이고 그 중요한 정도는 다른 사람도 나와 똑같이 중요하다는 뜻이다. 즉 자타일여인 것이다. 나와 고객은 기본적으로 같은 것이니 고객을 대할 때 서로 바꾸어서 생각하면 내가 해야 할 일을 판단할 수 있다. 이것은 역지사지와도 상통되는데 자신의 입장에서만 생각하지 말고 상대방의 입장에서 생각하라는 의미다. 이와 같이 고객 존중은 인간 존중의 철학을 가지고 고객을 나 자신과 같이 사랑하고 신뢰해야만 한다.

제2원칙 : 고객과 자주 만나자

• 직접 현장을 방문해 고객을 만나자.
• 고객의 이야기를 들을 때 선입견을 버려라.
• 고객의 불만은 빠르게 반영해 고객 감동을 실현하라.
• 기대치 이상의 효용으로 고객 감동을 실현해야만 살아남을 수 있다.

고객과 만나자! 그들의 소리를 듣자!

아웃사이드 인 조직 문화가 갖는 결정적인 특징은 모든 직원에게 실제 고객과 많은 시간을 보낼 것을 요구한다는 점이다.

고객은 시대적 상황, 연령 및 생활 수준, 지역적 배경 등에 따라서 매우 다양한 형태의 고객층으로 나눌 수 있다. 다양한 고객 가운데는 우리가 실제 똑같이 생활해보지 않아 정확하게 이해하지 못하는 고객도 있을 수 있고 시대적 변화에 따라 고객의 가치 판단 기준에도 변화가 있을 수 있다. 그러므로 고객이 요구하는 것이 무엇인지 알기 위해 원점에서 자주 만나서 듣고 보고 느껴야 한다.

일하다 보면 업무에 쫓겨 고객을 만날 수 있는 시간이 부족하다는 불평과 핑계를 대곤 한다. 처음부터 고객을 만나 정확한 요구 사항과 수준을 알고 진행했다면 충분히 발견할 수 있었던 문제인데, 주어진 업무가 바쁘다는 이유로 현상분석을 제대로 하지 못해 시장에서 클레임을 받아 오히려 더 크게 문제시된 사례도 많다.

고객을 제대로 알기 위해서는 고객이 있는 현장으로 직접 찾아가 고객의 목소리를 직접 듣고 사용 환경을 조사하는 방법과 콜센터 등 고객 관리 부서로 들어오는 고객의 소리를 듣는 방법이 있다. 현장 직접 방문은 시간이 많이 소요되는 단점이 있는 반면에 빠르고 정확하게 고객의 요구 사항을 파악할 수 있다는 장점이 있다.

옛말에 백문이 불여일견(百聞不如一見)이라는 말이 있다. 백 번 듣는 것보다 한 번 보는 것이 낫다는 뜻으로 직접 경험해야 확실히 알 수 있다는 뜻이다.

나는 고객을 얼마나 많이 알고 있는가?

생산 현장에서는 현장에서 현물을 관찰하고 현실을 인식한 후에 문제 해결 방안을 찾는 3현 주의가 일상화되어 있다. 경영자들이 현장 경영의 중요성을 언급하는 이유는 현장에 답이 있기 때문이다. 고객 감동을 위해서는 고객이 있는 현장으로 달려가야 하며 고객으로부터 해답이 도출되어야 한다.

고객이 현재 사용하고 있는 제품에 대해 무엇이 불편하고 어떤 불만이 있는지 진지하게 듣도록 한다. 사람의 생각 중 말로 표현할 수 있는 것이 약 60%, 글로 표현할 수 있는 것은 30%에 불과하다고 한다. 고객 자신도 인지하지 못하는 니즈도 10% 이상 된다고 볼 수 있다. 고객으로부터의 인사이트는 고객의 행동을 세밀하게 관찰해야 얻을 수 있다. 특히 고객은 제품 사용을 경험해보지 못한 잠재 욕구에 대해서 정확하게 의사를 표현하지 못하는 경향이 있다. 그렇지만 고객이 무심코 행하는 행동이나 생활 습관을 관심 있게 관찰한다면 그들의 잠재된 욕구를 발견해낼 수 있다.

고객 접점에서 결정된다

Moment of Truth는 스페인의 투우 용어인 'Moment De La Verdat'를 영어로 옮긴 것인데 스페인의 마케팅 학자인 리차드 노먼이 서비스 품질관리에 처음 사용했다. 원래 이 말은 투우사가 소의 급소를 찌르는 순간을 말하며 실패가 허용되지 않는 매우 중요한 순간을 의미한다.

고객은 사용 제품에 대해서 '구매 인지/고려→ 매장 방문→ 제품 구매→ 배송/설치→ 제품 사용→ 제품 서비스→ 제품 폐기'라는 7단계를 거친다. 제품을 구매하기 위한 정보는 TV나 신문 광고, 인터넷 탐색이나 주변의 권유 등 다양한 통로를 거친다. 제품을 사야겠다고 결정하고 난 뒤에 매장을 방문하는 순간 고객은 첫 MOT를 맞이하게 된다. 이후에도 제품 포장 상자를 개봉하는 순간, 배송이나 설치를 담당한 기사를 마주할 때, 그리고 서비스를 요청할 때 대응하는 태도에서도 MOT는 찾아올 것이다.

고객은 제품과 관련된 모든 행동과 모든 순간에서 진실한 모습을 찾는다. 고객에게 감동을 주고 평생 고객으로 남게 하기 위해서는 MOT에 이루어지는 접점을 파악해 한순간도 놓치지 않아야 한다.

아마존의 성공 비결은 고객 감동 서비스에 있다. 아마존은 인터넷 비즈니스 세계에서 매우 공격적인 판매 활동을 펼치고 있으며 2019년 매출이 약 330조 원에 이르며 영업이익률은 5% 수준이지만 이익의 많은 부분을 미래 성장 부문에 재투자해 20여 년간 평균 30%씩 성장을 하는 회사다. 아마존은 전 세계 160여 개국에 걸쳐 충성 고객인 프라임 회원을 2018년 기준 약 1억 명 확보하고 있다.

고객이 아마존에서 원하는 물건을 찾아서 구매 절차를 밟고 손에 넣기까지 모든 과정이 고객의 편의에 맞추어져 있어 실시간으로 배송 상황을 알 수 있다.

예전에 물건의 파손을 막기 위해서 단단하게 포장해 고객이 바로 뜯지 못하고 가위나 칼이 필요할 때가 있었다. 고객 측면에서는 귀찮은 일이었다. "당신 회사의 서비스는 나무랄 데가 없으나 포장이 너무 단단해서 아들이 집에 돌아올 때까지 뜯지 못했다"라는 어느 할머니의 이메일을 받고 포장 방식을 완전히 바꾸었다고 한다.

고객이 제기하는 불만을 언제든지 열린 자세로 받아들이고 그들의 요구는 어떤 종류의 것이든 재빨리 파악하고 충족시킨 것이다. 고객이 아마존을 찾는 이유는 간단하다. 고객의 경험을 중요시하는 아마존 경영 철학 때문이다.

MOT에서는 곱셈의 법칙이 적용된다. 즉 100가지 중에서 한 가지라도 잘못하면 전체가 잘못한 것으로 비추어진다. 100×0=0이 되는 것이다.

이러한 MOT를 개선하기 위해서는 MOT프로세스를 정밀 분석해야 한다. 15초 내의 행동에서 고객의 시선이 머무는 곳 그리고 개선점을 찾기 위해서는 초 단위로 정밀 분석을 하는 것이 좋다.

고객 입장의 실험자에게 헤드 카메라를 설치해 아이 트래킹 eye tracking 을 하는 것도 한 방법이다.

판매 매장의 이미지를 개선하기 위한 예를 들어보자. 고객에게 보여주고 싶은 것과 고객이 보고 싶은 것을 분석해 매장 배치에 반영해야 한다. 또한, 고객의 눈높이에 맞추어 고객에게 필요한 정보만을 전달해야 함을 레이아웃의 핵심으로 삼는 것이 중요하다. 덕지덕지 붙은 메시지는 전달력이 없으며 설득력도 없다. 고객이 제품을 구매하는 데 필요한 정보만을 눈높이에 맞게 드러내야 한다. 아이 트래킹을 한 뒤에 피실험자의 눈높이를 분석하고 그들이 무엇을 어떻게 보고 있으며 어디에 초점을 두고 있는가를 파악해 매장의 모든 제품 진열에 반영해야 한다. 소비자의 동선을 고려해 고객이 매장 내에서 어떻게 움직이는지를 찾아내고 제품을 보면서 머무르는 시간까지 분석하면 매장에서 제품이 놓여 있어야 할 최적의 자리는 저절로 파악된다.

"우리가 보여주고 싶은 것, 우리가 하고 싶은 말이 아니라 고객이 보고 싶은 것 고객이 듣고 싶은 말을 보여주어야 한다."

이러한 아이 트래킹 기법은 제품 조작부의 버튼 위치나 사용 편의를 위한 설계 등에도 활용할 수 있다.

고객이 알기 쉬운 언어로 표현하라

판매 현장에서 고객에게 제품을 소개하면서 저지르기 쉬운 오류는 제품을 만든 사람이나 제품 판매자의 측면에서 표현하는 것이다. 표현도 고객의 눈높이에 맞추어야 한다. 예를 들면 김치냉장고의 최대 용량을 설명할 때는 189L가 아니라 배추 60포기를 담을 수 있는 공간이라고 해야 한다. 제품의 정보를 다 전달하려고 욕심을 부리다 보면 제품 주변이 온통 홍보물로 도배된다. 고객에게 전달할 내용은 간결하게 해 시선이 분산되지 않도록 해야 한다. 고객에게 그다지 필요하지 않은 정보까지 다 드러내어 혼란을 줄 필요는 없다.

제품에서 고객 언어로 표현하는 것이 잘 되지 않는 곳은 제품에 부착되는 조작 스위치의 표시, 안내 라벨, 사용 설명서 등이다. 제품에 관련되는 용어는 대부분 엔지니어들이 만들기 때문에 본인들에게 익숙한 전문용어를 사용하기 쉽다. 고객의 눈높이에 맞춰 쉽게 알 수 있도록 써야 하는데 엔지니어는 평소에 사용하는 용어를 잘 고치지 못한다. 이를 개선하기 위해 고객이 알기 쉬운 용어집, 외부 소비자로 구성된 사용 설명서 심의 위원회 등을 운영하는 것도 좋은 방법이다. 또 알기 쉬운 그림이나 만화 형식을 가능한 한 활용하는 것도 이해를 높이는 데 도움이 된다.

고객 현장 방문이 가장 중요하다

판매 현장, 서비스 부문 등 고객 접점이 있는 곳을 자주 방문해 고객에 대한 정보를 파악하고 경쟁사의 판매 현장의 모습도 파악하는 것이 바람직하다.

스타벅스에서 제품 개발을 담당한 어느 부사장이 자신의 팀원들을 데리고 유럽 지역으로 출장을 갔다. 부사장은 팀원들에게 유럽의 문화, 사람들의 행동, 그들의 패션 등을 직접 두 눈으로 보고 느껴야 고객을 제대로 이해하고 고객이 무엇을 좋아하는지 이해할 수 있다는 생각으로 그들에게 지시했다.

"당신들이 이메일이나 잡지에서 유럽에 대해 읽었을 때보다 훨씬 새롭고 다양한 아이디어를 찾지 못한다면 집으로 돌아갈 생각은 하지 마세요."

고객을 제대로 알아야 하는 것이 얼마나 중요한지를 강조한 것이다.

또한, 홈디포의 전임 최고 경영자 밥 나델리는 모든 이사회의 경영진들에게 수십 개의 매장을 직접 방문하라고 했다. 경영진들이 매장을 방문해 매장 내부만이 아니라 주차장을 비롯해 고객이 있는 곳이면 어디든 찾아가 그들과 만나고 이야기를 나누며 니즈와 불만을 직접 듣도록 한 것이다.

고객 사용 환경을 찾아가라

신제품 개발 시 상품기획과 마케팅 인원 중심으로 고객을 조사하고 상품을 기획해 설계 단계로 이관한다. 설계자가 이관받을 때 상품화 승인 단계에서 참여하는데 일반적으로 이 단계에서 많은 논쟁과 갈등이 생긴다. 이유는 상품기획안이 혁신적이면 현재의 기술로는 생산이 불가능하기 때문에 설계 가능한 기술로 바꾸자고 주장하게 되고, 이로 인해 상품기획안의 차별성이 현재 수준에서 개선하는 정도로 약화되기 쉽다. 설계자는 품질, 원가, 개발 일정을 맞춰야 하므로 언제나 보수적인 편이다.

따라서 고객 감동과 경쟁력을 확보하기 위해서는 어떤 어려움이 있더라도 현재보다 확실히 차별화되거나 고객이 접해보지 않은 새로운 숨겨진 니즈를 파악해야 한다. 따라서 상품기획 단계에서 고객을 조사할 때 연구소와 설계실의 해당 인원이 미리 참여해 고객으로부터 직접 보고 느낀다면 자발적으로 본인들의 과제로 생각하고 추진하게 되어 컨셉의 손상 없이 개발 단계로 넘어갈 수 있게 된다.

경영자는 고객의 사용 환경을 직접 확인함으로써 생각하지 못한 많은 인사이트를 얻을 수 있다. 물론 고객 니즈의 대부분을 상품기획이나 마케팅 등 전문 부서에서 조사하고 분석해 찾아낸다. 그러나 경영자나 제품 설계 등 의사 결정 관점에서의 고민과 시점은 다를 수 있다. 한국 시장 같은 경우는 많은 조사와 분석 데이터가 있어서 눈에 보이지 않는 고객도 잘 모르는 욕구를 목표로 하는 것이 좋고 해외 시장 같은 경우는 현지의 고객에 대한 사용 환경 이해가 좋을 것이다. 즉 가옥 구조, 제품이 사용되는 장소, 환경 같은 조건을 잘 살펴보는 것이 중요하다.

배송과 서비스로 고객의 마음을 잡아라

자동차, 가전과 같이 대형 제품이고 설치 품질이 중요한 제품의 경우 배송 업무는 별도의 전문 회사를 계열사로 운영하는 편이다. 그리고 생필품과 같이 소형이고 별도의 설치 품질이 필요하지 않은 제품은 전문 택배 회사를 이용하는 경우가 많다.

설치 품질이 중요한 가전의 경우 설치 기사와 동승해서 진행 프로세스별로 문제점을 파악해보면 여러 개선점을 찾을 수 있다. 배송 및 설치를 전부 내부에서 하면 비용의 상승 때문에 일정 비율을 아웃소싱하게 되는데 엄격히 관리하지 않으면 고객 감동의 품질은 떨어지게 된다. 목표로 하는 설치 품질을 확보하기 위해서는 한 대당 표준 설치 시간을 정하고 그에 합당하는 비용을 산정하는 것이 바람직하며 고객한테 해피 콜happy call을 해서 설치 기사, 설치 회사에 대한 평가를 정확히 해나가야 한다.

먼저 배송을 정할 때 배송 거리, 교통 상황 등을 고려해 고객과 약속을 잘 정해야 한다. GPS 등 실시간 교통 상황을 반영하는 시스템 등

4차 산업혁명의 도래로 물류 전체에 대한 정보 및 그에 의한 정확도, 속도가 엄청나게 좋아지고 있다. 이를 고객 감동의 관점으로 보아 엄청난 혁신을 해서 성공한 대표적 기업은 아마존일 것이다. 한국에서도 쿠팡의 도전은 무모해 보일 만큼 공격적이다. 2020년 창업 10년 만에 13조 원의 매출을 달성하는 고속 성장을 해왔다. 로켓 배송, 새벽 배송 등의 유통업계의 패러다임을 변환하는 혁신에 엄청난 투자를 해 최근 5년간 3조 원 이상의 적자를 내 우려되는 부분도 있다. 하지만 쿠팡은 고객에게 지금까지 겪어보지 못한 고객 감동의 경험을 제공하는 게임 체인저game changer의 비전을 갖고 달려가고 있다. 이것을 달성하기 위해 쌓인 엄청난 투자와 역량은 향후 차별화 요인이자 큰 진입 장벽이 될 것이다.

앞으로 고객과 정한 시간에 누가 정확히 도착할 수 있느냐가 고객 감동의 관건이다. 명확한 도착 시간이 고객에게 주는 느낌은 상당히 다르다. 고객은 그 시간에 맞추어서 기다려야만 하고 그동안 다른 일을 하지 못하게 된다. 거기에 1시간 또는 2시간 이렇게 늦어지면 고객의 MOT는 어떻게 될 것인가?

고객의 집에 도착해서 고객에게 인사하는 방법도 중요하다. 훈련된 인사 방법, 복장, 태도가 고객이 접하는 MOT인데, 산뜻하고 친절한 회사와 잠바를 걸치고 막 일하는 모습으로 투박한 인상을 주는 회사는 느낌이 전혀 다를 것이다. 이 부분은 현장을 점검하고 끊임없이 개선하지 않으면 점점 설치 회사가 편한 대로 비용을 들이지 않는 방향으로 가게 된다. 경영자가 현장에서 눈을 떼면 안 된다.

고객의 속마음을 잡아라 : 중동 시장 헬스케어

중동 시장은 고유가 덕분으로 오랫동안 매력 있는 시장이었다. 생활 가전 사업에 있어서 같은 중동 시장이라 하더라도 이란은 프리미엄 가전 제품이 잘 팔리는데 두바이는 그렇지 못했다. 대신 TV는 두바이에서도 대형의 고가 제품이 잘 팔렸다. 왜 그럴까? 어떤 차이가 있어서 같은 산유국인데 이런 현상이 생기는지 궁금했다. 두바이는 주로 생활 가전 제품을 가정부가 사용하기 때문에 비싼 프리미엄 제품이 필요 없고 기본 기능에 충실하고 저가의 제품이면 된다는 마케팅 보고가 있었다. 그러면 이란은 가정부가 없다는 말인가? 이란도 고소득 층의 집에는 마찬가지로 가정부가 있을 것이다.

　이런 의문을 가지고 가정 방문을 했다. 가옥 구조를 살펴본 결과 주방의 개방 여부에 차이가 있다는 결론을 내렸다. 이란은 부엌이 한국과 같이 거실과 트인 형태였고 두바이는 거실과 부엌이 별도로 문이 달린 나누어진 공간이었다. 이 문의 여부로 남에게 보이고, 안 보이는 차이가 있기 때문이었다. 이란과 같이 냉장고 등 손님이 쉽게 볼 수 있는 개방된 공간에 있는 제품은 고급 디자인을 원하게 되는 것이다. 반면 두바이와 같이 별도의 칸막이가 된 부엌은 주인의 체면과는 관계가 없는 가정부만의 공간이기 때문에 프리미엄 제품이 필요하지 않다. 이런 고객에게 어떻게 차별화할 수 있을까? 고객과의 인터뷰 중에 설사 가정부가 제품을 사용한다 하더라도 냉장고 내의 식품 신선도, 항균 그리고 세탁기의 알러지원 제거 등 위생에 관계되는 것은 주인에게도 직접 관계되는 효용이라는 사실을 알았다. 헬스케어 컨셉이 두바이 등 가정부가 주로 사용하는 시장에서 인기가 있는 것은 사용 환경을 깊이 조사한 결과다.

고객의 속마음을 잡아라 : 한국 거실용 럭셔리 에어컨

지금은 지나간 일이지만 1995년 에어컨 설계실장을 맡았을 때의 일이다. 당시 거실용 에어컨은 2.5마력이나 3마력의 스탠드형이 주로 판매되었다. 주로 고소득층에 판매되었는데 거실에 놓기 때문에 디자인도 업소용보다 고급스러웠다. 고소득층에는 에어컨이 어느 정도 보급이 되었기 때문에 판매 확대를 위해서는 중산층을 목표로 해야 했고 중산층의 소득에서 2~3백만 원은 가격이 비싼 편이었다. 더욱이 에어컨은 여름 한 달 동안만 사용하는 제품이기 때문에 소비자들이 느끼는 가격 저항은 갤럽 조사 등을 보면 높은 것으로 분석되었다.

중산층을 대상으로 고객 니즈를 분석한 결과 현재 가격의 50% 수준인 150만 원대로 출시하면 보급이 확대되어 크게 히트를 칠 것으로 조사되었다. BP Breakthrough Product(획기적 상품) 프로젝트를 구성하고 이 가격대를 실현하기 위해서 원가가 낮은 에어컨의 구조를 스탠드형에 채택하고 디자인도 가격에 맞게 최고급은 아니지만 유려한 디자인을 채택했다. 이렇게 고객이 요구하는 사항을 대부분 반영한 제품이 출시되었다. 이제 빅 히트를 칠 것을 기대하고 시장 반응을 기다렸는데 기대보다 저조한 판매를 기록했다. 사실상의 실패였고 멘붕이 오는 순간이었다. 고객이 요구하는 대로 개발했는데 무엇이 잘못되었단 말인가? 다음 년도 개발 컨셉을 어떻게 잡아야 하는지 막막하기만 했다.

이 궁금증을 풀기 위해 외부 마케팅 조사 회사에 조사 분석을 의뢰했다. 결국, 겉으로 대답하는 내용이 아니고 말하지 않는 속마음을 알아야 했다. 여러 의논 끝에 고객 마음속에 있는 잠재 욕구를 끌어내기 위해 FGIFocus Group Interview(집단 심층 인터뷰)를 실시하기로 하고 그 방법으로 만화 방식을 시도했다. 한 그룹에 8명씩 고객군별로 3개 그룹으로 나누어 인터뷰를 진행했다. 만화는 어느 손님이 지인의 가정을 방문하는 상황을 그린 것인데 본인의 경우가 아니고 만화 속 손님과 주인이 어떤 대화를 나눌 것인지 제3자 입장에서 추측해보라는 것이었다. 제3자의 환경을 가정해서 본인의 숨겨진 마음을 읽고자 시도한 것이었다. 만화의 한 장은 벽걸이 분리형 에어컨이 설치된 가정을 방문하는 그림이었고 또 한 장은 거실용 스탠드형 에어컨이 설치된 가정을 방문하는 그림이었다. 이 만화의 장면에 오간 대화의 대부분 내용은 다음과 같았다.

벽걸이 분리형 에어컨이 설치된 가정을 손님이 방문한 경우 손님은 "벽걸이형 에어컨을 설치한 것을 물어봐도 되나?"였고 주인은 벽걸이 에어컨 쪽으로 곁눈이 가면서 "에어컨을 샀냐고 물어보면 무어라고 대답하지?" 하는 내용이 주를 이루었다. 벽걸이형 에어컨은 스탠드형 에어컨보다 가격은 1/3 이하 수준이고 디자인 대비 기능에 충실한 합리적인 제품이다.

반면에 스탠드형 에어컨이 설치된 가정을 방문한 손님은 놀라는 표정을 지으며 "어머! 에어컨 놓았네요!"라고 말하고 주인은 의기양양한 표정으로 "예! 이번에 보너스 타서 설치했어요"라고 하는 대화 내용이 주된 내용이었다. 일반적인 고객 조사에서는 말하지 않는 이 속성을 뭐라고 해야 할까?

정확히 말하면 체면 때문에, 그리고 자랑하려고 디자인 좋고 성능좋은 다소 과한 제품을 사는 것이었다. 많은 토의 끝에 이 속성을 '과시욕'이라 정의했고 이 속성은 한국, 중국 등 체면을 중시하는 국민에게서 많이 볼 수 있으며 특히 화장품에서 그러하다. 가정의 거실에 놓는 에어컨은 스탠드형과 같이 보기 좋고, 있어 보이고 제품 높이도 어느 정도 이상으로 훤칠해야 한다. 이후 출시되는 스탠드형 에어컨은 유리 판넬panel, 그림 디자인, 오토 셔터Auto-shutter, 자동 청소 등 많은 최고급 성능과 디자인으로 개발되었으며 25년이 지난 지금도 차별화된 화려한 디자인으로 경쟁하고 있다. 또한, 중국 에어컨 시장도 한국 시장과 같이 럭셔리 프리미엄 스탠드형 에어컨이 한국 브랜드를 중심으로 대세를 이루어나갔다.

PL 고객은 경영자가 직접 관리하라

고객 불만이 발생했을 때 실무선에서 근본적으로 해결이 안 되고 2차,

3차 재발하는 고객 불만이 있다. 이 고객을 중복 불만 고객이라 하며 회사가 기술적 또는 역량 문제로 해결하지 못하는 만성 불만 고객이다. 어느 경우든 고객의 감정은 악화하기 마련이다. 주위에 나쁜 입소문을 퍼뜨리고 심하면 언론이나 인터넷에도 게재하게 되니 이런 문제를 간과하거나 내버려 두면 독버섯처럼 회사의 이미지가 나빠진다.

그리고 제품 책임 문제 때문에 발생하는 고객 불만은 가장 중요하게 관리해야 하는 사항으로 서비스나 품질관리 부서에서 리스트를 작성해 관리하고 주기적으로 경영자에게 개선 또는 해결 결과를 보고하도록 해야 한다. 고객이 제품이나 서비스를 구매하는 것은 그것을 사용함으로써 효용을 느끼고 편리함을 얻기 위함인데 거꾸로 해악을 끼쳐서는 안 될 일이다.

제품 자체에서 생긴 것이 아닌 고객의 사용 부주의에서 생긴 문제도 궁극적으로 제품이나 서비스를 제공한 회사의 책임이다. 고객의 사용 부주의까지도 연구해서 누구나 쉽게 사용할 수 있게 설계해야 한다. 이런 개선 결과는 연구 개발, 투자 등이 수반되므로 성공하면 경쟁사와의 차별점이 될 수 있다.

간혹 중복, 만성 불량, 제품 책임 문제에 대해서 생각 이상으로 회사의 책임, 배상을 요구하는 고객이 있다. 이런 고객 중에서 진상 고객을 만날 수 있다. 진상 고객이란 제품이나 서비스를 구매한 고객이 특별한 이유 없이 환불 또는 사회 통념상 상식을 벗어나는 배상이나 서비스를 요구하는 고객을 말한다. 특히 제품 책임인 경우는 제품으로 인해 재산상의 손실 또는 인명 손상에 대한 막대한 배상을 요구한다. 일부 진상 고객 중에는 한 건 잡았다는 생각으로 무리한 요구를 하기도 한다. 기사화가 두려워 미봉책으로 임하다 보면 꼬리에 꼬리를 물어 더욱 늪에 빠지는 경우가 있어 정도 경영으로 정면 돌파를 하는 것이 당장에는 손실이 발생해도 장래를 위해서는 좋은 결정이 된다.

서비스 센터에서 고객의 소리를 들어라

어느 회사건 규모에 따라 고객 불만을 접수하는 크고 작은 콜센터를 운영하고 있다. 메일이나 편지로 접수되는 경우를 제외하고는 대부분이 콜센터의 전화로 접수된다. 콜센터의 상담원은 매일 고객의 불만을 접하기 때문에 누구보다 많은 고객 정보를 알고 있고 고객들의 생생한 감정, 분위기를 잘 느끼고 있다. 주간 또는 월간 주기로 상담원들과 간담회를 가져보면 많은 유익한 정보를 얻을 수 있다. 그리고 직접 헤드폰을 연결해 상담원과의 대화 내용을 들어보면 고객의 생생한 목소리를 들을 수 있다.

상담원은 고객이 맨 처음 접하는 그 회사의 첫인상, 즉 MOT가 되는 중요한 직책이다. 그러나 인건비 절감을 위해 별도로 아웃소싱하는 경우가 많다. 비용 절감만을 추구하다 보면 상담원의 질 저하, 이직률 상승으로 이어져 눈에 보이지 않는 큰 손실이 생긴다. 별도의 자회사로 운영해도 상담원들의 근무 만족도는 꼭 임금만으로 결정되는 것이 아니어서 여러 관심과 복리후생에 신경 쓸 필요가 있다.

우선 상담원은 정신노동이기 때문에 스트레스를 많이 받는다. 심리 치료의 배려, 관리가 필요하며 스트레스를 해소할 수 있는 휴게실 등 환경 개선을 많이 해줘야 한다. 관리자는 이런 부분의 능력을 높이기 위한 교육, 코칭을 받는 것이 바람직하다. 또한, 일의 중요성을 느낄 수 있도록 경영자, 관리자들이 자주 현장을 방문해 격려해주면 자긍심을 높여줄 수 있을 것이다. 좋은 회사의 상담원은 확실히 친절하고, 이미 지가 좋지 않은 회사의 상담원은 평균적으로 불친절하다는 상관관계 를 가지고 있다. 그리고 서비스센터에서 근무하는 서비스 기사들이 직 접 고객 현장에서 체험한 내용을 듣는 것도 많은 도움이 된다.

제3원칙 : 빠른 대응

- 업무 시 빠르게 응답하는 습관을 익혀 고객 응답 역시 빠르게 대응하자.
- 빠른 대응을 위한 권한 위양과 충분한 역량이 있어야만 한다.
- 속도와 질을 포함해 고객이 원하는 것을 모두 만족시킬 수 있어야만 한다.
- 발 빠르게 시장의 흐름을 읽어 늘 이길 수 있도록 준비해야 한다.

왜 빠른 대응이 중요한가?

빠른 대응은 고객, 대인 관계, 그리고 제품 경쟁력에 있어서 중요한 개 념이다. 기대에 부응하면 만족하지만 부응하지 못하면 불만이 쌓여 신뢰가 무너지게 된다. 물론 기대 이상으로 반응이 오면 놀라움에 의한 감동이나 신뢰가 오게 된다.

고객 불만이나 요청이 발생했을 때의 회사의 대응은 천차만별이다. 고객 대응 철학에 따라서, 그리고 그 철학을 실행할 수 있는 역량에 따라서 많은 차이가 있다. 어떤 회사는 고객 대응을 최우선으로 두고 용수철처럼 튀어나가 끝날 때까지 밀착해서 관리하는가 하면 어떤 회사는 조직 간의 책임감, 구성원들의 사고, 역량에 따라 고객 대응을 후순위로 여겨 고객의 기대에 크게 못 미치게 된다.

고객은 제기한 불만이나 잠재적인 니즈에 대해 누가 빨리 대응해주는가에 관심이 있을 뿐이다. 회사가 생긴 지 얼마 안 돼서, 아직 조직 역량이 부족해서, 회사 내에 다른 시급한 일이 생겨서 등의 회사 사정에는 관심도 없고 중요하게 생각하지 않는다.

제품이나 서비스, 조직 문화에 있어서 '빠르다'는 중요한 키워드다. 많은 사업에서 '빠르다'라는 가치를 고객에게 제공하고 있지만, 이는 특히 IT 제품이나 반도체에 있어서 핵심 가치다.

사람들은 인터넷이나 컴퓨터를 사용할 때 1초 늦는 것을 답답해하고 못 기다린다. 그래서 통신 업체에서는 영화, 동영상 같은 대용량 정보를 가장 빠르게 보낼 수 있는 5G 또는 그 이상의 기술을 개발하기 위해 총력을 기울이고 있다.

서비스 사업도 중간 연결 단계가 점차 생략되고 공급자와 소비자를 직접 연결하는 비즈니스 모델이 빠르게 증가하고 있다. 아마존, 알리

바바, 넷플릭스, 페이팔 등 많은 온라인 비즈니스가 생겨나고 커지고 있고 새로운 가치를 제공하는 회사들도 끊임없이 생겨나고 있다. 또 물류 분야에서도 DHL이나 페더럴 익스프레스가 '빠른 가치'를 실현했으며, 한국에서는 택배 사업이 발달했다. 앞으로 더 빠른 가치를 실현하기 위해서 지상에서 공중으로 배송하는 드론 시스템이 상용화될 것으로 보인다.

고객의 시간 절약과 신선함의 가치를 실현하기 위한 비즈니스가 새로 생겨나고 있다. 마켓컬리가 대표적인데 고객에게 주는 가치는 식품에 대해 고객이 시장 보는 시간을 절약할 수 있도록 필요한 것을 즉시 배달해주는 것이다. 주로 채소를 비롯한 식품류이기 때문에 신선한 품질이 생명이었고 이를 위해서는 배송 시간이 가장 짧게 운영되어야 했다. 샛별 배송은 전일 오후 11시까지 온라인 주문을 받아 다음 날 오전 7시까지 신선한 식품을 현관 앞까지 배송한다. 평일 시간에 쫓기는 맞벌이 부부에게는 필요한 시점에 필요한 만큼, 가장 신선한 식품을 받으니 아주 유익한 가치다. 이런 가치를 실현하기 위해서 야간 작업, 품질 유지 등 많은 난관이 있었을 것이다.

젊은 CEO인 K대표의 확고한 경영 철학이 있었기 때문에 성공적인 비즈니스가 되었다고 보인다.

"신선 식품 특성상 문제가 없을 수 없지만, 문제가 생기면 투명하게 공개하고 과하다 싶을 정도로 보상해서라도 고객에게 신뢰를 얻는 게 중요하다."

이렇게 마켓컬리는 새벽 배송이라는 새로운 시장을 만들어 창업 5년 만에 1조 원의 매출을 달성하고 화장품, 생활용품 등으로 사업 영역을 점차 넓혀나가고 있다. 그러나 이 시장에 SSG(신세계), 오아시스 마켓, 쿠팡 등의 경쟁자가 진입함으로써 '신속하고 빠르게'라는 고객 가치에 더해 친환경 포장, 직원들의 작업 환경 개선 등에 대한 ESGEnvironmental, Social, Governance(환경, 사회, 지배 구조) 경영을 어떻게 잘 할 수 있을 것인가가 향후 과제가 될 것으로 보인다. 그런 면에서 매출 확대보다 유기농, 소상공인과의 협업, 점포매장과의 시너지 창출 등으로 이 업계에서 유독 흑자를 내는 내실 경영의 오아시스마켓이 눈에 띄고 있다.

대응 속도를 측정하고 개선하라

회사 차원에서 외부 고객의 불만을 관리하는 서비스 업무는 고객 불만 건수가 많고 체계적으로 관리해야 하므로 대부분 IT 시스템이 구축되어 있고 KPI에 따라 여러 형태로 분석해 활용한다. 그 대표적인 것이 고객 불만 처리 시간이다. 이 고객 불만 처리 시간을 1.5일에서 1일 이내로, 또한 2시간 이내 방문 등 더 높은 수준으로 목표를 잡아 개선해야 한다. 그러나 어느 임계점을 넘으면 고객이 느끼는 감동은 투자 대비 적은 수렴 단계로 들어가게 된다.

이 단계에서는 판매 후 서비스를 더욱 강화하는 것보다 판매 전 단계의 재구매를 높이는 브랜드 신뢰를 확보하기 위한 CSICustomer

Satisfaction Index(고객 만족 지수)에 더 힘을 쏟는 것이 바람직하다.

내부 고객 간, 또 영업 조직에서 이런 개념을 도입하면 개선할 여지가 많다. 내부 고객 간에 의뢰된 업무가 체계적으로 관리되지 않거나 우선순위에 밀리는 경우 전화로 독촉하거나 직접 방문해 챙기는 경우를 볼 수 있다. 관리하는 방법은 어렵지 않으나 실행을 습관화하는 것이 어렵다. 내가 고객 관리가 습관화되지 않은 조직을 맡아 이런 시스템을 도입했을 때 구성원들이 힘들어하는 것을 보았다.

먼저 고객은 누구인가를 정하고 고객 요청 사항 리스트를 수작업으로 만들어 관리토록 했다. 초기 단계에서는 화려한 IT 시스템까지 필요한 것은 아니다. 고객 관리를 말로 하는 경우가 많아 기록으로 실행하도록 하고 데이터가 증가하면 엑셀 파일로 해도 내부 고객 간 또는 영업부서의 관리는 충분하다. 평균 처리 시간, 목표 처리 시간, 미달 항목 관리, 고객으로부터의 평가 등 필요 항목을 유형별로 분석하고 개선해나가면 좋을 것이다.

경영자나 부서장이 정기적으로 빠른 대응에 대해 현장 순회 점검을 하면서 개선 의견 제시, 칭찬하는 모습 등을 보여주면 구성원들의 고객 관리 습관화를 촉진한다.

이런 활동을 간헐적으로 하는 것이 아니라 10~20년 이상 장기적으로 지속해야 경쟁사보다 차별화되는 민첩한 조직 문화가 형성될 수 있다.

왜 외국 업체는 한국에서 성공하기 쉽지 않은가?

한때 일본 전자 제품 브랜드가 한국에 상륙해 한국 전자 업체들이 긴장한 적이 있었다. 그중 소니가 앞선 기술의 평판 TV 등을 앞세워 한국 시장을 공략한 적이 있었지만 그다지 성공적이지 못했고, 하이얼을 비롯한 중국 업체들도 저가격을 무기로 한국 시장을 공략했지만 자리 잡지 못하고 있다.

1990년대 초 한국 가전 업체들이 중국 시장에 진입했을 때 제품력 및 품질이 중국 업체 대비 월등하게 높은 수준이었다. 당시 LG전자의 에어컨, 세탁기, 냉장고, 전자레인지의 시장 점유율은 제품에 따라 10~30%를 차지하는 고급군의 프리미엄 브랜드였다. 그러나 중국 현지 브랜드들이 많이 생겨나고 한국 브랜드와 치열한 경쟁을 통해 제품력을 많이 따라오기 시작했다. 특히 넓은 중국 시장을 바탕으로 규모의 경제를 실현해 가격 경쟁력을 갖추었다.

그중 중국 가전 시장에서 1위를 하는 하이얼이 한국 시장에 본격적으로 진입하기로 했을 때 그 영향에 대해 예의 주시하지 않을 수 없었다. 그러나 15년이 지난 지금 중국 브랜드의 시장 점유율은 생각보다 낮은 수준이다. 물론 아직 제품력이 한 단계 낮은 수준이기는 하나 가격 경쟁력은 높은 수준이다. 한국 소비자들의 중국 브랜드에 대한 신뢰가 낮다 해도 왜 이런 현상이 생기는 것일까?

일본, 중국 등 외국산 브랜드가 한국 시장에 뿌리를 내리지 못하는 가장 큰 이유는 빠른 서비스 역량과 빠른 신제품 출시에 있다.

한국 전자 업체들이 제공하고 있는 서비스 품질은 세계 최고 수준이다. 전자 제품에 불만이 생겨 접수하고 완료될 때까지의 시간을 고객 불만 처리 시간이라고 한다. 한국 가전 업체의 불만 처리 시간은 평균 1.5~2일 정도 되며 당일 처리율은 절반을 상회한다.

미국 가전 업체가 6~7일 정도로 통계가 나와 있는데 현지에서 사는 사람들 얘기를 들어보면 2주일 이상 걸리기도 한다고 한다. 미국과 유럽은 서비스를 요청하면 즉시 달려오는 고객 중심이 아니라 회사의 서비스 역량에 따라 상호 가능한 일정을 정하는 약속 중심의 풍토로 보인다.

한국과 같은 서비스 수준을 제공하기 위해서는 더 많은 서비스 인력을 투자해야 하니 원가 상승이 뒤따른다. 매출액의 3~4%를 순 비용으로 투자해야 한다. 시장 진입 초기에는 매출 규모가 크지 않기 때문에 몇 배로 투자한다 해도 이미 구축된 한국 브랜드의 강건한 서비스 체제에는 훨씬 못 미친다. 한국 업체들의 서비스 체제 및 능력은 오랜 시간에 걸쳐서 이루어진 것이기 때문이다.

에어컨 사업을 하나의 예로 들어볼 수 있다. 중국 주택은 온돌 난방이 아니어서 에어컨은 냉방, 난방이 모두 되어야 하는 필수품으로 연간 수천만 대가 팔리는 제품이다. 커다란 중국 시장의 규모로 상당한 가격 경쟁력을 갖추었을 텐데 한국 시장 진입이 어려운 것은 서비스 체제도 그 원인 중 하나다. 여름 성수기에는 일시적으로 서비스 건수가 폭증하고 기존의 서비스 조직만으로는 대응이 어려워서 공장의 기술자들도 동원 가능한 인력은 총동원해 대응하게 된다. 근무하는 빌딩이나 영업하는 식당 등에서의 에어컨 고장은 바로 판매에 영향을 주기 때문에 시간을 다투는 문제고 이 역량 구축이 사업에 있어서 중요한 요소가 된다.

여기에 익숙해진 한국 소비자들은 서비스 능력이 취약한 외국 브랜드로 좀처럼 눈길을 돌리지 않는다.

적기에 시장에 진입하라

적기 시장 진입Time to Market의 정의는 제품 개발을 시작해 시장에 내놓는 데까지 걸리는 시간, 즉 개발 기간이라는 의미와 고객이 원하는 시기에 경쟁사보다 한발 앞서 제때에 출시하는 것이라는 의미로 나누어 볼 수 있다. 후자의 정의가 먼저 필요하고 그것을 뒷받침하기 위해서 개발력이 선행되어야 한다고 본다. 또 제품의 출시 시기만이 아니라 고객이 원하는 시기에 필요한 양을 정확히 공급하는 능력도 중요하다.

신제품 출시는 트렌드보다 너무 빨라도 너무 늦어도 성공하지 못한다. 소비자의 거시적 트렌드보다 지나치게 앞서 신제품을 내면 아직 소비자가 받아들일 준비가 되지 않아 신제품 개발에 투입된 개발 인력, 투자비가 손실되며 무엇보다도 이로 인해 경영상에 도움이 되는 다른 제품을 개발하지 못하는 기회 손실이 더 크다. 또한, 경쟁사에 정보를 주어 길을 닦아주고 재주는 곰이 넘게 되는 일이 생길 수 있다. 신제품의 실패는 사내에도 부정적 시각을 갖게 해 막상 시기가 도래되어 새로이 출시할 것을 제안해도 흔쾌히 승인을 받기가 쉽지 않다.

지나간 과거의 일이지만, 대부분의 사람들이 김치냉장고는 만도에서 출시한 딤채가 한국 시장에서 처음이라 인식하고 있고 마케팅의 성공사례로 소개되기도 했다.

그러나 한국 시장에 처음 출시된 김치냉장고는 1984년 3월에 나온 LG전자의 GR-063으로 50L 용량의 뚜껑식 타입이었다. 왜 김치냉장고는 출시 당시에는 성공하지 못하고 10년이 지난 뒤 시장이 형성되었을까?

냉장고가 가정에 필수품으로 보급되던 1980년대에는 200L급이 주력이었다. 생활 수준이 향상되면서 소비자들은 더 큰 대용량을 원했고 10년간 냉장고는 200L에서 500L급 이상으로 계속 커져왔다. 소비자들의 구매 우선순위는 지불 가치를 보았을 때 별도의 김치냉장고보다는 대용량 냉장고였다.

1994년 냉장고를 전혀 만들지 않았던 만도가 김치냉장고를 출시한 배경에 대해 LG컴프레서의 고객이었던 당시 사업 책임자 Y전무와 이야기를 나눌 기회가 있었다. 원래, 만도는 자동차용 부품 회사로서 자동차용 에어컨을 만들고 있었다. 사업 확장을 위해 이 에어컨 기술을 이용해 가정용 에어컨 시장에 진입했다. 위니아라는 브랜드로 진입했지만, 한국 에어컨 시장은 한여름 최대 한 달 정도 사용하는 전형적인 계절상품이었다. 온돌이라는 좋은 난방 시스템이 있어서 에어컨은 냉방 전용이 주력으로, 기후에 의존하는 천수답 사업이었다.

이런 사업의 불균형을 해소하기 위해 여름 시즌이 지난 하반기에 판매할 수 있는 제품을 찾던 차에 김치냉장고에 주목하게 되었다. 양대 가전 회사인 LG전자, 삼성전자는 한국 시장의 특수성인 김치 보관이라는 소비자 욕구가 있었음에도 너무 이른 출시의 실패에 따른 저항, 또 다른 새로운 기능 경쟁, 좀 더 용량이 큰 양문형 냉장고 시대로의 진입 등으로 이 틈새시장을 공략하지 않고 있었다. 만도가 이 틈새를 이용해 처음 진입하는 김치냉장고 시장에 딤채라는 새로운 브랜드를 성공시킬 수 있었다.

경영자가 이런 트렌드를 놓치지 않으려면 소비자 라이프 스타일의 메가 트렌드mega trends를 객관적으로 볼 수 있어야 하고 인류 문화 기술적 연구에 대한 인사이트를 키워야 한다. 이런 트렌드를 전문적으로 연구하는 상품기획이나 라이프 스타일을 연구하는 조직을 강화하는 것도 중요하지만 경영자 스스로 이러한 트렌드에 대한 인사이트를 갖는 것이 더욱 중요하다.

어떤 최고 경영자는 좀 더 앞서가 있는 일본에 자주 들러 사회, 산업에 대한 트렌드를 자주 듣고 파악하는 것으로 유명하다. 아마도 동양의 같은 문화권에서 산업이나 국민 소득이 한발 앞서가 있으니 한국 사회의 미래를 견주어보고 사업 구상을 하고자 하는 것이 아닌가 생각이 든다.

실행 역량도 전략만큼 중요하다

사전적 의미의 전략은 '전쟁이나 경쟁에서 이길 수 있는 방향이나 방법'을 말한다. 우리의 목표를 정하고 난 뒤 어디에서 싸울 것인가? 그리고 선택한 곳에서 어떻게 이길 것인가? 또 이기려면 어떤 역량들과 운영 시스템이 필요한가? 이런 일련의 싸이클이 하위 전개되고 또 상위로 피드백되는 과정에서 전략이 수립되어간다고 볼 수 있다.

나폴레옹과 히틀러가 혹한에 대한 역량이나 대비가 충분하지 않은 상태에서 러시아를 공략해 엄청난 손실을 보고 퇴각한 것은 잘못된 전략 중의 하나이다.

기업에서도 일본의 파나소닉이 PDPPlasma Display Panel 사업에 실패한 것도 전략 실패 중 하나로 보인다. TV 제품에 있어서 평면 패널인 LCD나 PDP 패널은 중요한 기술 중 하나다. 두 기술은 서로 장단점이 있어 PDP는 대형 화면에 유리하고 잔상이 남지 않는 장점이 있었다. 하지만 LCD보다 전력이 많이 소모되는 단점이 있고 가격 경쟁에서 불리했다. LCD는 이미 소형에서 대형에 이르기까지 넓은 적용 범위로 규모의 경제를 실현하고 있었고 또한 연구 개발부터 협력 회사에 걸쳐 방대한 인프라를 구축하고 있었다. PDP는 대형 TV에서만 경쟁력이 있었고 그 분야 또한 LCD가 빠른 속도로 추격해오고 있었다.

패배가 보이는 상황에서 파나소닉은 2007년 약 2조 원이 넘는 거대한 아마가사키 제3공장 건설을 시작했다. 그러나 결국 2013년에 한국, 중국 LCD 업체의 강력한 역량에 밀려 PDP 사업에서 완전히 철수하고 말았다. 이미 다른 경쟁사들이 LCD와 PDP 사업을 동시에 추진하다가 미래 경쟁력을 보고 PDP 사업을 줄이기 시작했는데 파나소닉은 왜 그것을 보지 못했을까? 전임 나카무라 회장이 결정한 것을 도중에 변경하지 못하는 무겁고 둔한 조직 때문이었을까? 아니면 과거 VHS 성공 신화 때문에 파나소닉의 기술과 판매 역량이라면 PDP를 업계의 표준으로 만들 수 있다고 하는 자신감 때문이었을까?

향후 OLED 디스플레이 등 끊임없는 혁신이 이어져나갈 것으로 보여 이러한 표준화의 선택은 계속 요구될 것이다. 아무튼, 잘못된 전략을 택하면 기업이 망할 수도 있다. 그러나 아무리 훌륭한 전략이라도 실행 역량이 없으면 휴지에 불과할 뿐이다.

역량은 사전적 의미로 '어떤 일을 해내는 힘'을 말한다. 여기에는 지식, 조직 문화, 정신 자세 등이 포함된다. 역량은 일과 기술 그리고 그 변화에 관한 깊은 이해를 바탕으로 사람과 프로세스, 축적된 지식 위에 구축된다. 일반적으로 핵심 역량을 모방하기 힘든 경쟁 우위라고 하는데, 이는 하루아침에 이루어지지 않는다. 역량이 약한 기업을 보면 최고 경영자나 조직 책임자의 변경이 잦아 전략이나 조직 문화의 흔들림이 많은 경우가 많다. 장기 비전으로 일관되게 역량을 구축해야 경쟁사 대비 차별화된 조직 역량을 갖게 되는 것이다.

VCRVideo Cassette Recorder은 1951년 RCA에서 처음 개발을 시작한 후 1974~75년 소니 베타 맥스와 JVC(파나소닉 자회사)의 VHS 방식의 대량 생산에 이르기까지 여러 기업이 참여하고 경쟁했지만 20년 이상의 장기 비전을 갖고 끊임없이 내부 역량과 기술을 쌓아온 양 진영으로 정리되었다. 그 후로도 경쟁이 계속되어 VHS 연합군이라는 표준 플랫폼을 구축한 파나소닉과 JVC가 최후의 승자가 된 일은 역량 구축의 중요함을 말해주고 있다. 그러나 저장에 대한 가치를 오랫동안 점유해왔던 VCR도 반도체 칩에 그 지위를 넘겨주고 말았다.

내부 역량이 약할 때 M&A(기업 인수·합병)나 제휴를 통한 아웃소싱을 추진하는 경우가 많다. 그러나 자체적인 혁신을 이룰 만한 내부 역량이 없으면 이런 아웃 소싱을 통해 경쟁 우위를 이어가기는 어렵다. 영원한 1등은 없다. 시장은 끊임없이 변화하고 경쟁자는 새로이 출현한다. 자만하지 않고 끊임없이 혁신해 항상 이길 수 있는 역량을 빠르게 쌓는 것만이 생존의 길이다.

빠르게 대응하라 : 창원 공장

조직 문화에 있어서 '빠르다'라는 것이 내재되어 있을 때 민첩성이 좋은 조직이라고 한다. 창원 공장은 빠른 실행력을 실현한 좋은 사례라고 여겨진다.

한때는 생활 가전이 사양 산업이라 여겨졌고 1989년 3개월간의 노사 분규로 인해 공장 가동이 중단되었을 때는 절체절명의 위기 상황이었다. 1990년부터 시작된 뼈를 깎는 혁신 활동은 그 이후 현재까지 30년간 끊임없이 이어져 왔다. 그 결과 한 해도 빠짐없이 흑자를 냈고 전사에서 높은 수익 비중을 차지하는 캐시카우 역할을 하고 있다. 다음과 같은 혁신 구호가 그런 조직 문화를 만드는 데 바탕이 되었다.

"오늘 할 일은 오늘!"

"지금 할 일은 지금!"

"혁신은 실행이다!"

"해보고 생각하자!"

각 사업장을 객관적으로 볼 수 있는 어느 본사의 직원이 다음과 같은 말을 한 적이 있었다.

"어떤 일에 대한 자료나 의견을 요청했을 때 창원 사업장이 다른 사업장보다 회신이 가장 빠르고 긍정적인 검토 의견을 보낸다. 얘기해 보면 무언가 DNA가 다르다는 느낌을 받는다."

이는 빠른 실행력이 내재된 문화의 한 단면이다. 이런 문화가 형성되어 있어서 남보다 빠르게 배워야 할 점을 벤치마킹해 자기 몸에 맞는 혁신 프로세스를 만들고 실행해 성과를 만들어내는 것이다. 어떤 이는 이런 창원 공장의 문화를 빗대어 바닷속에 빠질지 모르더라도 중지라는 신호가 나오기 전까지는 계속 전진하는 조직이라고 말하기도 했다. 아마 이 사람은 자율과 창의라는 조직 문화로의 변신과 유능한 리더를 키워내는 프로그램을 보지 못했기 때문이 아닐까? 아무튼, 창원 공장의 혁신 문화는 지속적인 성과 창출로 전사적으로도 중요 사업으로 자리매김하고 있고 훌륭한 경영자들이 계속 배출되어 경쟁 우위를 이어가고 있다.

빠르게 대응하라 : 전남대학교병원

2014년 NCSI National Customer Satisfaction Index (국가 고객 만족 지수) 조사에서 국립대 병원 2위, 지방 국립대 병원 1위의 높은 평가를 받은 전남대학교의 친절한 환자 중심의 스마트 병원 이야기다.

환자들은 좋은 진료를 친절하고 빠르게 받고 싶어 한다. 이제 병원들도 많이 개선하고 있어서 좋아지고 있지만, 아직도 환자들을 오래 기다리게 하고 불친절한 곳도 있다. 한국 생산성 본부가 NCSI를 처음 도입했을 때 병원, 대학교를 포함했는데 이들로부터 왜 NCSI가 필요하냐는 항의를 받았다고 한다. 의사가 환자를 대할 때 그리고 교수가 학생을 대할 때 고객으로 섬기는 마음보다 말을 잘 듣고 권위를 가지고 가르쳐야 하는 대상으로 봄 직하다. 지식이 많은 우월적 위치의 갑의 자세는 환자나 학생을 고객으로 생각하지 않는 인식에 있었던 것은 아닐까.

병원을 예약해도 시간을 넘어 기다리기가 예사고 차례가 돼도 짧은 시간에 진료를 마치는 경우가 많다. 응급실에 가는 경우도 아주 중한 환자가 아니면 차례가 올 때까지 기다려야 하고 입원할 때까지 체류 시간이 길다. 그래서 병원, 의사와 특별한 관계를 맺으려 하고 이런 관계에서의 부탁이 있어야 제대로 서비스를 받을 수 있는 관행이 있기도 해서 법적으로 청탁 금지가 시행되고 있다.

전남대학교병원의 슬로건인 'The Best on Time'은 최적의 시간에 최상의 의료 서비스를 제공한다는 것이다. 빠른 대응은 행정 처리나 민원 처리가 빠르게 진행될 수 있도록 신속한 대응함을 뜻한다. 여기서 제일 중요한 것은 병원장이 이런 경영 철학을 정했다는 것이다. 최고 경영자가 이런 확고한 사상을 가지고 추진하면 각 부서와 현장에서도 실천 방안을 수립하고 실행하게 되며 그에 따른 투자 의사결정도 과감하게 수반된다. 전남대학교병원은 24시간 의료 서비스 체제를 구축하기 위해 전문 의료진을 구성하고 최첨단 장비를 투자했다. 또 응급 환자를 수송하기 위한 구급 헬기가 옥상에 내릴 수 있도록 헬리포트를 설치했다. 응급실 체류 시간도 개선해 2014년 7.7시간에서 2015년에는 1.2시간으로 단축해 운영하고 있다.

또 다른 병원의 사례로 여의도성모병원에서는 환자가 주차하는 시간을 줄이기 위해 발렛 파킹을 서비스하고 있다. 또 수납 시간을 줄이기 위해 하이패스 제도를 운영하고 있으며 환자들이 진료실이나 검사실을 잘 찾아갈 수 있도록 바닥에 공장의 물류 라인 표시처럼 테이프로 동선을 표시해놓았다.

분당서울대학교병원에서도 대기 시간이 길어지는 고객의 불편함을 해소하기 위해 커피숍에서 기다리거나 다른 일을 보게 하고 순번이 되면 휴대전화로 연락을 준다. 이런 모든 일들이 고객 중심 사고의 아이디어에서 나온 것이며 고객은 차별화된 병원을 더욱 찾게 될 것이다.

회사 규모에 따라 하루 수십 건에서 수만 건에 이르기까지 방대한 양의 고객의 소리 데이터가 쏟아지고 있다. 콜센터에서 한 건 한 건 성의 있게 대응해야 하지, 그 순간의 대응으로만 그친다면 정형, 비정형의 데이터 속에 묻혀 있는 고객의 마음을 읽어내고 전략적으로 활용하는 기회를 살릴 수 없을 것이다. 기업들이 빅 데이터를 활용해 상품 개발에 반영하기도 하고 사업 전략에 활용하는 경우가 점차 증가하고 있다.

고객이 콜센터로 전화를 걸었을 때 상담원이 직접 받는 경우가 있고 ARS(자동 응답 서비스) 시스템이 응대해 추가로 요청하는 번호를 몇 번 더 눌러야 연결되기도 한다. 고객 측면에서 보면 몇 번씩 연결해서 들어가는 시스템은 불편한 것이 사실이다. 한 생명 회사는 상담사 통화 연결 시간을 관리하고 있는데 20초 이내 응대율을 95% 이상 수준으로 관리하고 고객의 대기 시간을 4초까지 줄여 운영하고 있다.

데이터 분석 시스템은 빅 데이터를 활용한 경영으로써 수집된 정형, 비정형의 정보들을 체계적으로 분석해 고객 불만사항에 선제적으로 대응하는 시스템이다. 정형 데이터는 상담 정보, 고객 데이터베이스 등이며 비정형 데이터는 음성 상담콜, 고객의 소리 등으로 전체 정보 중 약 80%를 차지하고 있다. 이 시스템은 음성 분석, 고객의 소리 텍스트 분석, 통계기법을 활용한 고급 분석 시스템으로 나누어볼 수 있다.

여기서 음성 분석 시스템은 고객이 말하는 소리를 문자로 변환해 해당 불만에 대해 분석된 정보를 실시간으로 모니터링하면서 상담하는 시스템이다.

그리고 텍스트는 가장 기본적이고 광범위한 비중을 점하고 있는 비정형 데이터다. 고객의 소리는 모호하고 추상적인 단어가 많고 문맥, 표현하는 방법에 따라 다양해서 이를 분석하고 핵심적인 의미를 찾기는 쉽지 않다. 하지만 그동안 SAS사의 통계적인 기법 등 여러 방법이 많이 연구되었으며 유용하게 활용할 수 있다.

통계기법은 각종 비정형 데이터를 키워드별로 자동으로 분류해 트렌드를 통계 분석하고 마케팅이나 고객 관리에 도움을 준다.

민원 가능성이 있고 문제가 될 소지가 있는 고객층에 대해서는 고객 서비스 센터나 담당자를 통해 선제적으로 대응하며. 이처럼 빅 데이터를 통해 샘플링 분석에서 놓치기 쉬운 많은 데이터를 정확히 분석하고 실시간으로 대응할 수 있게 함으로써 '빠른 대응'이라는 경쟁력을 확보할 수 있을 것이다.

제4원칙 : 모든 판단은 고객으로부터

- 고객의 입장을 최우선하는 방향으로 의사 결정해야 한다.
- 고객에게 가치를 전달하지 못한다면 무의미하다.

- 제품 개선 활동은 고객에게 동등 이상의 가치를 제공하면서 해야 한다.
- 객관적으로 인정받는 평가에서 1위를 달성해야 진정한 실력이다.

고객에게 물어봤습니까?

각 조직에서 업무 보고를 할 때 자주 하는 질문이다. 많은 보고들이 경영자 중심에서 기획하는 인사이드 아웃인 경우가 있다. 고객에게 확인하는 절차가 시간이 걸리고 번거로워서, 제한된 고객 정보를 바탕으로 경험과 내부 자료 분석을 통해 작성된 경우이다. 경영자의 질문은 일하는 방식에 영향을 주기 때문에 대단히 중요하다. 조직 간에 논쟁할 때도 보면 주관적으로 대화하는 경우가 많다. 그러면 이런 질문을 던진다.

"이 일의 고객은 누구입니까? 그 고객이 어떻게 생각하는지 들어봤습니까?"

충분한 고객의 의견 수렴 없이 만들어진 기획안은 실행 단계에서 잘 받아들여지지 않기도 하고 중간에 시행착오를 많이 겪어 낭비를 가져온다.

사업본부장을 맡고 있을 때 직원 대표와 간담회를 한 적이 있었는데 한 대표가 이런 질문을 했다.

"본부장님 일정을 보니까 해외까지 사업 범위가 넓어 골치 아프실 일이 많을 것 같은데 어떻게 의사 결정을 해나가십니까?"

아마 한국 시장과 글로벌 시장을 대상으로 개발부터 판매까지 해야 하는 생활 가전 사업 특성상 다양한 제품군을 가지고 있으니 스트레스를 많이 받을 것 같은데 어떻게 견디느냐는 걱정도 있는 것 같았다. 나의 대답은 고객 관점에서 판단해 의사 결정을 하니 일은 많아도 머리가 아프지는 않다는 것이었다. 리콜을 결정할 때는 엄청나게 고민될 때도 있었으나 판단 기준을 고객 입장에 놓고 생각하면 정확히 결정할 수 있었다. 재임 중 두세 차례 리콜을 하게 되었는데 어느 경우든 정도 경영을 바탕으로 정공법으로 정면 돌파를 했고 초기 손실은 있었지만, 후에 더 큰 고객의 신뢰를 얻게 되었다.

고객의 판단 기준은 변한다

고객의 요구 수준은 삶의 질의 변화, 경쟁 상황, 소비자 보호 관련 법률 등의 변화에 따라 달라진다.

삶의 질의 변화는 국가나 사회의 발전에 따라 궤를 같이해 변하게 되고 또한 글로벌 추세에 따라 영향을 받게 된다. 또한, 고객층별로 가치의 판단 기준이 달라 거기에 맞추어 층별로 제품을 다르게 운영해야만 하는 경우도 있다. 인터넷, 스마트 앱 등 IT는 미국에서 시작해 매우 빠른 속도로 전 세계에 전파되어 삶의 방식을 바꾸어놓았다. 그러나 이런 '와!' 하고 감탄할 만한 차별적인 고객 감동 가치도 시간이 지나면 기본 가치로 자리를 잡게 될 수 있다.

고객 삶의 질의 변화는 감성 불만에 대한 눈높이도 변화시키기 때문에 이에 대한 시험 기준이나 검사 규격도 그에 맞추어 변화해야 한다. 예를 들면, 세탁기의 헹굼 성능은 표준 시험편으로 평가하지만 고객은 마지막 헹굼이 끝났을 때도 비눗물이 여전히 나오는지를 육안으로 판단하며 옷에 보푸라기가 얼마나 남아 있는지 옷의 상태를 보고 판단을 한다. 그리고 디자인, 외관 등 고객의 감성에 대한 요구 수준도 계속 달라지고 있어 이런 측면에서 고객 만족을 얻으려면 상당히 많은 연구가 필요하다.

소비자 보호 법률 강화, 소비자 보호 단체의 영향력 등이 증가하면서 점차 과거의 기준 등이 더 엄격해지는 새로운 기준으로 상향되고 있다. 6시그마 수준의 산포 관리가 되지 않으면 최악의 경우 판매 중지가 될 수 있는 시대이다. 생존을 위한 혁신으로 극한 설계에 시달리는 엔지니어들은 규격에 턱걸이하거나 경쟁사와 측정기로 재야 하는 수준의 차이를 내놓기도 한다. 고객이나 시장에서는 인정되지 않는 수준임에도 불구하고 인사이드 아웃의 시각에서 함정에 빠지기도 하는 것이다.

고객이 인정하는 1등이 되어라

고객이 인정하는 1등의 가장 강력한 것은 고객의 구전이며 써본 고객이 엄지를 드는 것이야말로 믿을 수 있는 증표다. 2011년 출시된 스타일러는 LG전자가 세계 최초로 출시해 새로운 카테고리를 개척한 상품이다. 상세한 내용은 뒤에서 좀 더 상세히 다루므로 간단하게 설명하면 초창기 각고의 노력 끝에 지금은 연간 약 50만 대의 필수 가전으로 성장했고 2018년 후발 경쟁자들이 진입해 가파르게 시장이 형성되고 있다.

그동안 써본 고객들의 구전이 강력하게 형성되어 스타일러는 곧 의류관리기의 대명사가 되었고 경쟁사 매장에 들러 "스타일러 주세요" 하고 찾는 형국이다.

다음은 고객을 대신해서 고객 측면에서 객관적으로 평가해주는 공인기관들이다. 세계 각지에 수많은 평가기관들이 있고 언론에 발표하지만 고객들로부터 큰 신뢰를 받는 기관은 제한되어 있다.

여기서는 세계에서 가장 큰 미국 시장에 대해서 살펴보도록 하겠다. 한국 시장에서는 NCSI가 한국생산성본부 주관으로 조사해 분기별로 〈조선일보〉에 발표되고 있다. NCSI는 1998년 한국생산성본부가 미국 미시간대학교 국가 품질 연구소와 공동으로 개발한 체계적인 통계적 분석 방법이다. 여기서 복잡한 통계 처리 방식에 대해서 자세히 논할 수는 없지만, 객관성을 부여하기 위한 샘플링, 통계 처리 프로그램을 활용하고 각 인자 간 영향도 분석을 통해 NCSI를 산출하기 때문에 신뢰를 더해가고 있다.

예를 들면 제품 및 서비스에 대한 소비자의 구매 전 기대 수준, 구매후 인지 품질 수준, 가격 및 품질 대비 인지 가치 수준 등의 선행 요인과 고객 불만, 고객 충성도 등의 성과 변수를 고려해 지수를 산출하고 영향력을 추정한다. 특히 가중치를 정할 때 편향성을 배제하기 위해서 NCSI로부터 설문 항목의 영향도를 분석하기 때문에 개선 전략을 도출하기가 쉬워진다. 제조업 기준으로 보면 자동차, TV, 세탁기 등 제품군별로 평가되기 때문에 구매 고객에게 어느 브랜드의 제품이 좋다는 데까지는 추천할 수 있으나 모델별로 평가하는 〈컨슈머 리포트 Consumer Report〉에 비해서 모델 단위까지 추천하는 데는 한계가 있다.

〈컨슈머 리포트〉는 미국 시장에서 가장 권위 있으며 1936년부터 발간된 소비자가 가장 신뢰하고 전통 있는 잡지다. 〈컨슈머 리포트〉는 2016년 기준으로 약 700만 명의 가입자를 보유하고 있으며, 제품군 전체에 대한 평가가 아니라 제품 모델별로 평가해 고객이 구매 모델을 선정할 때 바로 도움을 주는 것이 이 잡지의 특징이다.

이해 관계자로부터 영향을 받지 않고 공평한 시험 및 평가를 하기 위해 자체 시험 연구소, 조사연구 센터의 보고 및 결과에 근거해 게시하는 독립성과 공평성을 갖는 비영리 단체로 공신력이 있는 보고서다. 흔히 있을 수 있는 로비가 전혀 통하지 않는 기관이며 건설적인 개선 제안에 대해서는 긍정적으로 받아들인다. 평가 항목은 제품에 따라 다르지만, 고객에 대한 가치를 끊임없이 조사하고 반영해 조금씩 바뀐다. 이러한 평가 항목 업데이트 동향에 대한 정보는 통상적으로는 알려주지 않기 때문에 그들과 같은 시각으로 고객을 바라보고 분석해야 궤를 같이할 수 있을 것이다.

2000년대 초반 미국 건조기 시장에 진입했을 때의 일이다. 미국 고객의 80% 이상이 세탁기와 건조기를 별도로 사용하기 때문에 건조기는 세탁기 못지않게 중요한 제품이었다. 고객 조사에서 맞벌이 부부의 경우 의류 세탁을 소량으로 하는 경우가 많은데 미국 건조기들은 대용량 위주라 소량만 건조할 때도 지나치게 긴 시간이 소요되고 에너지가 낭비되는 것이 문제였다. 소량 건조를 위해서 정밀하게 습도를 감지하는 기술이 필요했다. 시장에서 이 가치는 호평을 받았고 〈컨슈머 리포트〉의 브랜드 신뢰성 평가 항목에 반영되었다.

〈컨슈머 리포트〉 평가에서 1위를 하게 되면 소비자의 선호도도 올라가고 판매에 매우 긍정적인 영향을 미친다. 북미에서 LG전자의 세탁기, 냉장고는 고객에 대한 새로운 가치를 끊임없이 제공함으로써 오랫동안 시장을 지배해온 월풀 등 미국 현지 브랜드를 추월해 〈컨슈머 리포트〉에서 1등을 하기 시작했고 이후 계속 확대되어 판매에 많은 탄력을 받게 되었다.

이상의 설명과 같이 판매에 영향을 미치는 사항은 강력한 구전과 신뢰할 수 있는 공인기관의 평가 결과다. 이들 중에는 즉시 제품에 반영하기가 힘들고 차기 신제품 개발에 반영해야 할 사항들이 많다. 신제품을 새로 출시할 때는 개발 단계에서 어떻게 고객 입장의 객관적인 평가를 할 것인지가 관건이 될 것이다. 보안 문제가 있는 기술 시작품에 대해서 사내 실사용자를 선발해 고객 평가를 하는 방법도 있고 양산 시작품에 대해서 환경 및 계층별 실사용 고객 중에서 엄선한 고객 평가단을 구성하는 방법도 있다. 가능한 조기에 실사용 고객 중심으로 제품을 평가해 개선할 사항을 반영하는 것이 바람직하다.

제5원칙 : 붉은 신호면 선다

- 고객의 관점에서 규정한 제반 업무 규정, 표준을 붉은 신호등과 같이 반드시 지키고 실행해야 한다.
- 고객에게는 진정성 있게, 솔직하게 대해야 한다.
- 안전, 품질과 관련된 일은 침소봉대해야 한다.
- 작은 문제라도 드러내서 개선하는 것을 습관화해야 한다.

붉은 신호등, 멈추지 않으면 회사가 망한다

교통 신호에서 붉은 신호등은 반드시 지켜야 하며, 지키지 않으면 죽음을 부를 수도 있다. 이는 운전자가 지켜야 할 규칙이고 위반 시 페널티가 부과된다. 요즈음은 거의 카메라로 단속해 교통경찰이 단속할 때보다 더 무서운 세상이 되었다. 어떤 사건이 발생했을 때 CCTV로 추적해 범인들을 검거하는 뉴스를 보면서 그 위력에 감탄할 수밖에 없다. 순간적인 교통 신호 위반 단속에서도 CCTV 덕에 에누리 없이 과태료 고지서가 날아온다. 성능도 많이 좋아져서 웬만하면 다 포착이 되고 명확한 증거 앞에 손을 들 수밖에 없다. GPS의 도움을 받아 아직도 곡예 운전을 하는 사람들이 있지만, 예전보다 교통 규칙을 지키는 비율이 훨씬 높아졌다.

품질 경영도 교통의 붉은 신호등과 같은 이치로 규정을 준수해야 하고 이를 어길 시 수준에 따라 페널티를 가해야 한다. 붉은 신호를 지키지 않으면 목숨을 잃는 것처럼 규정을 지키지 않으면 회사도 망하는 길로 갈 수 있다.

경영 왜곡은 범죄다

업무를 잘못해서 회사에 손실을 끼치는 것은 일과성에 그치기 때문에 향후 재발 방지를 하면 큰 손실을 막을 수 있다. 하지만 허위 보고에 의한 경영 왜곡은 제대로 된 의사 결정을 할 수 없게 만들기 때문에 독버섯처럼 점점 자라 회사를 망하게 만든다.

예를 들면 분식회계에 의한 경영 왜곡은 회사를 신뢰해 투자한 주주, 사내에서 열정적으로 일하는 직원들에 대한 배신행위다. 국내 굴지의 대기업에서조차 분식회계 문제로 검찰 조사를 받는 경우를 보면 정도 경영이 얼마나 중요한지 알 수 있다.

도요타의 2009년 급가속 리콜, 아우디의 2015년 디젤 승용차 배기가스 장치 조작에 대한 리콜은 초기 대응을 소홀히 하거나 은폐함으로써 결국 소비자 신뢰를 잃고 천문학적인 리콜 비용을 지불한 사례다. 왜 이런 일이 발생하는 것일까? 우선 인사이드 아웃 사고 때문에 고객 측면에서의 객관적 판단보다는 회사 입장과 손실, 브랜드 이미지 추락에 대한 압박 때문에 잘못을 시인하기가 쉽지 않았던 것으로 보인다.

나는 처음에 도요타 자동차에서 리콜이 발생했다는 것이 믿기지 않았다. 도요타의 생산 방식을 일본 현지에서 연수하고 작업 공정에서 작업하는 작업자의 수준을 직접 보았을 때 어느 회사보다 믿을 수 있는 품질이라고 생각했기 때문이다. 이는 한때 렉서스가 최고의 브랜드로서 사랑받는 이유이기도 했다. 가속 페달 리콜은 설계 결함이었다.

가속 페달 생산 업체는 미국 CTS사이며 도요타에서 부품을 시험해 합격 인증을 하고 사용했으나 대표 모델만 장착해서 정합성을 보고 타 모델을 수평 전개할 때는 일일이 점검하지 않았던 것으로 보인다. 이 때문에 부품 공용화로 인해 1천만 대 이상의 리콜로 확대되었다. 연구 개발 부문에서 산포 추정, 불량률 추정을 확실히 검토하기 위해서 6시그마 적용이 필요한 이유다.

도요타 일본 공장은 도요타시를 중심으로 부품 협력 회사에서부터 생산 공정에 이르기까지 하나의 공동체로 연결되어 있어 안정적인 품질관리가 가능하다. 그러나 글로벌 시장에서 한국 등 강력한 경쟁자들로 인해 사활을 건 전사적인 원가 절감에 대한 필요성이 증가했고 이를 달성하기 위한 글로벌 생산 체제에서 품질관리의 영역은 엄청나게 넓어질 수밖에 없었다. 생산 경쟁력이 강한 도요타도 그러한 구멍이 생기는 형국이니 글로벌 생산에 대한 품질관리는 각별한 노력이 필요하다고 하겠다.

그동안 도요타 생산 방식에 의한 성공 체험은 엔지니어들에게 자만심을 갖게 해 대응을 늦게 만든 원인이기도 했다. 엔지니어들이 검토한 결과는 제품 설계 불량보다는 소비자들의 오사용으로 가속 페달이 매트에 걸리는 것이 잘못이라고 판단해서 초기 대응이 늦었고 엄청난 소비자 신뢰 추락을 가져왔다. 설사 소비자 오사용이었다 해도 모든 환경에서 누구나 쉽게 쓸 수 있는 품질을 설계해야 한다는 것을 간과하고 있었다. 결국, 가속 페달을 밟은 후 제자리로 돌아오지 않는 부품 결함으로 판명되었고 여론이 엉망이 된 후 최고 경영자가 나서 머리 숙여 사죄해야 했다.

아우디의 디젤 승용차 배기가스 장치 조작에 대한 리콜은 정도 경영에 대해 어떤 사고로 임해야 하는지를 보여주는 것이다. 독일인은 규정을 잘 지키기로 유명한데 독일에 주재했던 한 직원은 이런 말을 했다.

"독일인은 독일 병정이라는 말처럼 지금도 엄격하게 규정을 지키는 사회다. 주재원들이 사는 마을에서 시끄럽게 소음을 내면 이웃 주민이 조용히 경찰에 신고해서 경찰들이 와서 단속한다. 애들도 가정 교육을 엄격하게 하고 이웃 간에도 지켜야 하는 예절은 엄격히 지키는 사회다."

아마 독일 회사인 아우디는 배기가스를 측정하는 법을 어기지 않았을 것이다. 자동차 연비 승인에 관련된 배기가스를 측정할 때 어떤 프로그램으로 고객이 실제 사용하는 상태보다 적게 나오도록 설계되어 있다면 측정 규정에 문제없이 통과될 수 있었을 것이다. 하지만 그들의 행위는 미흡한 법 규정의 준수 여부와는 상관없이 실질적으로 고객을 속인 것이다. 아우디는 소비자 보호법이 엄격한 미국 시장에서만 26조 원을 배상해야 했으며 고객으로부터의 신뢰 저하는 가늠하기 쉽지 않을 것이다.

지키는 환경을 만들자

규정을 지키지 않아도 내버려 두기 시작하면 조직 전체가 만연해져 편법으로 일해야 하고 편법은 편법을 낳아 수습하기 힘든 지경에 이른다.

어느 TV 프로그램에서 이런 현상을 실험한 적이 있었다. 마을의 어느 깨끗했던 모퉁이에 누군가가 쓰레기를 버리러 가다가 주위를 살펴보고 보는 사람이 없어 편하게 쓰레기를 버렸다. 그러자 다음 쓰레기를 버리러 가던 사람도 버려진 쓰레기를 보고 버려도 되는 줄 알고 죄책감 없이 그곳에 또한 버렸다. 이렇게 되자 마을 사람 너도나도 버리기 시작해서 그 모퉁이는 산더미 같은 쓰레기장이 되었다. 그 후 어느 날 그 모퉁이에 있는 쓰레기를 전부 치운 후 그곳에 예쁜 꽃을 놓았다. 그러자 어느 쓰레기를 버리러 온 사람이 그곳에 쓰레기를 버릴까 말까 망설이다가 결국 다른 데로 가서 버리게 되고 그다음 사람들도 같은 행동을 해 예쁜 꽃이 그대로 놓여 깨끗한 모퉁이가 유지되었다는 것이다. 이처럼 꼭 지켜야 하는 규칙을 만들고 이를 지킬 수 있는 환경 만들기가 중요하다는 것이다.

우리 주위에도 잔디밭을 누군가 가로질러 가기 시작하면 나중에 거기에 길이 생기는 것을 볼 수 있다. 분명히 잔디밭에 들어가지 말라는 푯말이 있는데도 그러한 일이 생긴다.

반품 제품은 과감하게 폐기하라

고객으로부터 반품되는 제품 중에 고객 변심으로 반품되거나 공장 생산 과정에서 미검출 또는 유통 과정 중에 생긴 스크래치 등 외관 손상 및 감성 불량으로 반품된 경우는 성능에는 전혀 문제가 없는 제품들이다. 예전에는 재수리를 해 할인 판매 또는 사내 등급 판매를 했다. 그러나 이 제도의 문제점은 일부 금액을 재판매를 통해 회수하기 때문에 손실 금액이 적게 나타나고, 일부 좋지 않은 고객이 할인 판매된 제품으로 서비스에서 양품 교체 요구를 하는 폐단도 있을 수 있다는 것이다.

고객으로부터 반품된 제품을 전량 폐기하면 손실 금액이 막대하게 커진다. 약간의 외관 손상 때문에 멀쩡한 제품이 재활용 센터에서 파쇄되어 나가는 것을 보면 품질이 곧 돈이라는 것을 여실히 느낄 수 있다. 불량 제품을 수리해서 사용하는 것은 품질 문제를 숨기는 마약이 된다.

제품과 공장의 안전을 최우선시하라

고객의 편의를 위해 만든 제품이 거꾸로 고객에게 상해를 입히고 화재가 발생해 재산상의 큰 손실을 주면 고객에게 씻지 못할 최고의 죄를 짓는 것이다.

그러한 불량이 수천만 대 중에서 하나 나올까 말까 한 것이라 치부해서는 절대로 안 된다. 단 한 대도 나와서는 안 된다는 각오로 임해도 안심할 수 없는 것이 PL 품질 문제다. 눈을 떼는 순간 언제든지 품질 사고가 발생할 수 있는 것이 PL이다.

당연히 PL 전문가를 확보해 조직을 구성해야 하고 이 전문 그룹이 개발 단계의 DRDesign Review(설계 검토)을 철저히 하고 설계자들을 교육해나가야 한다. 그리고 PL 발생 제품에 대한 분석 및 대책 수립, 설계 및 생산 단계에서 재발 방지를 위한 시스템도 구축해야 한다. PL 문제가 발생하면 사안에 따라 리콜을 해야 하고 소비자에 대한 책임을 다해야 한다.

공장 안전도 제품 안전과 똑같은 관리 개념으로 볼 수 있다. 직장으로 일을 하러 나온다는 것은 돈을 벌어 행복한 가정을 영위하고자 하는 것일 텐데 사전 예방 및 관리 소홀로 직원이 상해를 잃고 심지어 목숨을 잃는다면 한 가정이 파괴된 데에 대한 책임을 어찌할 것인가?

냉장고 사업부장을 맡고 있을 때의 일이다. 양문형 냉장고가 한국 시장에 보급되기 시작해 양산하고 있을 때였다. 제품이 워낙 컸기 때문에 기존 라인의 포장 방식과 달리 제품이 지하로 하강한 다음 위에서 포장 상자를 씌우는 방식이었다.

포장 작업에서 발생한 부스러기들로 인해 기계 동작이 멈추었고 작업자가 내려가서 청소하던 중 그 사실을 모른 먼 곳의 다른 작업자가 기계 동작을 시키는 바람에 그 작업자가 리프트 사이에 협착되어서 사망하는 사고가 발생했다. 입사한 이래 맡은 분야에서 처음으로 사람이 죽는 사고가 발생한 것인데 죄책감 때문에 머리가 멍해져 넥타이 매는 법이 생각나지 않아 며칠을 헤맸었다.

사망한 작업자는 50대 가장으로 딸도 같은 공장에서 일하고 있었다. 한 가정을 파괴했다는 충격은 상당히 오래갔고 이후 안전에 대해서는 결벽증을 느낄 정도로 개선해나갔다. 사고가 난 그 포장 라인은 절대 사고가 날 수 없는 구조로 많은 투자비를 들여 개선하고 진혼제를 지내 같이 일하던 작업자를 위로했던 기억이 아직도 생생하게 남는다.

사내 생산 작업자 및 외부 공사 작업자를 엄격히 관리하지 못해서 화재가 발생해 생산 중지 및 큰 손실이 발생한다면 그 책임 또한 어찌 할 것인가?

일본의 건물들은 많은 지진으로 인해 지나칠 만큼 내진 설계가 잘 되어 있다. 그리고 아파트 주민들의 지진, 화재 발생을 대비한 훈련을 보면 정말 실전처럼 한다. 답은 여기에 있는 것 같다.

그러나 평상시 사고가 발생하지 않으면 안전 불감증이라는 묘약에 빠져들기 쉽다. 전쟁이 일어날 경우를 가정해서 존재하는 군대가 평상시 훈련을 게을리하면 어떻게 될 것인가?

안전, 환경, 품질은 경영에 있어서 당연히 지켜야 할 기본 중의 기본이며 이것이 무너지면 다른 경영의 비법이 있다 한들 백약이 무효가 될 것이다.

혹독한 체험을 한 것이 계기가 되어 뇌리에서 사라지지 않고 몸에 배어 항상 주창할 수 있으면 좋을 것이나, 모두에게 그런 상황이 닥치지는 않는다. 그러므로 적어도 조직 내에 제품 책임 및 공장 안전 전담 조직을 갖추고 안전 소홀로 인한 참상을 일깨워주는 홍보 및 교육을 끊임없이 해야 한다.

작업 전 간단한 안전 구호를 외치게 하는 기본 활동도 매우 중요하며 안전에 대해 갖추어야 할 사항이 미비하다면 어떤 일이 있어도 작업하지 못하도록 하는 모럴 형성이 중요하다. 왜냐하면, 안전사고는 관심 부족, 납기 또는 공사 기간 단축, 추가 비용 부담 회피에서 초래되기 때문이다.

제품 책임 및 공장의 안전은 반드시 안전 설계가 되어야 하고 안전 문제가 한 건이라도 발생하면 산천초목이 떨듯이 조직 내 개선 활동을 해야 한다. 이 개선에 대한 투자는 투자 경제성을 따져 결정할 일이 아니다. 과할 만큼 철벽 방비를 해야 한다는 철학을 마음에 새겨야 한다.

신호등을 관리하라

품질 현황을 분석하고 논의할 때 항목별로 신호등 관리를 하면 문제가 있는 곳에 집중할 수 있다. 즉 개발, 생산, 고객 현장별로 품질관리의 건강도를 신호등으로 관리하면 조직 내 품질관리 역량 문제를 쉽게 소통하고 의사 결정을 할 수 있다. 주요 품질 문제가 있는 사항은 당연히 즉시 조치 및 개선을 해야 한다.

품질의 결과인 성과 지표와 그 성과 지표를 직·간접적으로 결정하는 실행 지표로 나누어 원인 관리도 할 수 있다. 예를 들면 고객 현장 서비스 불량률을 성과 지표로 보면 그것에 영향을 주는 공정 불량률,

개발 단계의 충실도 등이 실행 지표가 될 것이다. 좀 더 관련 있는 항목을 세분화하면 상관관계를 비교해가면서 개선 목표를 정해서 활동해나갈 수 있을 것이다. 신호등은 교통 신호와 같이 초록색은 관리 목표 이내, 노란색은 관리 목표를 벗어나기 시작하는 경우, 그리고 붉은색은 관리 목표를 완전히 벗어나 개선 활동을 시작해야 하는 경우로 설정하면 좋다.

생산 현장에서도 예전부터 개선 활동을 하면서 안돈 시스템이라는 신호등을 활용하고 있다. 일정 관리 수준의 불량이 계속되면 작업자가 스위치를 잡아당기고 붉은 등이 켜지면서 생산라인이 멈추고 감독자가 즉시 지원을 해서 문제가 해결되면 다시 라인을 가동한다.

여기에서 중요한 것은 품질 문제 발생 시 감독자가 아닌 작업자에게 라인 스톱의 권한을 주었다는 것이다. 이러한 사상을 개발 단계 등의 업무 부문에도 적용하면 실무자들이 더 많은 권한과 책임감으로 품질 문제 드러내기 및 개선에 임할 수 있을 것으로 보인다.

제6원칙 : 품질은 판매다

- 고객이 제품을 구매할 때 여러 가지 요소를 고려하지만, '품질이 좋다'라는 기본 전제를 깔고 있다.
- 원가 경쟁력, 제품 경쟁력 이상으로 품질 경쟁력을 확보해야 한다.

품질이 중요하다는 것은 누구나 다 안다. 그러나 그것을 끊임없이 체질화하고 그 역량을 갖추는 것은 참으로 어렵다.

나는 입사할 때 품질관리 부서로 들어왔고 7년간 품질관리 실무를 한 이후로 경영자가 되었기 때문에 품질관리에 대해서는 다른 경영자보다 훨씬 잘할 수 있다고 생각했고 또한 자신감도 있었다.

그러나 생산에서 판매에 이르는 비즈니스 시스템 전반에 걸쳐 총괄하는 사업 책임자가 되면서 바람직한 품질 수준으로 역량을 높이는 것이 정말 어렵다는 것을 실감했다. 마치 커다란 빙산을 오르는 것과 같은 느낌이었다.

품질은 슬로건을 내걸고 단기적으로 엄격한 관리를 한다고 해서 이루어지는 것이 아니다. 비즈니스 시스템 전체에 걸쳐서 역량이 같이 올라가지 않으면 언제, 어디서 문제가 생길지 모른다. 또한, 고객의 요구 수준이 항상 변하고 있고 변한 곳에는 문제가 발생할 소지가 매우 많다. 그래서 변경점을 중점 관리하라는 말이 있다.

'품질은 판매다'라는 원칙을 정한 이유는 실제 신제품을 출시해서 판매해보면 사용 품질에 대한 소비자 반응이 좋으면 주위에 좋다고 권유하는 입소문이 돌고 판매에 강한 상승력이 생기기 때문이다. 그리고 판매원들도 고객 불만이 적으니 판매 선호대상 제품이 되고 서로 시너지 효과가 생겨 판매에 탄력이 붙게 된다.

반면 품질에 문제가 생기면 고객 사이의 나쁜 입소문은 좋을 때보다 몇 배 더 빠른 속도로 전파된다. 또한, 우군이 되어야 할 판매원들에게도 품질에 문제가 있는 제품은 기피 대상이 되고 만다. 우선 판매원들은 판매에 따른 실적 인센티브가 걸려 있어서 잘 팔 수 있는 제품을 선호한다. 품질에 문제가 있는 제품은 고객 불만 처리, 환불 등 사후 처리에 발목을 잡히기 때문이다.

그런데 이러한 평범한 진리가 생산이나 설계 단계로 오면 민감도가 점차 떨어지면서 생산 목표 달성, 원가 등 눈앞의 과제에 매달리고 판단이 흐려져 오류를 범할 수 있다.

따라서 그동안 경험을 바탕으로 품질관리에 대해 정리해보면 첫째, 경영자에서 실무자에 이르는 확고한 품질 사상의 내재화이다. 둘째, 고객의 눈높이 이상의 품질 수준을 정하고 달성하도록 추진해나가는 것이다. 셋째, 이렇게 정한 품질 수준이 일정하게 나오도록 관리하는 것이다. 넷째, 이러한 품질관리가 제대로 될 수 있도록 하는 역량 구축이다.

확고하게 품질 사상을 내재화해라

품질은 전 직원이 품질을 판단 기준의 최우선으로 두고 있는지, 즉 품질 제일주의에 달려 있다. 사상의 사전적 의미는 사람들이 살아가면서 지니게 되는 세계관, 신념 등을 총칭해서 부르는 역동적 개념이다. 이러한 품질 사상은 최고 경영자가 가장 먼저 확고부동하게 가지고 있어야 한다. 왜냐하면, 품질은 생산에서 판매에 이르는 전사적인 문제이기 때문이다.

품질은 고객을 위해 반드시 지켜야 하는 의무다. '내가 소비자다'라고 생각하면 이 말을 쉽게 이해할 수 있다. 제품을 만드는 측에서는 한 개의 불량은 몇백만 개 중에서 하나의 PPM 단위의 불량이라고 생각하기 쉽지만, 고객의 입장에서는 단 하나의 불량이 전체의 불량인 것이다. 대가를 지불한 고객이 불량 제품, 서비스를 받거나 사용할 이유는 없다. 환불하거나 제품을 수리하는 것도 고객 입장에서는 불편한 일이다.

더욱이 고객에게 손상을 입히거나 화재가 발생하는 등의 문제로 생명을 잃는다면 제품 공급 회사는 씻을 수 없는 죄를 짓는 것이다. 농수산물 등의 1차 산업에서 서비스 산업에 이르기까지 전 산업에 걸쳐서 품질은 고객에 대해 반드시 지켜야 하는 의무다. 이 의무를 지키도록 소비자를 보호하는 법령들이 만들어져 있고 더욱 강화되고 있다.

단 한 건의 불량이라도 고객에게 안전상 문제를 일으킬 수 있기에 매우 희소하게 생긴 불량이라도 낙도로 간과해서는 안 되며 6시그마 기법의 통계적 방법으로 안전 영역의 산포로 개선 관리해야 한다. 1% 이상의 사고성 불량은 리콜 여부를 심각하게 검토해 결정해야 한다.

내가 맡은 사업 중에서 2004년 압력밥솥을 리콜한 적이 있었다. 압력밥솥은 특히 차진 밥을 좋아하는 한국인에게 인기가 있는 제품이었는데 뚜껑 잠금장치의 공차 관리를 벗어난 부품에서 문제가 생겼다. 밥을 짓는 중 압력이 올라가는 상태에서 뚜껑이 열려 큰 소리와 함께 밥알이 튀고 뜨거운 김이나 밥알 때문에 고객이 화상을 입는 사고가 발생했다.

관련 부서와 심도 있게 검토한 결과, 몇십만 대의 판매 제품에 대해 환불하거나 개선된 제품으로 교환하는 리콜을 하기로 정식 언론 기자 회견을 통해 발표했다. 한 건, 한 건 대응하는 미봉책보다 긴 시각으로 고객에게 정확하게 알리고 전체 리콜을 하는 정공법을 택했다. 만약 미봉책을 택했다면 사고가 발생할 때마다 여론은 나빠져 호미로 막을 것을 가래로 막게 되었을 것이다. 여기에서 호미는 그렇게 작은 것이 아니다. 리콜로 인한 손실은 몇백억 원에 이르렀으며 결국 글로벌 제품이 아닌 지역 한계의 특수성 등 사업 전략과 함께 밥솥 시장에서 철수했기 때문이다. 그러나 냉장고, 세탁기, 에어컨, 오븐 등 주력 제품에 집중해 고객의 신뢰를 더욱 얻게 되었으니 전화위복이 된 셈이다.

고객에 대한 의무를 다하기 위해 리콜을 결정하는 것은 쉽지 않은 일이다. 경영자의 입장에서는 경영 손실에 대한 압박이 있기 때문이다. 그러나 고객 입장, 고객에 대한 책임, 정도 경영을 먼저 생각해 때를 놓치지 않고 초동 대처를 잘하는 것이 가장 중요하다. 집에 불이 나면 얼마나 탈지 손실이 얼마나 날지 따져보고 불을 끌 것인가?

존슨 앤 존슨은 시장에서 발생한 독극물 사건에 대해 적극적으로 대응해서 결과적으로 브랜드 신뢰를 더 높였고 장기적으로는 고객으로부터 더욱 사랑받는 브랜드가 되었다. 또한, 도요타 자동차는 2009년 발생한 급가속 문제에 소극적이고 느리게 대처해 엄청난 후유증을 겪었고, 그 이후 어떤 회사보다 리콜 문제에 대해 적극적으로 임하게 되었으며 고객에게 먼저 알리고 앞서 대처하는 문화를 구축해 지금은 견고한 세계 1위의 지위와 고객의 신뢰를 유지하고 있다.

품질 사상을 체득화해라

전 직원 품질 사상 고취를 위해서는 모두가 공유하고 한 방향으로 나아갈 수 있는 쉽고도 강력하게 전달되는 메시지가 필요하다. 너무 어려운 단어나 너무 일상적이고 평범한 단어는 감흥이 잘 일어나지 않는 경우가 있다. 많이 사용되었던 슬로건은 다음과 같다.

'불량 박멸'

'6시그마 품질 달성'

'무결점Zero Defect'

'내가 소비자다'

'품질 제일'

'기본으로 돌아가자Back to the Basic'

'불량은 만들지도 내보내지도 않는다'

'한 개의 불량은 소비자에게는 100% 불량이다' 등

    가장 좋은 품질 사상 슬로건은 공모를 통해 만들 수 있다. 전 직원의 생각이 담긴 공모를 통해 아이디어를 모아보면 참신한 아이디어를 발굴할 수 있다. 공모로 직원들의 관심을 높일 수 있고 직원들이 이에 참여함으로써 긍정적인 분위기를 조성할 수 있다. 직원 대표들이 아이디어를 심의·선정하게 하고 최고 경영자의 확고한 의지를 담으면 좋은 품질 사상 슬로건을 만들 수 있다. 품질 사상은 두리뭉실한 것보다 촌철살인의 결연한 의지가 담기고 직원들 가슴속에 남는 그런 슬로건이 바람직한 것 같다.

'초가삼간을 태워서라도 빈대 한 마리를 잡자'

    원래의 속담은 '빈대 잡으려다 초가삼간을 태운다'이다. 즉 작은 일 때문에 큰일을 그르치게 되는 경우 사용되는 말이다. 그러나 역으로 하면 '빈대가 얼마나 중요하길래 초가삼간을 태우게 되는 것일까'가 된다.

    작고하신 L회장이 '초가삼간을 태워서라도 빈대 한 마리를 잡자', '붉은 신호면 선다'라는 슬로건으로 전사적으로 잘못된 일, 품질을 개선해나간 적이 있었다. 처음에는 철학적으로 맞은 되나 실행이 어렵다고 생각했다. 그러나 그 정도로 해야 품질을 확보할 수 있다는 자극과 그만큼 중요하다는 인식이 뇌리에 남았다. 이후 경영자로 사업을 맡으면서 이 말의 중요성, 의미가 더욱더 강하게 신념으로 다가왔다.

품질 사상을 정하고 발표하고 게시한다고 해서 전 직원들이 공감하고 실행할 힘이 생긴다는 것은 오산이다. 수많은 해야 할 일들이 있어서 슬로건을 듣고 보되 마음속에 남아 있는 직원들은 많지 않다. 문화나 풍토는 그렇게 간단하게 만들어지지 않는다.

품질 사상 내재화가 잘 안 되는 이유 중 하나는 지속적이지 못하고 일과성에 그치는 경우다. 품질 사상의 내재화를 끊임없이 추진하기 위해서는 품질관리 부문의 중요 추진 업무 중 하나로 자리매김해야 하며 매년 그 결과를 분석하고 다음 해에 추진해야 할 사항에 대해 최고 경영자와 합의를 이루어야 한다.

큰 기업 같은 경우 조직 문화 부서가 있다면 연계해 추진하면 매우 효과적이다. 이 품질 사상의 내재화는 최고 경영자의 역할이 매우 중요한데 의외로 간과하는 경우가 많고, 최고 경영자가 간과하면 하부 조직은 당연히 작동되지 아니한다. 미래에도 품질 경쟁력을 갖춘 조직 문화를 만들어나가는 것은 최고 경영자가 해야 할 중요한 일 중 하나다.

현장에 나가 고객이 느끼는 품질을 체험하라

듣기만 해서는 가슴 깊이 남아 있지 않으며 눈으로 보지 않으면 믿지 않는다. 고객으로부터 반품된 불량을 유형별로 구분해 생산 공장에서 전시회를 해보면 어떤 불량은 이런 정도까지 고객이 반품하는가 하고 놀라는 경우가 있다.

예를 들면 냉장고의 외관 도장 불량의 경우 정면에서 보면 잘 안 보이는데 불빛을 비추어서 옆에서 보면 희미한 스크래치나 약간 약하게 칠해져 있는 것이 반품된다. 까다로운 소비자는 몇백만 원을 주고 산 제품인데 내가 왜 기분 나쁘게 이 제품을 사용해야 하느냐고 여긴다. 이를테면 감성 불량에 가까운 것이다.

냉장고 케이스는 단열 발포를 해서 외곽 철판만을 교체할 수 없다. 그 조그마한 감성 불량 때문에 냉장고 제품 전체를 반품받아 폐기해야 한다. 이런 엄청난 손실을 막기 위해서 제품 외관 검사 공정에 대낮같이 밝은 조명을 설치하고 빠른 생산 속도에서도 불량을 검출하기 쉽게 만들어야 했다. 또한, 공장에서 소비자까지 배송되는 과정에서도 취급 불량이 발생할 수 있어 각종 보호대, 설치 기사의 교육이 뒤따라야 했다.

어느 노동조합은 생산직 근로자들이 제품을 만들기 때문에 품질은 노동조합이 책임지겠다는 주인 의식을 가지고 산더미 같이 쌓인 불량 제품들을 포크레인으로 부숴버리는 불량 박멸 대회를 열기도 한다.

만성 불량이나 새로운 유형의 불량 발생들에 대해서는 설계 부문이나 생산 부문의 관련자를 품질 기동 타격대 형식으로 적극 현장에 파견하는 것이 좋다. 현장에 답이 있기 때문이다.

또 직원들의 품질 의식을 바꾸기 위해 고객 현장에 보내 교육하는 프로그램을 운영하는 것도 좋은 방법이다. 결국, 고객의 사용 현장에서 발생하는 불량 현상, 원인, 고객의 생각을 직접 깊이 파악하고 그 불량 제품을 수리하고 폐기하는 엄청난 손실을 직접 목격하면서 품질의 중요함을 절실히 체득하게 되는 것이다.

밥 먹듯이 품질을 개선하라

하루에 세 번 품질 개선 대책 회의를 하라는 얘기가 아니다. 그와 같이 조직 계층별로 주기를 정해 끊임없이 점검하고 논의하는 것이 생활화되고 습관이 되어야 한다는 것이다.

먼저 최고 경영층에서 품질에 대한 전략, 실행에 대한 점검 및 추진이 잘 이루어지지 않은 상태에서 품질관리에 대한 기강을 엄격하게 세우고자 품질 문제를 일으킨 임원이나 관리자를 문책하거나 옷을 벗긴다면 책임을 전가하거나 직무유기를 하는 것과 마찬가지다.

왜냐하면, 시스템, 문화, 역량이 따라주지 않으면 계속되는 품질 사고를 막을 수 없고 아까운 인재만 내보내는 결과가 이어지기 때문이다. 시스템이 갖춰져 있고 역량도 구축되어 있는데 관리 소홀로 품질 사고가 발생했다면 품질의 중요성에 대한 모럴 구축 차원에서 엄격한 책임을 지도록 하는 것은 당연한 일이다.

최고 경영자가 주관하는 품질 회의는 최소한 매월 개최해 시스템, 문화, 역량 강화에 초점을 둔다. 구체적인 사항은 고객 측면의 품질 개선 추이, 고객의 요구 품질 수준 변화에 대한 대처, 사고성 불량에 대한 대책 및 처리, 만성 불량 개선, 품질관리 역량 구축 이행 상태(품질관리 시스템 작동에 대한 진단, 6시그마 실행, 인재 육성 및 교육 등)에 대한 진솔한 논의가 이루어져야 할 것이다. 여기서 진술해야 한다는 것은 형식적인 보고와 지시가 아닌 미래의 경쟁력에 대한 사명감과 책임감이 있어야 한다는 것이다.

마찬가지로 사업 단위의 주간 품질 회의, 현장 일일 품질 개선은 좀 더 구체적인 개선 활동에 중점을 두고 왜 그 문제가 생겼는지 5 why(문제가 발생할 때마다 문제 발생 이유를 5번 이상 연속적으로 질문해 근본적인 원인을 찾아내는 데 사용되는 문제 해결 기법)로 근본 원인 즉 시스템이나 문화 풍토, 역량 구축에 대해 개선하는 장이 되어야 한다.

고객이 기대하는 이상의 품질을 갖춰라

고객 눈높이의 변화에 대한 파악을 게을리한다면 생산 부문은 고객 니즈도 모르는 상황에서 종전 규격대로 열심히 만드는 꼴이 된다. 이는 결국에 경쟁사에 뒤지는 결과를 낳고, 변화된 눈높이를 맞추지 못해 환불이나 리콜 사태로 이어지기도 한다. 참으로 무서운 결과를 초래하는 것이다. 몇 개가 발생되는 산포의 문제가 아니라 100%가 불량이 되는 것이다. 또 반대로 고객의 눈높이 이상의 품질을 제공한다면 감동으로 이어져 고객의 선호도 및 브랜드 신뢰가 높아져 판매가 증가할 것이다.

후지쯔 에어컨은 중동에서 어떻게 성공했을까?

1990년대 LG전자 에어컨을 글로벌 사업으로 키우기로 방향을 정하고 한창 수출에 박차를 가할 때의 일이다. 중동에서는 일본의 후지쯔라는 전자 회사가 인기를 얻고 있었는데, 후지쯔 제너럴이라는 강력한 브랜드와 높은 시장 점유로 좀처럼 경쟁에서 이기기가 쉽지 않았다.

일본 내에서 에어컨 강자는 다이킨, 파나소닉(당시 마쓰시다 전기), 미쓰비시 등이고 후지쯔는 중간 정도인데 어떻게 중동에서는 다른 경쟁사를 제치고 고객으로부터 사랑받는 브랜드가 되었을까? 매우 궁금해서 히스토리를 조사해보았다.

애초 중동 시장은 GE, 월풀 등 미국 브랜드가 강한 시장이었다. 미국 제품이 창문형 대형군에서 강했고 일본은 가옥 구조와 효율 추구로 소·중형 분리형 벽걸이 에어컨이 주력이었다. 당연히 대가족 중심의 가옥인 중동 시장에서는 미국의 대형 창문형 에어컨이 적합했고 특히 석유로 인한 미국의 중동 중시 정책 때문에 거의 독점할 정도로 영향력이 컸다.

그러나 미국의 대형 창문형 제품은 소음이 크고 모래바람 때문에 침상형 열교환기가 막혀서 열교환 효율이 떨어져 냉방 능력이 떨어지는 문제가 있었다. 그리고 결정적인 문제는 혹서기에 바깥 온도가 높아져 압축기 주변의 온도가 50℃를 넘으면 압축기의 보호를 위해 운전이 중지되게 되어 있었다.

한창 더워 에어컨이 필요할 때 에어컨 가동이 중지되니 어떻게 되겠는가? 그러나 모든 미국 제품이 그러하니 고객으로서는 당연히 어쩔 수 없다고 했을 것이다. 우스갯소리로 너무 더워서 에어컨이 돌아가지 않는 것도 알라신의 뜻이라고 참는다는 말도 있었다 한다.

이때 후지쯔가 중동에서의 문제점을 개선한 대형 창문형 제품을 개발했다. 대형 창문형 에어컨은 일본 시장에서 수요가 거의 없으므로 중동 시장에 특화해서 개발했다. 일본의 앞선 기술을 이용해 소음을 줄이고 핀튜브 열교환기로 바꾸어 모래바람에 의한 냉방 능력 저하를 줄였다. 결정적인 것은 외부 온도가 높아져 압축기 주변의 온도가 55℃ 이상이어도 가동되도록 압축기 주변의 방열 시스템을 개선했다.

혹서기가 왔을 때 다른 미국 제품들은 모두 운전이 중지되었는데 후지쯔 제품만 유독 정상적으로 가동되었다. 당연히 고객 감동이 일어났고 강력한 입소문이 형성되었다. 이 강력한 벽을 무너뜨리는 데는 많은 시간이 필요했다.

고객의 환경을 생각지 못한 컨버터블 에어컨

컨버터블convertible 에어컨은 실내기를 천장에 걸 수도 있고 한쪽 벽면에 세워서 사용할 수도 있다. 업무용 빌딩에 주로 사용되며 용도에 맞게 설치해서 사용하는 에어컨이다. 1995년 당시는 에어컨 사업을 세계적으로 확장하는 시기였고 판매하지 않았던 제품군 중에서 컨버터블 에어컨을 새로 진입하는 대상으로 정했다.

개발팀이 구성되고 Vic21이라는 새로운 개발 프로세스에 의해 상품기획을 했다. 개발팀은 주요 시장인 중동을 수차례 방문하며 고객 요구 사항을 정리했고 경쟁 제품들을 철저히 비교 분석했다. 경쟁사 제품들보다 원가를 30%가량 줄이게끔 설계했고 디자인, 소음 등 성능 면에서도 월등히 나은 제품이 탄생되었다. 필드 테스트field test(현장 시험)를 거쳐 첫 선적을 하는 날 차별화된 이 제품이 시장에서 경쟁사를 압도하고 높은 수익률로 사업부의 경영 이익에 많은 도움을 줄 것이라는 꿈에 부풀었다.

그러나 현지에 도착해서 실제 판매 후 몇 가지의 고객 불만이 들어왔다. 그중 설치 시의 문제점이나 제품 자체의 문제들은 즉시 개선하면 되는 사항이었다. 그러나 벽면 바닥에 세워서 사용하는 경우에 문제가 생겼다.

기존 경쟁 회사 제품들은 모두 실내기 케이스가 철판으로 되어 있었다. 따라서 송풍 팬을 고정해주는 지지대 등이 케이스와 용접으로 되어 있거나 볼트로 체결해야 하는 등 부품 수가 많았다. 그리고 외관 디자인에서도 철판은 플라스틱 대비 아름답게 하기가 쉽지 않다. 그래서 개발팀은 실내기 케이스를 철판에서 플라스틱으로 변경하고 미려한 디자인과 부품 수를 획기적으로 절감하는 혁신 설계를 했다. 당연히 포장 강도 시험, 낙하 시험 등 제품 강도에 대한 사내 규격을 전부 만족시킨 후에 출시되었다. 그러나 현지에서 제기된 고객 불만 중에 은행에서 기다리던 고객이 설치된 컨버터블 에어컨 신제품에 걸터앉았는데 삐거덕거리며 손상이 생겼다는 불만이 있었다.

개발팀은 이 문제에 대해 어떻게 바람이 나오는 송풍구 그릴에 걸터앉는 것까지 해결해야 하냐는 의견을 냈지만, 고객의 사용 습관, 환경까지 제약을 가할 수는 없는 일인 것이다. 경쟁사들이 왜 모두 외관 케이스를 철판으로 사용했을까 하는 것을 더 깊이 연구했다면 사용상의 문제점까지 놓치지 않았을 것이다.

결국, 당시 설계 책임을 맡은 연구실장은 설계 컨셉이 잘못되었다고 판단하고 사업부장에게 판매 중지와 1년간 재설계를 해야 한다고 보고했다. 성격 급한 사업부장은 불같이 화를 냈다. 그도 그럴 것이 판매 딜러들과 엄청난 신뢰 손상이 생기고 연간 사업계획에 차질이 많이 생겼기 때문이다. 또한, 무엇보다 잊을 수 없는 것은 무거운 책임감 때문에 망연자실했던 개발 책임자의 눈빛이었다. 고객의 품질 수준을 잘못 결정하면 산포의 불량이 아니라 100% 불량으로 치명적인 결과를 가져온다.

고객에게 100% 양품을 제공하라

고객은 불량 제품이나 서비스를 구매하는 데 비용을 낸 것이 아니다. 불량 제품이나 서비스는 고객의 권리를 빼앗는 공급자의 직무 유기이기 때문에 100% 양품만을 제공할 의무가 있다. 결국, 이 말은 어떻게 완벽한 품질을 구현해낼 것인가 하는 문제다. 고객의 손에 전달될 때까지 협력 회사의 부품에서부터 수많은 단계를 거치게 되는데 하나하나의 공정이 완벽한 품질을 이루어야 가능한 것이다. 마치 인간의 몸이 수많은 세포, 조직, 신경 등으로 구성되어 유기적으로 오묘하게 돌아가는 것과 같이 제품이나 서비스를 제공하는 것도 아주 미세한 부분이라도 문제가 생기면 병이 들게 된다. 이러한 문제가 생기지 않도록 하려면 각각의 과정을 전수 확인해 이상이 없음을 체크해야 하고 사전 예방관리를 해야 한다.

이론적인 출발점은 고객이 사용하는 실제 환경 조건, 사용 기간을 반영한 시험이나 검사를 해서 제품 출하 전까지 제품 품질을 전수로 확인하는 것이 가장 좋은 방법이다. 그러나 이렇게 하기 위해서는 작업자가 작업 후 스스로 검사하는 습관을 들여야 하고 작업자가 검사할 수 없는 항목에 대해서는 전문 품질관리 요원에 의한 상세 품질 보증 검사를 해야 한다. 그러나 생산 현장의 작업 속도 내에서 할 수 없는 항목, 신뢰성에 관계되는 항목에 대해서는 샘플링 검사를 해야 하므로 전수 보증을 하지 못하는 구멍은 무수히 많다.

어떻게 이러한 구멍을 메우고 전수로 품질을 보증할 수 있게 할 것인가 하는 것이 큰 과제이며 이를 위해서는 전수 품질보증이 가능한 방법을 연구해내고 이를 뒷받침하는 투자가 지속적으로 이루어져야 한다.

지금까지 많이 이루어져 온 샘플링 검사 방법은 현재 상태에서 최소한의 비용을 들여 할 수 있는 최소한의 품질관리 활동이다. 이를 맹신해서는 미꾸라지처럼 빠져나가는 불량을 막을 수 없다. 그나마 통계적 관리 방법인 6시그마 기법을 활용하면 샘플로써 전체 산포를 추정해 불량 발생률을 추정할 수 있을 것이다. 여기에서 유의해야 할 것은 어디까지나 추정 확률이기 때문에 실제 생산 현장이나 고객 현장에서 발생한 불량률과 비교해서 판단하기 전까지는 참조로 보는 지표로 과신해서는 안 된다.

고객 사용 조건으로 전수 품질 검사를 해서 양품만을 보낸다 해도 최종 검사 과정에서 불량률이 높으면 잠재 불량품이 빠져나갈 확률이 높아진다. 따라서 제품이 만들어지는 공정마다 다음 공정이 고객이라는 사상으로 공정마다 전수 보증할 수 있는 체계가 구축되어야 한다.

목적에 맞게 100PPM과 6시그마를 활용하라

1990년대 중반 6시그마(3.4 PPM 수준) 기법이 처음 도입되었을 때 기존에 해오던 100PPM과 어떤 차이가 있는지 혼선이 있기도 했다.

6시그마 추진은 눈에 보이지 않는 품질을 통계적이고 과학적으로 찾아내어 근본 원인을 제거하고 프로세스를 재정의하는 사전 예방 활동에 초점을 두고 있다. 마치 현대전에서 레이더로 추적해 눈에 보이지 않는 목표물을 정밀 타격하는 것과 같다고 볼 수 있다. 미니 탭을 비롯한 편리한 IT 시스템이 많이 개발되어 그다지 어렵지 않게 데이터 분석을 하고 개선에 활용할 수 있게 되었다.

개발 품질은 시료 수가 한정되어 있어 산포 추정의 필요성이 많으며 특히 판매 후 고객이 실제 사용할 때 검증이 되는 신뢰성 때문에 사전 검정, 추정 및 개선에 대해서는 6시그마 기법이 매우 유용하다. 모든 업무에서 어떤 문제점을 깊이 있게 개선할 때 6시그마 기법을 활용할 수 있다. 개선 후 데이터 검증은 적은 데이터를 가지고 판단해야 하므로 통계적인 검정 및 추정에 정확성을 기할 수 있기 때문이다.

6시그마의 프로세스는 DMAIC Define, Measure, Analyze, Improve, Control (정의, 측정, 분석, 개선, 관리)로 정형화되어 많은 자료와 교육 과정이 있으므로 여기에서는 간단하게 개념만 설명하기로 한다.

정의는 개선 과제를 정하게 된 현상분석이며, 파레토 분석 등을 통해 우선순위의 중요한 개선 과제를 선정한다. 측정은 현재의 품질 문제를 파악하는 것으로 데이터의 군별 분석, 공정 능력 지수 등을 측정한다. 이때 측정 오차의 영향도를 파악하는 Gage R&R을 잘 분석해야 측정 오류를 줄일 수 있다. 분석은 개선 과제에 대해서 어떤 요인이 큰 영향을 미치는지 찾아내는 과정이다. 경험 또는 추정을 통해 잠정적 요인을 정하고 그래프 분석, 가설 검정 등의 기법을 활용하여 가장 큰 영향 인자를 정한다. 개선은 분석 단계에서 찾아낸 큰 영향을 주는 인자에 대해 여러 개선안을 만들어 실험 계획법을 통해 가장 큰 개선 효과가 있는 개선안을 결정한다. 관리는 결정된 개선안을 적용하여 실제 현장의 데이터를 분석하고 6시그마의 목표 품질이 제대로 나오는지 관리도 등을 통하여 확인하고 유지해나가는 것이다.

개발 단계 이후 품질은 생산 단계에서 결정되며 100PPM의 기법이 더 유용하게 활용된다. 100PPM은 %단위의 불량 개념을 백만 개 중에서 100개의 불량 수준 개념으로 사고를 전환하게 만든 것인데 굳이 %단위로 환산한다면 0.0001%로 표시할 수 있다. 100PPM의 활용 기법은 6tool(도구)로써 눈에 보이는 품질을 즉시 개선하여 기본을 철저히 하는 실행 풍토와 역량 향상에 중점을 둔다.

6tool 구성은 협력 회사 품질을 개선하는 OS&D_{Over Shortage & Defect}와 사내 공정 품질관리의 자주/순차 검사, Time Check, CTQ_{Critical to Quality} 관리, 품질 반성회 그리고 제품 품질 부문의 Q-Audit(품질 감사)로 구성되어 있다.

생산 현장은 4M_{Man, Material, Machine, Method}(작업자, 재료, 설비, 작업 방법)이 항상 변하고 있는 곳이다. 즉 작업자는 항상 새로 들어오고 그만둔다. 또 어떤 일이 있어 해당 공정의 작업자가 교체되어 새로운 작업자가 맡게 된다. 그리고 협력 회사의 사정이나 개선에 의해서도 부품이나 재료는 항상 변동 가능성이 있다. 설비나 작업 방법 또한 개선이나 신제품 생산으로 인해 언제든 변경될 수 있다. 변하지 않는 현장은 있을 수 없다. 기본을 다지는 100PPM의 6tool이 계속 활용되어야 하는 이유이다. 이론은 그렇게 어려운 것이 아니며 실천이 중요하다. 즉, 지속적으로 3현(현장, 현물, 현상)과 3즉(즉시, 즉석, 즉응)에 의한 현장에서의 즉시 개선을 하는 것이 중요하다.

다시 정리해보면 한 단계 높은 수준의 6시그마 추진은 100PPM을 통해 현장의 역량이 강화되어야 빛을 발할 것이다. 그렇지 않으면 사상 누각이 될 수 있다. 두 기법은 상호 충돌 및 배척의 개념 또는 선후(先後)의 관계가 아니라 더 효과적인 부문에 잘 활용하는 것이 중요하다.

품질관리 역량을 구축하라

품질관리 역량은 크게 인재, 시스템, 교육의 세 가지로 나누어볼 수 있다.

인재에 있어서 가장 큰 역할을 하는 것 중 첫 번째는 최고 경영자 또는 사업 책임자의 투철한 품질 사상과 비전으로 강력히 품질 향상을 추구해나가는 리더십이다. 깊은 관심과 풍부한 경험이 있으면 느끼고 아는 만큼 품질 문제가 보인다. 그렇지 않으면 평상시 품질 문제가 없을 때는 다른 바쁜 일로 간과하다가 품질 문제가 터져야 보고를 받고 개입하기 시작한다.

다음으로 중요한 역할을 하는 것은 사업부의 품질 목표와 전략을 제대로 수립하고 이의 실현을 위해 각 조직 책임자들과 공유하고 실행을 촉진할 수 있는 리더십을 가진 품질관리 조직 책임자다. 품질관리 조직 책임자는 사업 책임자가 의사 결정을 정확히 할 수 있도록 품질 문제를 제대로 판단해 고객 측면에서 소신 있게 보고할 수 있어야 한다. 이런 자격을 갖춘 인재는 설계 경험이 풍부해 제품을 잘 알고 좌고우면(左顧右眄)하지 않고 직언할 수 있는 성격의 소유자가 좋다.

또한, 품질관리 실무자들이 설계로부터 직무 전환을 하려면 연구개발과 같은 직군으로 해야 전문성을 갖추기 원활할 것이다.

이렇게 강화해놓더라도 품질관리 책임자가 보고하러 들어오면 또 무슨 문제가 터졌는지 걱정이 앞선다. 그러나 품질 문제는 초기에 정확히 인식하고 빠르게 의사 결정을 할수록 더 큰 손실을 막을 수 있다.

품질관리 시스템은 법과 같아서 지나치게 원론적이어서 지킬 수 없거나 소홀히 여겨 지켜지지 않는 규정은 사실상 유명무실한 것이다. 그리고 품질 개선 활동이 이루어져 소중하게 얻은 지켜야 할 사항은 규정에 제대로 반영이 되어 살아 있는 노하우가 되도록 해야 할 것이다.

품질 감사 기능이 제대로 구축되어 이러한 품질관리 시스템이 잘 작동되도록 해야 한다. 나는 임원 인사를 하게 될 때는 품질 사고가 난 조직 책임자를 엄격하게 문책하는 원칙을 갖고 있었다. 단 규정대로 했는데도 규정이 잘못되어 품질 문제가 생긴 경우는 예외로 했다. 신뢰성 품질로 예를 들자면 아직 실력이 부족해 그 원인 관리가 명확히 규정되어 있지 않아 사내에서 제대로 검사하는 과정이 없어 고객 현장에서 문제가 된 경우다.

역량과 문화를 구축하는 데 있어서 교육 훈련은 매우 중요하다. 전 직원을 대상으로 품질혁신 학교 과정을 운영해 품질 중시 풍토를 구축하도록 한다. 교육 과정은 100PPM과 6시그마 등 이론과 현장 품질 개선 체험을 병행해 만들고 시간이 지나면 업그레이드를 해 일과성이 아닌 지속적인 운영을 한다. OJT도 아주 훌륭한 교육 방법이다. 현장 작업자들에게는 품질 반성회를 매일 실시하게 하고 개선 활동에 참여하게 함으로써 역량을 높일 수 있다. 또한, 사무 기술직 직원들에게는 6시그마 프로세스로 개선 활동에 참여하게 하고 마스터 블랙 벨트, 블랙 벨트, 그린 벨트 등의 자격을 취득하게 해 역량을 높일 수 있다. 그리고 고객 현장의 요구 품질을 전 직원들이 실질적으로 인식하게 하는 활동도 중요한 교육 훈련 과제다.

제7원칙 : 감동과 프라이드를 고객에게

- 고객의 기대 수준을 뛰어넘는 확실한 차별화가 필요하다.
- 고객은 지불한 비용 대비 사용 가치가 더 높을 때 감동을 느낀다.
- 자사 제품이나 서비스를 사용하는 고객에게 즐거운 경험을 제공해줄 수 있어야 한다.
- 왜 사람들은 명품을 가지려고 하는가? 제품이 곧 프라이드를 상징하기 때문이다.

고객 만족 이상의 고객 감동을 실천하라

고객 만족과 감동을 논하기에 앞서 고객 가치에 대해서 먼저 정의하고자 한다. 고객 가치는 고객이 제품이나 서비스를 구매해 사용한 후 얻는 효용과 그 제품이나 서비스를 구매하기 위해 지불한 비용의 차이를 말한다. 여기서 고객은 구매하고 사용하는 최종 소비자를 말한다.

$$고객 가치 = \frac{고객이 제공받는 효용}{고객이 지불한 비용}$$

고객 가치를 높이기 위해서는 효용을 높이거나 비용을 낮추거나 이두 가지를 모두 제공해야만 한다. 고객 가치의 경쟁력은 비용을 낮추면서도 효용을 높이는 것을 얼마나 차별화하느냐에 달려 있다. 이를 위해서는 깊은 고객 연구, 기술 혁신, 전 조직의 혁신에 의한 한계 돌파Breakthrough를 해야 한다.

만족_{satisfaction}이란 고객의 기대 수준에 맞게 충분히 제공한다는 뜻이다. 경쟁 상황이나 사회적 환경에 따라 고객의 기대 수준은 항상 변화하고 높아져 가고 있어 기대 수준을 정확히 파악하기 어렵다. 특히 고객조차 정확히 인지하고 있지 못하는 본능과 같은 잠재 니즈는 웬만한 노력으로는 파악하기가 힘들다.

고객을 만족시키는 데 머물러서는 안 된다. 고객을 깜짝 놀라게 하라!
Don't aim to satisfy. Aim to surprise!
- 스티브 잡스

감동은 기대를 뛰어넘어 받는 놀라움이다. 즉 고객이 전혀 인식하지 못하는 상태에서 잠재된 욕구를 찾아 제공함으로써 오는 고객의 열광, 마음속으로부터의 강한 인상을 받는 것을 말한다. '와' 하는 감탄이 나올 정도의 강한 인상은 충성도를 높이고 좋은 입소문을 만든다.

그러나 고객 감동을 이루는 데에는 남다른 노력이 필요하고 비용 상승에 대한 우려가 있다. 제품, 디자인, 서비스에 있어서 비용이 많이 증가되지 않는 창의적인 아이디어의 발굴이 선결해야 할 과제다.

같은 비용을 들이더라도 고객이 열광할 수 있는 점을 정확히 맞춘 것과 고객보다 경쟁사에 초점을 맞춘 것은 고객 가치가 다를 수 있다. 또한, 고객이 감동하는 가치라 하더라도 현재 기술과 역량으로 해결되지 않아 장기간의 연구 개발이 필요한 경우 이를 집요하게 추진할 수 있는 경영층의 의사 결정과 조직 역량이 뒷받침되어야 한다.

고객 지향 연구 개발 문화를 구축하라

연구 개발 인원의 고객 지향은 고객 인사이트를 반영한 한계 돌파 기술 개발에 필수적이며 연구 개발, 상품기획 그리고 마케팅 간의 갈등에 창의적인 해결안을 찾고 수용하도록 하는 것 또한 매우 중요한 일이다.

개발 조직 간에는 업무 성격상 항상 갈등이 존재한다.

마케팅에서 제1의 마케팅 무기는 제품 리더십이라고 한다. 경쟁사와 확실하게 차별화된 신제품을 시장에 먼저 출시하고 소비자에게는 지불 가치가 커서 설명이 쉽고 많이 팔 수 있는 제품을 원한다.

중간에 교량 역할을 하는 상품기획은 마케팅과 더불어 고객 인사이트를 정성적, 정량적으로 분석해 잘 팔릴 수 있는 컨셉으로 만들어 연구 개발에서 실현해낼 수 있도록 합의를 이루어나가는 역할이다. 그러나 연구 개발의 원천적인 성향은 기존에 검증되고 최적화한 해결안에서 벗어나고 싶어 하지 않고 지금까지 구현해온 범위 내에서 안정적으로 추가하는 것을 선호한다.

반면에 상품기획에서 제안하는 혁신적인 한계 돌파 컨셉은 소비자가 인지하고 있지 못하는 불편한 생활 모습을 해결하기 위해 기존 방식과는 다른 한계 돌파의 기술을 바탕으로 하는 것이다. 즉 소비자가 지금껏 경험해보지 못한 장면을 실현해줄 수 있는 방향으로 기획해야 한다.

따라서 고객이 원하는 새로운 제품 컨셉을 내고자 할 때 항상 조직

간 갈등 관계가 존재할 수 있다. 즉 상품기획에서 구현하고자 하는 기능과 연구 개발에서 구현할 수 있는 기능 간의 대립이라고 볼 수 있다. 그러므로 혁신적인 제품이 끊임없이 창출되기 위해서는 개발 부서 간의 합의 시스템, 연구 개발에서 이를 적극적으로 수용하고 도전할 수 있는 고객 지향적 조직 문화가 중요하다고 볼 수 있다.

연구 개발 구성원들이 고객 지향적인 사고를 갖도록 하는 조직 문화 형성은 한계 돌파 기술을 성공시킬 수 있는 중요한 요소 중 하나다. 조직 문화 형성은 하루아침에 이루어지지 않는다. 여러 다양한 조직 혁신 활동이 체계적으로 상당히 오랜 기간 추진되면서 내재화된 결정체이기 때문이다. 고객 지향적 문화를 형성하는 데 영향을 미친 활동들은 크게 하향식 및 상향식 활동과 기능 간 횡단 조직 활동 등으로 구분해볼 수 있다.

하향식 문화는 시장의 트렌드, 대용량, 저소음 등 필수적인 고객 통찰을 연구 개발이 상품기획과 주기적으로 함께 활동해 고객 지향적으로 맞추어 개발하는 문화를 말한다.

상향식 문화는 아무 제한 없이 아이디어 발굴 활동을 하는 것을 말하며 이종 산업에 대한 박람회, 전람회 등을 통해 아이디어를 발굴하기도 하고 융복합 제품에 대한 혁신을 도모하기도 한다. 소비자의 충족되지 않는 욕구, 잘 인지하지 못하는 욕구 등을 연구원들이 자유로이 제안하게 하는 것이 바람직하다.

어떻게 내부 역량 중심의 인사이드 아웃 문화에서 고객 중심의 아웃사이드인 문화로 변화시킬 수 있을 것인가가 가장 중요하다.

기능 횡단을 통한 개선 과제 활동도 연구 개발의 고객 지향적인 문화를 만드는 데 도움이 된다. 고객에게 차별적 가치를 제공하는 프로젝트의 경우는 TDR 활동을 한다. 조직의 종합적인 추진력이 필요한 혁신적인 컨셉은 TDR 과제로 선정되고 연구 개발, 상품기획, 마케팅, 디자인 등의 관련 부서에서 적임자를 선정해 팀을 구성한다. '5%는 불가능해도 30%는 가능하다'라는 사고로 30% 이상의 한계 돌파를 해야 달성되는 도전적인 목표를 수립한다.

이런 활동을 통해서 TDR에 참여한 인재들은 고객 현장 경험과 성공의 체험을 통해서 공유 및 변혁적 리더십을 갖는 핵심 인재로 성장해나간다. 조직에 있어서 리더의 역할은 매우 중요한 것이며 연구개발 프로젝트의 성패는 리더에게 달려 있다. 연구 개발 프로젝트 리더는 내부적으로 팀원들에게 영감을 주고 마케팅, 디자인, 상품기획의 타 부서와 합의를 잘 이루어나가야 한다. 또한, 생산의 문제점을 미리 반영하기 위해서 생산 현장의 의견을 귀담아듣는 것도 중요하다.

그리고 프로젝트 리더들은 회사 안팎의 다른 고객층까지 연구 개발 조직의 영역을 확장할 역할을 갖는다. 실제 사용하는 외부 고객과의 시간을 늘려 고객의 욕구를 직접 파악하는 것이 중요하다. 이런 외부 지향적 활동은 프로젝트의 성공에 결정적인 영향을 끼칠 수 있다.

요약하면, 프로젝트 리더는 팀원들에게 동기부여를 하고 꿈을 공유해야 한다. 그리고 업무 영역을 넘어 상향적, 외부지향적으로 영향을 발휘하는 프로젝트 챔피언으로서의 역할을 해야 한다. 프로젝트 챔피언은 위험 감수와 혁신성이 높고 리더십 행동에서 더욱 변혁적이 되는 경향이 있다. 이렇게 함으로써 고객 지향 연구 개발 문화의 풍토가 형성될 수 있다고 보인다.

감동 사례 : 아트 쿨 에어컨

2001년 LG전자는 기존의 직사각형 플라스틱 그릴 타입의 분리형 실내기에 정사각형 액자 형태의 명화가 그려져 있는 '아트 쿨'을 세계 최초로 출시했다. 기존의 고정 관념을 깨는 굉장히 신선한 충격이었다. 오랫동안 시장을 지배해온 기존의 분리형 그릴 타입은 에어컨 성능의 효율적인 구현을 위해 만들어진 구조고, 고객이 편의상 벽에 부착하기는 하지만 디자인 면에서는 어울리지 않는 형태였다.

고객에게 집 안의 벽면은 그림이나 사진을 걸어놓는 갤러리 형태의 공간이다. 아트 쿨은 이런 공간에 맞게 고객 가치를 향상한 제품이었다. 정사각형 액자 형태의 구조로 만들려면 유로 구조가 완전히 바뀌기 때문에 새로운 컨셉의 설계가 이루어져야 했다. 아트 쿨은 국내 시장을 비롯해 특히 예술적 감각이 있는 유럽 소비자들에게 크게 인기가 있었다. 이 아트 쿨은 LG전자 에어컨이 프리미엄 이미지를 확고하게 구축하는 계기가 되었다.

내가 사는 아파트는 15년 전 건축 당시 시스템 에어컨이 설치되지 않아 벽면에 아트 쿨을 설치했다. 10년이 지난 지금도 아트 쿨은 전혀 낡아 보이지 않고 언제 봐도 새롭다. 앞으로 10년이 지나도 똑같은 프라이드를 가질 것 같은데 그때까지 성능도 문제없을까? 이런 상념에 젖으면서 예전에 직사각형의 플라스틱 그릴 타입에 디자인하기 위한 핫 스탬핑hot-stamping, 컬 피트curl-fit 전사로 불량이 많고, 원가가 높아서 고생한 것이 떠올랐다. 이런 어려운 시도에도 불구하고 기존의 직사각형 그릴 타입의 디자인은 한계가 있었다.

감동 사례 : 냉장고가 예술을 입다

주방이 오픈 공간이 되면서 냉장고의 디자인도 중요한 요소가 되었다. 1990년대 후반부터 한국 시장에 보급되기 시작한 양문형 냉장고는 프리미엄 냉장고로 자리를 잡아가기 시작했다.

디오스 브랜드는 LG전자 주방 제품의 프리미엄 브랜드이며 양문형 냉장고, 김치냉장고, 오븐, 식기세척기 등의 프리미엄 제품에 사용하고 있다. 그 뜻은 Deluxe, Intelligent, Optimum, Silent이며 첫 글자를 따서 디오스DIOS로 작명했다. 디오스가 프리미엄 제품으로 확고히 자리를 잡게 된 계기는 2006년 출시한 아트 디오스 덕분이었다.

나만이 갖고 싶고 오래 두고 싶은 명품 아트 디오스 디자인은 꽃 디자인으로 유명한 하상림 화가와 크리스털의 명품 스와로브스키와의 조합으로 이루어졌다. 어렵게 하 작가를 모셨고 화룡점정을 위해서 오스트리아 인스브루크에 있는 스와로브스키 본사를 방문했다. 1895년 설립된 이 회사는 알프스산맥의 절경을 뒤에 두고, 파란 하늘

아래 있었다. 박물관을 둘러보면서 역사와 전통 그리고 장인 정신의 혼을 느끼게 되었고 서로 뜻깊은 전략적 제휴를 했다.

이 아트 디오스는 한국 시장에 큰 화제를 불러일으켰고 새로운 장르를 개척한 제품이다. 내 주방에는 스테인리스에 에칭 처리된 꽃 모양 디자인과 스와로브스키의 크리스털이 가미된 아트 디오스가 10년째 놓여 있다. 확실히 하상림 작가의 꽃은 순간의 아름다움보다 언제 봐도 질리지 않는 은은한 생명력을 가지고 있고 스와로브스키의 번쩍이는 자태와 어울려 깊은 인상을 심어준다.

감동 사례 : 미국 백색 가전을 뒤바꾼 컬러 세탁기
미국 가전은 전통적으로 백색 가전으로 불린다. 소비자들의 합리적 구매 성향으로 대부분이 단순한 백색 계통이고, 고급 제품군에서는 스테인리스 재질을 사용한다. 2000년대 초, LG전자의 드럼 세탁기와 건조기가 이런 미국 시장에 처음으로 진입했다. 이때 백색뿐만 아니라 붉은색 계통의 컬러 제품도 같이 출시하기로 결정했다.

소비자에 대한 상품기획 조사에서 나온 안이지만 상당히 위험 부담이 있는 시도였다. 세탁기는 에어컨, 냉장고 대비 잘 안 보이는 별도의 세탁실에 놓기 때문에 다른 사람한테 보여줄 과시욕이 필요한 곳이 아니다. 미국 소비자들이 숨겨진 공간에 과연 컬러 세탁기를 놓고 싶어 했을까?

결론은 대박이었다. 왜 그랬을까? 미국 주방은 대부분의 인테리어가 백색, 우드 컬러, 스테인리스 계통으로 되어 있어서 이에 반하는 컬러 매칭 때문에 쉽게 받아들이지 못한다. 그러나 세탁실은 그러한 위험이 적은 곳이다. 예쁜 것을 갖고 싶은 주부의 속마음이 제한 없이 발동된 것은 아닐까 생각한다. LG전자의 도전 이후에 다른 경쟁사들도 동참하게 되어 시장의 트렌드를 바꾸어버리게 되었다.

감동 사례 : 10년 무상 서비스 보증

LG전자의 생활 가전 제품에는 다른 경쟁사와 차별화된 주요 핵심 부품이 두 가지가 있다. 하나는 리니어 컴프레서고 또 다른 하나는 DD Direct Drive 모터다.

컴프레서는 에어컨, 냉장고 제품에서 인간의 심장과 같은 역할을 한다. 냉각을 시켜주는 냉매는 체내를 순환하는 피와 같은 역할을 하고 증발, 응축의 과정을 거쳐 에어컨, 냉장고의 냉기를 형성해 성능 및 에너지 효율에 중요한 역할을 한다.

이렇게 중요한 부품인 컴프레서는 불량이 발생하면 수리가 되지 않아 교체해야 하는데, 냉매 배관과 용접이 되어 있어 고객 사용 중 컴프레서를 교체한다는 것은 사실상 어렵다. 따라서 냉장고의 경우 완제품 자체를 교체해야 한다. 이러한 컴프레서에 대해 LG전자의 냉장고용 고효율 리니어 컴프레서의 세계 최초 개발은 75년간을 지배해온 기존의 왕복동식 reciprocating 컴프레서 역사를 바꾼 획기적인 제품이었다.

DD모터가 적용된 세탁기는 1998년 세계 최초로 LG전자에 의해 상용화되었다. 기존의 유니버셜 모터는 벨트에 의해 세탁기 통을 돌려주는 축과 연결되어 동력을 전달하기 때문에 벨트의 마모 및 고장이 많고 진동에 의한 소음이 발생한다. 반면에 DD 모터는 모터와 세탁기 통의 구동축을 벨트를 사용하지 않고 직결시키기 때문에 에너지 효율의 손실이 적고 진동 소음이 획기적으로 감소되는 방식이다. 이 DD 모터 방식에 의한 드럼 세탁기는 전 세계 세탁기 시장의 판도를 바꾸는 견인 역할을 했다.

앞선 연구 개발 능력, 6시그마 프로세스에 의한 큰 폭의 품질 향상에 바탕을 두어 업계 최초로 이 핵심 부품에 대해 10년 무상 서비스 보증을 하기에 이르렀다.

이전에는 완제품의 무상 보증 기간은 1년이며 컴프레서, 모터와 같은 핵심 부품은 3년이었다. 이 두 핵심 부품은 초기 불량보다 마모 등에 의한 신뢰성이 우려되는 부품이다. 컴프레서 고장이 발생하면 냉장고, 에어컨의 경우 제품 전체를 교체해야 하며 세탁기 모터의 경우 중 수리 항목이 되는 것이다.

기존의 관행을 깨고 품질 우위에 바탕을 두고 세계 처음으로 10년 무상 보증이라는 고객 측면에서 보면 놀랄 만한 커다란 고객 가치를 제공하게 되었다.

감동 사례 : 할리데이비슨 동호회, HOG

소유하고 있는 제품의 가치에 대해 가장 열광하는 고객으로 사교 클럽 같은 HOGHarley Owners Group 동호회를 들 수 있으며 현재 전 세계에 130만 명 이상의 회원이 활동하고 있다.

1983년부터 시작된 HOG는 할리데이비슨Harley-Davidson 모터사이클을 구매한 충성도 높은 광적인 고객들로 구성되어 있다. 그들은 제품을 구매한다기보다 성공한 사람들의 상징인 라이프 스타일, 즉 꿈과 같은 환영 또는 신비주의의 세계를 사는 것이다.

2~7천만 원대의 고가인 할리데이비슨 모터사이클을 구매한 순간부터 광적인 동호회인 HOG의 멤버가 된다. 그들은 가죽으로 된 옷을 입고 문신을 하며 길 위에서의 낭만을 즐기면서 일상에서의 탈출과 구애받지 않는 야성의 회복을 원한다. 그들의 캐치프레이즈는 '독수리는 홀로 비상한다'로, 로고에 담긴 남성상과 저항 정신이 바로 할리데이비슨의 영혼이다. 이들은 제품값의 약 20~30%를 자기만의 개성에 맞는 액세서리 구매에 쓰고 의상에도 약 10%를 쓸 정도로 자부심이 있다.

할리데이비슨은 1903년에 밀워키에서 모터사이클 생산을 시작한 이래 세계 최대 생산 업체가 되었으나 제2차 세계 대전 후 일본 업체들의 공세에 밀려 경영 악화에 시달렸다. 1983년 HOG 동호회를 만들고 자기들이 잘할 수 있는 대형 모터사이클에 주력하면서 그들만의 문화를 만들어 충성도 높은 자율적 고객층을 만들고 구전을 형성해 다시금 부동의 세계 1위를 유지하고 있다.

또 다른 사례로 LG전자 시그니처Signature 브랜드를 들 수 있는데 시장의 기준을 초월하고 제품이 도달할 수 있는 최고의 경지에 오른 최고급 프리미엄 가전 브랜드다. 내가 사업본부장을 맡고 있을 때 상위 1%에 해당하는 VVIPVery Very Important Person 대상으로 자부심을 가질 수 있는 최고급 제품을 만들려고 계획했으나 투자비 부담으로 실현하지 못했다. 이후 후배들이 열망하고 있던 최고급 제품군을 시그니처 브랜드로 완성해주었다.

판매 현장에서 있었던 에피소드다. 사업을 하는 친구가 인테리어를 새로 하게 되어서 진열 제품을 보러 시그니처 전시장에 간 일이 있었다. 부인은 빌트인 시그니처 냉장고를 꼭 설치하고 싶어 했고 친구는 용량이 가장 큰 시그니처 와인셀러를 사고 싶어 했다. 두 제품이 약 4천만 원 가까이 되니까 나의 추천이 있으면 조금이라도 할인이 될까 싶어서 나에게 전화를 걸어왔다. 판매팀과 이야기를 해보니 시그니처 브랜드는 일절 할인 정책이 없다고 한다. 대신 VVIP고객에게는 성의를 다해 최대의 서비스를 하겠다는 말로 대신했다. 과연 시그니처 브랜드다운 정책이었다. 그 말을 들은 친구도 오히려 그렇게 서운해하지 않고 그럴 정도로 좋은 제품인가 하고 인정하는 것 같았다.

감동 사례 : 바이어에게도 감동을 전하라

창원 공장 총무팀은 고객 의전을 기획하고 집행하는 일을 했는데, 고객 감동 측면에서 많은 연구를 해서 특히 바이어들에게 깊은 감동을 주곤 했다. 이런 업무의 질은 6시그마 개선 활동을 통해 많이 높아진 것으로 보인다. 통상적으로 시간 단위의 일정 계획, 배차 등의 일은 어느 총무팀이든 비슷할 것이다. 차별화는 무엇이 고객에게서 '와!' 하는 탄성이 나오게 할까 하는 것이다.

예를 들면 저녁 식사를 할 장소로 교외에 있는 정원과 연못이 있는 가든을 정하고 식사 전, 정원에 미국이나 유럽 바이어들이 좋아하는 가든 칵테일을 준비해 담소의 시간을 갖는다. 석양이 지고 어둠이 내리면 방에서 식사하는데, 시작하기 전에 창가에 드리워진 커튼을 젖히면 연못 위로 'Welcome Sears'라고 새겨진 전등이 켜지고 환영 폭죽이 터지면 모두의 입에서 '와!' 하고 탄성이 터져 나온다.

서양인들에게는 순 한국식으로 대접하는 것이 최고의 대접이고 기억에 오래 남는다. 그들이 자주 즐기는 스테이크나 와인은 차별화하기가 쉽지 않다. 오히려 맛 좋은 갈비와 소주가 인상적일 것이며 흥이 나면 한국식으로 어깨동무하고 같이 노래를 부르는 것도 그들에게는 새로운 경험이다. 백미는 식사를 마칠 때 양쪽 대표 얼굴 사진과 기념 표시가 조각된 좋은 와인을 선물하는 것이다. 이 또한 감탄사가 저절로 튀어나오게 만드는 이벤트다. 이 세상에 하나밖에 없는 와인이기 때문이다. 어떤 바이어는 농담으로 마시지 못하겠고 가보로 보관하겠다고 한다.

여기서 소개한 고객 감동을 실천하는 방법은 일부에 지나지 않으며 각각의 업의 특성에 따라 성공사례의 벤치마킹과 창의적으로 자체 개발해나가야 한다.

고객 감동의 문화 형성 역시 어떻게 하면 조직 구성원들이 스스로 더 좋은 실행 방법을 찾고 빠르게 실천해나갈 수 있을 것인가에 달려 있다.

최고의 수준에 맞춰라

6장 _____

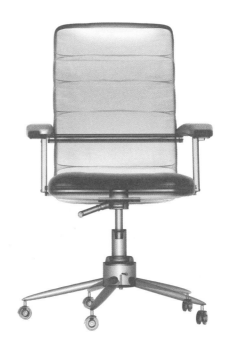

최고를 지향하는 사상

최고를 지향하는 사고가 있어야 끊임없이 최고 수준을 찾게 된다. 우수한 타 기업의 제품, 기술, 경영 방식 등을 배워서 응용하는 것이 벤치마킹이다. 글로벌로 성공한 세계 최고 수준을 전략, 성과, 프로세스로 나누어 현재 수준과 비교해 차이를 발견한 다음 이를 극복하기 위한 목표를 세우고 도전하게 된다.

LG전자 생활 가전이 글로벌 1위의 수준에 오를 수 있었던 것은 각 기능별로 세계 최고 수준을 부단히 파악하고 이를 능가하기 위한 혁신 활동을 끊임없이 해왔기 때문이다. 자만은 금물이다. 전 세계 어딘가에서 새로운 혁신이 계속 일어나기 때문이다.

1위의 고지에 오르면 후발 업체가 따라올 수 없는 수준으로 차이를 벌리겠다는 것도 스스로에게 좋은 채찍질이 된다. 선두에 서게 되면 어디로 향해갈지는 스스로 판단할 수밖에 없다. 후발자는 앞서 있는 경쟁자를 벤치마킹하면 되지만 선두 업체는 앞이 보이지 않기 때문이다. 따라서 소비자가 사용하는 제품은 끊임없는 창의와 실행력이 뒷받침되어야 하고 기술에 의한 제품은 본질의 가치에 대한 무한 도전의 연구 개발이 뒤따라야 한다.

끊임없는 벤치마킹 사례

벤치마킹 사례 : 휘센의 진정한 세계 1등 도전

사업 영역을 어떻게 정의하고 설정할 것인지에 따라 세계 최고 수준은 달라진다. 가치가 높은 곳을 도외시해서는 안 된다.

세계 대부분의 지역에서 에어컨은 쾌적한 삶의 가치를 제공하는 필수품이 되어가고 있다. 싱가포르 같은 열대 지역의 국가들은 에어컨이 없었다면 지금과 같은 경제 개발은 이루지 못했을지도 모른다.

2019년 기준 세계 에어컨 시장의 규모는 약 132조 원으로 매우 크다. 제2차 세계대전 전까지는 미국 시장을 바탕으로 한 캐리어, 트레인 등의 미국 브랜드들이 세계 시장을 장악하고 있었고, 전후에는 가정용 에어컨 등의 소형 분야에서 다이킨, 마쓰시다 등 일본 브랜드들이 약진했다.

2000년 이후 LG전자 휘센 에어컨이 후지 경제 연구소의 판매 수량 조사 기준 8년 연속 세계 1등(2000년 410만 대→2007년 1,600만 대)을 차지했다. Volume(양) 면에서 8년간 연평균 성장률 21%로 세계 시장을 제패했던 휘센Whisen은 Whirl wind sender의 의미로 휘몰아치는 바람을 보내는 제품이라는 뜻에서 그 이름이 지어졌다.

 1990년 공조기 생산기술실장으로 세계 최고의 생산성을 가진 현장 혁신을 하고자 할 때 벤치마킹한 것이 기술협력을 하고 있던 마쓰시다사였다. 마쓰시다는 당시 가정용 에어컨에서는 다이킨보다 앞서 있는 강한 회사였다. 벤치마킹 후 강력한 생산 합리화 활동으로 생산라인은 매년 단축되었고, 2~3년 후에는 마쓰시다의 생산라인보다 더 짧고 빠른 라인을 만들 수 있었다.

 이러한 대량 생산 시스템의 효율화는 급격한 판매량 증가를 뒷받침했고 8년 연속 세계 1등의 성과를 가능하게 했다. 그 이후 세계 인구의 18%(2019년 중국 인구 14억 명)를 차지하는 중국 시장의 브랜드들이 수량 면에서 앞서가고 있다.

 이 수량 기준의 시장 점유율은 빌딩용이나 시스템 에어컨의 가치를 제대로 반영할 수 없어 진정한 글로벌 1등의 개념을 매출액 기준의 Value(질) 게임 방식으로 전환해볼 필요가 있다.

 시스템 에어컨은 다양한 수요자로부터 수많은 종류의 제품을 수주해 적기에 공급해야 하는 다품종 소량의 사업 방식이다. 2019년 매출액 기준으로 에어컨 세계 1등의 위치를 점하고 있는 회사는 일본의 다이킨이며 공조 분야는 약 26조 원 매출과 10%를 상회하는 수익성이 예상된다. 2007년부터 2019년까지 연평균 성장률은 약 11%로 지속적인 성장을 하고 있고 세계 시장 점유율은 약 20%를 차지하고 있다. 2019년까지 10년 연속 매출과 손익이 계속 증가하고 있는 초우량 기업이라고 볼 수 있다.

다이킨은 1951년부터 에어컨 사업을 본격적으로 시작한 지 약 70년의 역사를 가진 회사이며 매출의 90%가 공조 분야, 매출의 70%가 해외에서 이루어지고 있다. 상업용 에어컨 분야에 일찍이 중점을 두고 냉매, 컴프레서 등 핵심 부품과 완성품의 수직 계열화 및 필수 기술인 가변 냉매 분할 시스템에 대한 경쟁력을 확보해나가고 있다.

이러한 역량을 바탕으로 2006년 말레이시아 OYL 인더스트리를 필두로 2012년 미국 굿맨에 이르기까지 세계 지역별로 필요한 기업을 M&A해 글로벌 경영을 완성해나가고 있다.

이제 휘센에게 남은 커다란 과제는 이러한 다이킨을 추월해 진정한 세계 최고 수준에 이르는 것이고, 전력을 다해 도전할 것이다. 30조 원 규모의 사업에 대해 도전하는 긴 여정은 후배들 몫이 되었지만 그들의 도전을 응원하는 것은 우리 선배들의 몫이다.

벤치마킹 사례 : 한 고객 만족 다품종 소량 생산

잘 알려진 도요타 자동차의 JIT_{Just In Time}(적기) 생산 방식은 일반 소비자 대상으로 대량 생산을 하는 게 아니라 소비자들에게 판매되는 양

만큼 생산하는 방식이다. 여기에서 소개하고자 하는 사례는 한 고객의 주문까지 대응하는 진정한 다품종 소량 생산 방식이다.

1988년 도쿄 지사에 주재하고 있을 때 산업용 모터, 펌프에 대한 투자 프로젝트 팀과 함께 당시 업계 최고 수준이었던 도시바 산업용 모터 공장을 견학했다. B2C Business to Customer(기업과 소비자 간 거래) 사업은 대량 생산을 해서 불특정 다수의 소비자에게 공급하는 데 비해 B2B Business to Business(기업 간 거래) 사업은 특정 고객의 수요에 맞게 대응해야 한다.

도시바 산업용 모터 공장 견학을 갔을 때 일행은 공장에 당도할 때까지 형식적으로 겉만 보여주고 상세한 설명은 해주지 않을 것이라 짐작했다. 그러나 담당자는 친절하게 라인 곳곳을 원하는 대로 보여주었다. 생산라인 견학을 마친 후, 쇠망치로 한 대 얻어맞은 느낌이 들었다. 어떤 모델은 한 대가 흐르기도 하고 통상 몇 대가 연속 생산이 되고 있었다. 대량 생산에서 보이는 생산 모델이 바뀔 때마다 생기는 모델 체인지 손실은 보이지 않았다. 마치 톱니바퀴가 물려 돌아가는 것처럼 보였다.

견학 후에 도시바의 생산기술부장이 질의응답 중 자신 있게 대답한 말은 은퇴한 지금까지도 생생하게 뇌리에 남아 있다.

"여러분에게 오늘 공장 견학을 허락한 것은 여러분이 자매 회사로부터 전자관 도포 라인을 구매한 중요한 고객이기 때문입니다. LG전자는 산업용 모터 사업에 투자를 하고 있고, 최첨단 생산라인을 구축하기 위해 우리 공장을 벤치마킹하러 오신 것으로 알고 있습니다. 오늘 우리는 우리가 수십 년 동안 시행착오를 겪으면서 이루어놓은 모습을 여러분들에게 가감 없이 보여드렸습니다.

여러분들은 오늘 이루어야 할 목표를 분명히 보셨습니다. 여기 오신 여러분은 똑똑한 엘리트들이고 한국인들은 매우 열정적으로 일하기 때문에 우리가 걸린 시간보다 훨씬 짧은 수년 내에 목표를 이룰 수 있다고 생각합니다.

그러나 아무리 유능하다고 해도 금방 이루어낼 수는 없습니다. 그에 상응하는 피와 땀의 노력이 필요하기 때문입니다. 몇 년 후에 여러분과 함께 세계 시장에서 선의의 경쟁을 할 수 있는 날이 오기를 기대합니다. 우리도 맹렬한 추격자가 있으면 그에 뒤지지 않게 더욱 열심히 노력할 것입니다."

당시 과장이었던 나는 이 말이 뇌리에 깊이 남았다. 한국에 돌아가서 공장 혁신을 한다면 견학자에게 자신감 있게 저런 말을 할 수 있게 되어야 한다고 다짐했다. 그는 언제나 마음속의 스승으로 남아 있다.

지금은 B2C 사업이든 B2B 사업이든 시장의 수요에 신속하게 대응하는 시장 접근 전략이 매우 중요하다. B2C 사업에서 B2B 사업 체질과 같은 다품종 생산의 유연 생산 체제를 구축한다면 엄청난 경쟁력을 가질 것이다. 생산에서부터 판매에 이르기까지 공급사슬 관리는 길고 방대하다. 더욱이 글로벌 사업을 전개하는 곳은 더욱 그러하다. 아무리 수요 예측을 정확하게 수립해도 그것을 맞추어주는 생산 역량이 따라주지 않는다면 필연적으로 과다 재고가 발생할 수밖에 없다.

유연 생산 체제를 갖추어 다품종 소량 생산을 할 수 있는 능력이 되면 영업에서도 신규 바이어나 시장이 작으나 성장이 예상되는 신흥국 시장을 좀 더 공격적으로 공략할 수 있을 것이다. 신규 바이어로부터 초기에 대형 물량을 수주하는 것은 쉽지 않지만, 적은 물량으로 어느 정도 신뢰가 형성되면 대형 물량으로 연결되며 신흥국의 작은 시장 또한 성장하면 후에 큰 시장이 되는 것이다. 이와 같은 수요 대응 다품종 소량 생산 체제의 구축은 상당한 노력을 기울여야 생겨나는 역량이다.

벤치마킹 사례 : 대응이 빠른 셀 생산 방식

중후장대한 대량 생산 방식의 시대는 저물어가고 있다. 대량 생산 방식은 세상에 없는 기술 차별화가 있거나 막대한 투자가 소요되는 진입 장벽이 높은 사업에서나 의미가 있을 것이다.

여기서 말하는 셀cell은 1~2명이 운영하는 진정한 셀 방식만이 아니라 몇십 명의 생산자가 있더라도 소형화해 생산하는 방식까지 포함한다. 생산 제품에 따라 제각기 규모가 다르기 때문이다.

민첩한 수요 대응을 위해서는 손익분기점을 낮춘 소형화 라인을 연구해야 한다. 생산 수량과 원가 구조에 따라 10만, 5만, 5천 대 등의 소형화 라인으로 나누어 거기에 맞게 소형화 설비, 혼류 생산 등으로 최적화하고 필요할 때 가볍게 추가 투자를 하는 형태가 바람직하다.

이런 유연한 생산 방식 구축을 위해서는 레고 블록처럼 모듈화하는 것이 필요하다. 모듈화에서 가장 중요한 것은 공용화와 표준화다. 다품종 소량 생산을 쉽게 하기 위해서는 어느 모델이나 공용으로 사용되는 고정부의 비율을 높이고 모델에 따라 적용되는 변동부의 비율을 낮춰야 한다. 그러나 이것을 실행하기는 쉽지 않다.

시장에서 요구되는 차별화와 경쟁력을 유지하기 위해서는 항상 변화해야 하나, 변동부의 비율이 낮으면 변화의 폭이 좁아 보인다. 따라서 시장 트렌드를 놓치지 않는 고정부에 대한 혁신 주기가 설정되고 이를 위한 선행 연구 및 개발 역량이 항상 유지되어야 한다. 고급, 중급, 저급의 군별로 차별화한 제품 디자인, 기능들이 변동부이자 시장을 선도하거나 신속히 대응하는 요소들이 된다.

공용화에 대한 원칙이 분명하게 세워지고 엄격하게 지키는 문화가 형성되지 않으면 설계가 흐트러져 기본 구조가 다른 여러 모델들이 생기고 전체적으로 눈에 보이지 않는 엄청난 손실들이 발생하게 된다. 설계자가 지켜야 할 기준이 명확하게 설정되지 않으면 고객의 요구를 맞추기 위해 쉽게 추가할 수 있는 기능들과 1원이라도 절감해야 한다는 원가 절감의 압력을 받아들일 수밖에 없기 때문이다. 공용화를 이루기 위해서 부품 표준화는 필수적인 요소다. 이러한 모듈화의 추진은 실무자들이 일하는 데 많은 어려움을 초래하기 때문에 강력한 톱다운 방식으로 끊임없이 추진하지 않으면 실행하기가 쉽지 않다.

사물인터넷, AI 등의 기술들이 종전보다 훨씬 쓰기 쉽게 발전된 세상이다. 판매 현장에서 생산 현장에까지 누가 이 기술들을 잘 적용하고 활용하는지가 경쟁력이 되는 형국이다. 도요타가 간판 방식을 처음 적용했을 때는 이런 정보 전달 방식이 부족했기 때문에 현장에서 직접 작업자가 눈에 보이도록 적고, 그 간판을 매개로 작업 지시가 단계적으로 이루어졌다. 이제 전자 간판에 사물인터넷이나 AI가 더해지면 더욱 편리해질 것이다.

그러나 아무리 이러한 기술들이 더해져도 본질적인 생산 역량이 구축되지 않으면 모래 위에 성을 쌓는 꼴이다. 다시 말하면 각 공정에서 요구되는 품질이 확보되고, 운용하는 작업자 한 사람, 한 사람이 모두 제대로 작업하지 않으면 비싸게 투자한 시스템이 원활하게 돌아갈 수 없다. 즉 기본에 충실해야 하는 것이 선결 조건이다. "garbage in garbage out(쓰레기를 넣으면 쓰레기가 나온다)"라는 말처럼 한 작업자가 데이터를 잘못 넣으면 그 시스템에 대한 신뢰가 무너진다.

어떤 회사들은 무인화 공장을 이룩했다고 자랑한다. 아주 오랫동안 제품이 바뀌지 않는다면 그 공장은 성공할 수 있다. 하지만 이런 제품은 세상에 그렇게 많이 존재하지 않는다. 고객의 요구가 항상 변하고 있고 그 자동화 설비를 운영하는 기술자들도 잘 훈련되고 유지되어야 하기 때문이다. 이런 이유로 세월이 지나 자동화 설비를 철거하는 공장도 많다. 결국, 인간과 로봇이 협업하는 가장 합리적인 저가격 자동화가 바람직한 방향이라고 볼 수 있다.

글로벌 기업은 세계 각지에 많은 생산 거점을 가지고 있다. 한국의 노동 조건은 생산 원가가 높아지는 경향이기에 점차 인건비가 싼 해외로 이전할 수밖에 없다. 그러나 모공장의 역할을 잊어서는 안 될 것이다. 한국의 본사는 우수한 인적 자원을 보유하고 있고 세계 시장을 선도할 수 있는 연구 개발의 본산지 역할을 한다. 생산 부문 또한 세계 최고의 경쟁력을 갖는 스마트 생산라인을 구축하고 모공장으로서 각 해외 생산 거점들에 대해 각각의 수준에 맞게 파급 확산하는 역할을 해야 한다.

노동조합을 비롯한 생산 부문에 어떻게 하면 해외 생산 거점들에 물량을 뺏기지 않고 유지할 수 있을 것인가 하는 숙제를 주면 그들은 창의와 열정을 다해 혁신할 것이다. LG전자 창원 공장은 그런 사례를 보여주고 있고 앞으로도 그런 역할에 충실할 것으로 보인다.

한계 돌파 컨셉 사례

기존 사업에서 한계 돌파 컨셉을 소비자에게 제공한다면 새로운 시장을 창출하고 고수익을 창출할 수 있다. 한계 돌파 컨셉은 소비자 인사이트 중 매력적 요소의 열광적 특성에 대해서 아직 기대하지 못했던 높은 감명을 받는 편익 제공으로 매료된 소비자들로부터 탄성을 자아내게 하는 것이다.

한계 돌파 컨셉을 결정하기 위해서는 소비자 인사이트 중에서 기회가 큰 인사이트를 찾아야 한다. 이 인사이트에서 의미 있는 기회를 발견한다면 지금까지 경쟁사들이 제공하지 않고 있는 영역이기 때문에 한계 돌파 컨셉이 될 가능성이 높다. 이는 인지하지 못한 소비자 인사이트를 더 큰 기회로 볼 수 있고 이에 방향을 맞춘 기술을 장기적 관점에서 한계 돌파 기술로 실현해나가야 한다.

한계 돌파 컨셉은 기존 고객 가치보다 25% 이상의 향상을 해야 한다고 제시하고 있지만, 고객의 만족도가 급격히 높아지는 한계 돌파점을 파악하는 것이 중요하다. 한계 돌파점은 소비자의 라이프 스타일에 긍정적인 변화를 줄 수 있는 것으로 산업, 제품 특성에 따라 다르다고 볼 수 있다.

한계 돌파 기술에 대한 컨셉은 〈그림 6-1〉처럼 정리할 수 있다.

한계 돌파 영역에서의 신기술은 기초 연구를 바탕으로 연구 기간과 투자 뒷받침이 되는 전사 연구소나 대학에서 수행하는 것이 바람직하다. 그리고 한계 돌파 기술을 실현하는 데는 핵심 부품의 역할이 매우 중요하며 이를 확보하기 위한 전략도 큰 영향을 미칠 것이다.

"펑크가 나지 않는 타이어라면 걱정 없이 운전할 수 있을 텐데…."

일반 자동차 운전자들이 갖는 소망이다. 내가 2003년 미국에서 자동차 여행 중에 타이어 펑크가 났는데 백미러로 보니 타이어가 산산조각이 나 바퀴 휠이 아스팔트 위를 긁으면서 불꽃이 번쩍이고 새하

그림 6-1 | **한계 돌파 기술** | 자료 · Breakthrough(Stefik, 2004)

기술 혁신

와!
25% ▲

상품(제품 설계)

신기술(한계 돌파 영역, 전사 차원 연구)

지식·인사이트(기초 연구)

시간

안 연기가 발생했다. 한쪽으로 급속히 쏠리면서 급정거를 했지만 정말 위험했던 순간이었다.

그런데 이런 위험을 원천적으로 없앨 수 있는 소망이 현실이 되어가고 있다. 펑크가 나는 근본적인 이유는 공기가 주입되어 있기 때문인데, 애초에 공기가 없다면 펑크의 위험은 사라질 것이다. 이것이 바로 100여 년 이상 이어져 온 기존의 사고가 깨지는 한계 돌파의 기술이다.

최고의 타이어 브랜드인 미쉐린은 2024년부터 공기를 주입하지 않는 에어리스 타이어 업티스Uptis를 선보인다는 계획을 발표했다. 유리섬유 계통의 신소재를 사용해 벌집과 같은 구조로 만들어 변형 시 즉시 원래대로 복원되는 신제품이다. 업티스가 고객에게 주는 가치는 못 등에 찔려도 타이어의 변형이 없으므로 항상 안전하게 운전할 수 있다는 것이다. 따라서 갑작스러운 펑크에 대비한 예비 타이어를 싣고 다니지 않아도 된다. 공기 압력 불일치로 인한 편마모 개선, 타이어 압력 센서 불필요, 일정한 마찰력에 의한 안정성, 장수명 등의 고객 편익도 추가로 가질 수 있다.

반면 새로운 기술을 도입할 때는 예상치 못한 장벽을 극복해야 하는 경우가 많다. 새로운 구조는 피로파괴 강도 등 신뢰성을 확보해야 하고 타이어에 영향을 받는 차체의 설계와의 적합성도 해결해야 할 문제다.

무엇보다 기존 공기 타이어 대비 여하히 가격 경쟁력을 갖출 것인가가 관건이다. 타이어는 소모품이기 때문에 사업망에 연계된 일선 판매업자들은 더 싸고 자주 바꿔, 많이 팔리는 것을 선호하기 때문이다.

그리고 수명이 획기적으로 길어지면 전체 판매량이 줄어들 수 있어서 자기 파괴라는 벽과도 싸워야 한다. 그러나 확실한 고객 가치의 실현이라면 타이어의 생태계를 바꾸는 변혁이 일어날 것이고 시장 점유와 수익의 성과는 새로운 시장의 선점자에게 먼저 돌아갈 것이다. 마치 스마트폰으로 생태계를 바꾼 애플처럼.

생태계의 파괴적 혁신 사례

파괴적 혁신 이론은 오래전에 하버드대학교의 크리스텐슨 교수가 정리해서 발표한 이론으로 비슷한 고객 가치를 현저히 낮은 가격으로 제공할 수 있다면 생태계를 파괴할 수 있다고 하는 것이다. 이런 형태의 사업은 캡슐형 커피머신, IT를 이용한 무료 서비스 및 결합 서비스 등 기존의 생태계를 파괴하고 있는 사례에서 볼 수 있다.

그러나 기존의 대기업이 파괴적 혁신을 실행하고자 할 때 수익성이 유지되고 있는 사업과 기존 자산의 자기 파괴가 쉽지 않다.

테슬라의 전기 자동차 광풍이 뜨겁다. 2020년 말 테슬라의 시가 총액은 6,585억 달러(715조 원)로 세계 최대의 자동차 제조 업체인 도요타의 3배 이상이니 광풍이 몰아닥쳤다 해도 과언이 아니다. 생산 대수 기준으로는 도요타의 5%, 매출 기준으로는 10% 수준에 불과하다.

도요타는 1997년에 세계 최초로 전기와 내연기관을 같이 사용하는 하이브리드 프리우스를 내놓은 세계 최고의 자동차 회사이며 간판 방식으로 대표되는 생산성 혁신은 많은 회사의 벤치마킹 대상이었다.

그런데 왜 이런 현상이 발생한 것일까? 단적인 이유는 기존 자동차 회사는 내연기관의 자산이 발목을 잡아 전기 자동차로의 변혁이 느린 반면, 테슬라는 원점에서 과거의 부채 없이 전기 자동차에 전력을 기울였기 때문이다. 현재 테슬라가 가지고 있는 전기 자동차의 기술력과 인프라는 기존 자동차 업체 대비 5년은 앞선다는 평가를 받는다.

내가 몸담았던 사업과 다른 업종인 자동차에 대한 지식은 도요타 생산 방식 혁신 연수 등을 통해 간접적으로 접한 것이 전부다. 테슬라는 2003년 마틴 에버하드와 마크 타페닝에 의해 설립되었으나 투자

유치를 위해 2004년 금융 결제 서비스 페이팔의 CEO였던 일론 머스크를 영입했다. 이후 머스크가 경영의 주도권을 쥐고 사실상의 창업자가 되었다. 오늘날의 테슬라는 머스크가 키워왔다고 볼 수 있다.

주력 자동차 부문에 프리우스와 같은 하이브리드가 존재하는 상황에서 순수 전기 자동차에 도전한다는 것은 어쩌면 달걀로 바위를 치는 격이었을 것이다. 타 업체의 혁신 사례를 즐겨 찾던 내게도 당시의 테슬라는 눈에 들어오지 않았다. '수십 년에 걸쳐 쌓인 유럽, 일본 자동차들의 기술 노하우, 특히 안전에 대한 품질을 극복할 수 있을 것인가?', '가솔린과 같은 주행거리를 확보할 수 있을 것인가?', '가솔린처럼 쉽게 주유할 수 있는 충전소 인프라가 구축될 것인가?' 등의 의문이 있었기 때문이다. 그러나 2014년 미국 UCLA 대학교의 교정에서 보았던 빨간색의 테슬라 자동차는 신선한 충격으로 다가왔다. 스포츠카와 같은 팬시한 디자인이 잘 만들었다는 느낌이 들었다.

테슬라가 사업을 시작한 지 16년 만에 흑자를 냈다. 향후 자동차 시장이 전기 자동차로 변혁될 것이라는 확실한 비전이 없었다면 쉽지 않았을 것이다. 전기 자동차에 주어지는 탄소배출권에 의한 수익을 제외하면 자동차 판매만으로는 아직 적자 상태. 40만 대 판매로는 아직 규모의 경제를 이룬 수준이 아니기 때문이다. 그러나 향후 5년 내 전기 자동차 시장은 천만 대에 도달할 것으로 보여 전망은 밝은 편이다.

테슬라는 기존 내연기관의 자동차 생태계를 파괴할 수 있는 몇 가지 확실한 가치에 신념이 있었을 것이다.

첫째는 화석 연료의 공해, 기후 변화를 감소시키고 청정에너지로 인류의 삶을 쾌적하게 만드는 데 두었을 것 같다. 전 세계의 자동차 생태계를 바꾸는 것은 엄청난 도전이다.

둘째는 내연기관 자동차보다 전기차는 부품 수가 50~70%가 감소하기 때문에 규모의 경제에 이를수록 가격 파괴를 주도해나갈 수 있을 것이다. 특히 기존 자동차 업체의 엔진 사업은 내재화되어 있어 경쟁 구도가 형성되어 있지 않다. 반면, 전기차의 배터리, 모터 등은 전문 업체들끼리 경쟁하고 있어 가격 및 기술의 무한 경쟁 구도기 때문이다.

셋째는 전기차만 제공할 수 있는 정음, 무진동과 빠른 가속의 제로백(시속 100km까지 도달하는 시간)이다. 전기차에 탑승해보면 시동이 걸렸는지 안 걸렸는지 잘 모를 정도니 승차감은 확실히 차별화된다. 그리고 제로백이 2.5초 이내로 실현되고 있으니 속도감을 즐기는 젊은 층에서 높은 인기를 얻을 것으로 보인다.

넷째는 고객이 지불해야 하는 총 운영 비용의 절감이다. 고객이 자동차를 소유함으로 인해 발생하는 비용은 자동차 구매 비용, 연료비, 유지 비용, 보험료 등이다.

자동차 구매 비용은 앞에서 언급한 것과 같이 절대 부품 수가 적기 때문에 같은 규격이라면 저렴해질 것이다. 그리고 연료비도 고갈되어가는 화석 연료 대비 전기는 훨씬 저렴할 것이다. 쉽게 충전하는 간편 충전기가 집이나 집 근처의 공동 구역에 설치되면 주유소까지 이동해야 하는 불편 감소도 큰 편익이 될 것이다. 그리고 주유소와 수소 충전소는 위험물 설치 비용이 추가되고 생산 공장으로부터 이동하는 물류비가 더 들기 때문에 기본적으로 기존 자동차의 경쟁력을 떨어뜨리는 요인이 된다. 또한, 전기차는 부품 수가 적기 때문에 수리비도 감소할 것이고 고장도 줄어 보험료도 경감될 소지가 있다.

친환경 제품에 대한 보조비 등의 추가 인센티브도 매력적인 사항이 된다. 실제로 이런 운영 비용의 매력으로 전기 자동차의 1년 내 중고차에 대한 가격 하락은 기존 내연기관 자동차의 20~40%에 비해 현저히 적은 약 5% 수준이다.

다섯째는 테슬라가 스마트 카 개념의 최첨단 제어 시스템에서 앞서가고 있는데, 이는 캘리포니아 팔로 알토에 본사가 있는 테슬라의 배후에 실리콘밸리가 있는 것과 무관하지 않다. 향후 자율 주행 등에 있어서도 앞서갈 수 있는 여지가 많다.

마지막으로 기존 업체의 전통적인 딜러 판매체제를 채택하지 않고 직접 판매망을 구축하고 비대면 온라인 판매체제를 강화해 중간 유통을 없애고 비용을 절감했다. 이런 판매체제의 정착은 광고비도 별로 사용하지 않는 SNS를 통해 새로운 선도적 기술을 선보이고 화제를 일으키는 노이즈 마케팅을 통해 이루어졌다. 거기에 더해 〈컨슈머 리포트〉의 고객 만족도 평가에서 1위를 한 것은 이러한 판매체제의 구축에 더욱 힘을 실어주고 있다.

영국은 2030년부터 내연기관의 신차 판매를 금지할 것을 선언했다. 이제 세계 각국이 게임 체인저인 테슬라가 일으킨 혁신에 속속 동참할 것이고 이는 가속화될 것이다. 이러한 것들이 보편화되려면 장거리 운전이 가능한 주행거리와 짧은 충전 시간이 확보되어야 한다. 테슬라는 500km까지 주행 가능한 배터리 그리고 슈퍼 충전기를 개발해 20분 이내에 80% 충전(100% 충전 시 40분)을 하는 데까지 이르렀다. 그리고 이 특허를 개방하고 자유롭게 설치하도록 하는 대신 테슬라 자동차에만 맞도록 했다. 그들 스스로 정부 지원 없이 자체 투자로 계속 늘려가고 있다. 마치 표준화를 통한 플랫폼 전략으로 보인다.

테슬라의 광풍은 언제까지나 불 것인가? 테슬라가 전기 자동차에서 세계 최고 수준으로 앞서갈 수 있었던 것은 배터리 효율, 차체 설계 등을 전기 자동차 전용으로 최적화해 개발했기 때문이다. 반면 기존 자동차 업체들은 기존 내연기관 플랫폼을 사용할 수 있는 하이브리드에 치중했기 때문에 원가 구조상 경쟁력이 약했다. 기존 업체들이 사업 구조에 과감한 파괴적 혁신을 하지 못하는 사이에 테슬라는 대성공을 했고 고공의 시가 총액에서 창출되는 자본을 가지고 앞선 기술과 필요한 인프라 투자를 과감하게 해나가고 있다.

그러나 기존 업체들도 이제는 밀리면 죽는다는 각오로 사활을 걸고 나올 것이다. 도요타는 2021년 9월 전고체 배터리를 탑재한 순수 전기 자동차를 선보였다. 전고체 배터리는 기존의 리튬 이온 배터리 대비 주행거리가 2배로 늘어나고 충전 시간도 10분 이내가 될 수 있는 꿈의 배터리다. 특히 고체 특성으로 인해 화재 위험이 줄어든다는 장점이 있다. 현재 양산 중인 리튬 이온 대비 어떻게 원가를 줄여 상업화하는가에 달려 있지만, 전기 자동차로의 변혁은 더욱 가속화될 것이다.

이제 전기 자동차 산업은 앞서가고 있던 테슬라와 기존에 내공을 가지고 있던 톱 수준 자동차 업체들의 치열한 싸움이 전개될 것이다. 진정한 고객 가치를 실현하기 위한 확고한 철학을 가지고 세계 최고의 수준을 빠르게 끊임없이 해결해나갈 수 있는 능력이 있는 회사가 최후의 승자가 될 것이다.

- 최고를 지향하는 사고가 있어야 끊임없이 최고 수준을 찾게 된다.
- 선도 업체는 끊임없는 창의와 실행력으로 무한 도전의 연구 개발이 뒤따라야만 한다.
- 사업 영역을 어떻게 정의하고 설정할 것인지에 따라 세계 최고 수준이 달라진다.
- 세계 최고 수준은 하루아침에 이루어지지 않는다.

새로운 가치는 빠르게 발견하고 실행하라

7장

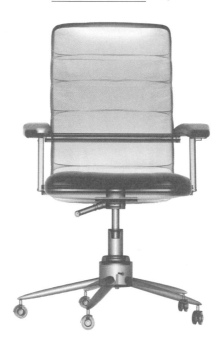

World First, World Best

World First, World Best는 세계 최초, 세계 최고를 일컫는 말이고 경쟁 우위를 나타내는 좋은 개념이다. 어떠한 성능이나 기능, 서비스가 세계에서 처음 나오고 또한 세계 최고 수준임을 말한다. 바둑에서 선수(先手)는 필승이다.

고객에 대한 가치는 최초로 출시해 경쟁자가 없을 때가 가장 높고 경쟁자가 출현하면 감소하기 시작한다. 경쟁자가 많아지면 공급이 수요를 초과하게 되고 대량 생산에 의해 가치를 크게 인정받지 못하는 보편적 상품화가 되어 레드 오션의 길로 접어들게 된다.

최초의 가치를 오래 가져가기 위해서는 경쟁자가 모방하기 어려운 원천 기술, 역량이 쌓인 플랫폼 등의 구축이 필요하다. 고객이 구매를 결정할 때 디자인도 매우 중요한 요소 중 하나지만 쉽게 모방할 수 있다면 1년 이상 경쟁력을 유지하기 어렵다. 아이디어에 대한 특허는 회피하는 방법을 찾을 수 있고, 특허 소송이 진행된다 해도 유사, 선행 특허 등으로 승소하기는 쉽지 않다. 명확하게 결론 나지 않고 많은 시간이 소요된 애플과 삼성의 스마트폰 디자인 특허 소송이 그 예다. 디자인에서도 신소재의 개발, 난해한 기술이 수반된 가공 공법 및 표면 처리 기술 등의 생산성이 뒷받침된 가격 경쟁력을 확보한다면 경쟁자가 쉽게 모방할 수 없을 것이다.

최초라는 정의가 며칠 앞서는 것으로는 길게 보면 큰 의미가 없을 것이다. 단지 홍보전에서 최초라는 이름을 달았을 뿐이다. 고객은 그렇게 정확히 계산하지도, 오래 기억하지도 않는다. 고객 자신이 구매할 때 특정한 곳에서 살 수밖에 없는지, 다른 업체의 상품도 선택할 수 있는지가 중요할 뿐이다. 최초라는 가치를 누리기 위해서는 최소한 몇 달에서부터 1년 이상 앞서 있어야 한다.

빠른 속도로 변화하는 휴대폰 사업에서 몇 달의 차이는 그해 사업의 성패를 가르는 중요한 요소다. 매년 2월에 스페인 바르셀로나에서 개최되는 세계 최대 규모의 이동 통신 산업 전시회인 MWCMobile World Congress에는 전 세계 주요 IT 회사들 대부분이 참여해서 신기술, 신제품, 새로운 서비스를 일제히 선보인다.

고객에게 첫선을 보이는 것은 같지만 실제로 원하는 고객에게 원하는 양만큼 신제품을 전달하는 것은 기업의 역량에 달려 있다. 신제품 발표 전에 생산 준비 및 초도 물량을 확보한 후, 1분기에 제대로 공급한 회사와 그렇지 못한 회사에는 큰 차이가 있다. 신제품을 기다리고 있는 대기 수요자에게 먼저 공급하는 것이 사실상 최초인 것이다. 최초로 공급한 회사는 대기 수요를 원하는 대로 가져가고 판매 가격을 유지할 수 있어 높은 수익을 실탄으로 확보하고 그다음에 뒤따라오는 회사에 대해 적극적인 마케팅 및 가격 전쟁을 구사할 수 있다. 최초 발표 못지않게 원하는 고객에게 최초로 전달할 수 있는 능력이 무엇보다 중요하다.

오랜 기간의 연구 개발을 통해 얻은 원천 기술이나 디자인은 후발 경쟁자가 따라오는 데 시간이 걸리기 때문에 최초의 가치를 오래 유지할 수 있을 것이다.

본질적 가치를 보면 새로운 가치가 보인다

고객이 사용하는 환경에서 본질적인 가치가 무엇인지 잘 들여다보면 새로운 가치를 발견할 수 있다.

첫째, 현재 고객이 사용하는 환경에서 여러 이유로 채워주지 못하고 비어 있는 니즈가 있을 수 있다. 둘째, 현재 고객이 사용하고 있는 가운데 불편한 점이 있지만, 기술상 문제로 아직 해결해주지 못하는 부분이 있다. 셋째, 고객조차 인지하지 못하고 있는 잠재 니즈가 있다. 이러한 부분을 깊이 통찰하고 발견해내서 새로운 가치를 창출해내느냐의 여부가 제품 리더십을 결정한다.

먼저 제품 리더십의 정의를 살펴보자. 제품 리더십은 최첨단 제품과 서비스를 지속적으로 만들어낼 수 있는 힘이며, 이를 달성하기 위해서는 다음의 세 가지 요소를 갖추어야 한다.

첫째, 회사는 창의적이어야 하며 회사 밖에서 찾을 수 있는 아이디어를 인정하고 포용할 수 있어야 한다. 둘째, 아이디어를 신속히 상업화할 수 있어야 하며 그러기 위해서는 비즈니스와 경영 프로세스들이 변화되어야 한다. 셋째, 새로운 해결안을 추구해야 한다.

제품 리더십 확보를 위해서는 앞에서 살펴본 것처럼 소비자에게 새로운 가치를 제공할 수 있는 고객 인사이트가 필요하다. 인사이트의 사전적 정의는 "직관적인 이해를 통한 진정한 본성", "내면의 특성 또는 내재되어 있는 진실을 볼 수 있는 능력"이다. 그리고 또 다른 인사이트의 정의는 "명확하게 깊이 인지하는 능력"이다.

소비자의 욕구에 대한 관찰과 데이터의 수집이 인사이트는 아니다. 왜, 무엇 때문에 그랬는지 동기를 파악하는 것이 중요하다. 이를 위해서는 소비자의 사용 맥락을 설정하고 거기에서 딜레마를 파악하고 이유를 찾아야 한다. 그에 대한 동기 부여 방법을 찾고 새로운 가치, 즉 이상적인 것을 마음속에 그려야 한다.

고객 인사이트는 설계 및 혁신 프로세스의 초석이 되며 다음에 해야 할 일을 위한 지침이 된다. 그리고 고객을 위한 새로운 가치 창출의 촉매제 역할을 한다. 시장에 새로 도입된 제품이나 성장기에 있는 제품은 소비자에게 제공할 가치를 쉽게 인식할 수 있는 새로운 기능이나 사용 불편 측면에서 통찰할 수 있을 것이다. 그러나 성숙 제품에서는 그동안 많은 개선이 이루어져 왔기 때문에 통찰하기가 쉽지 않다.

고객조차 모르는 인사이트를 발굴하라

인지하고 있는 생각은 간단한 이슈이지만 인지하고 있지 못하는 생각은 복잡한 의사 결정을 필요로 한다. 만약에 어떤 고객 행동이 인지하지 못하는 인사이트라면 제품 개발에서 우선순위에 놓기가 쉽지 않다. 왜냐하면, 이미 주관적인 경험이 있는 인지 인사이트가 확실해 보이기 때문이다. 인지하지 못하는 인사이트는 오랜 기간에 걸쳐 연구되어왔지만 의사 결정에 반영되는 모델로 정착되기까지는 아직 요원해 보인다.

신제품 실패의 가장 중요한 원인은 고객에 대한 부적절한 이해다. 고객들은 그들이 무엇을 원하고 무엇이 필요한지 잘 모른다. 하지만 다른 것을 원하고 그들의 기대를 높이려고 한다. 고객의 행동을 이해하고 예측하려면 행동만이 아니라 심리도 분석해야 한다. 고객의 욕구가 구매 동기로 발전하려면 현재 상태와 바람직한 상태 사이의 차이가 상당히 크거나 이러한 욕구를 해결하는 것이 중요하다고 느껴야 한다.

고객 인사이트는 고객의 인지하지 못하는 니즈가 실제화된 것이다. 고객의 생각 중에 스스로 인식하는 것은 10%밖에 안 되며 이것은 전화 인터뷰, FGI 서베이 등으로 조사할 수 있다. 그러나 90%에 해당하는 인지하지 못하고 있는 생각, 마음, 감정 등에는 다른 방식으로 접근해야 한다. 그렇지 않으면 진정한 인사이트에 대한 묘사 오류, 고객 데이터의 이해 혼선, 고객 경험의 나쁜 요소에 맞추는 등의 오류를 범할 수 있다.

성숙 제품군에서는 고객의 새로운 욕구를 발굴하는 데 한계가 존재한다. 계속 늘어나고 있는 방법은 자연스러운 환경에 고객을 노출하거나 응답 이외의 방식으로 인사이트를 찾는 것이다. 차별화나 새로운 컨셉을 찾기 위해서는 고객 인사이트에 영향을 미치는 사회적, 심리적 과정을 잘 조사해 미인지의 잠재된 욕구를 파악해야 한다.

고객 관점에서 차별화하라

제품 혁신은 크게 기술 주도 및 소비자 주도와 성과 주도로 나눌 수 있고 연구한 내용들이 산업 현장에서 적용되어왔다.

기술 주도 제품 혁신은 제품 혁신을 이루기까지 시행착오로 많은 실패 비용이 발생한다. 울빅의 연구에 의하면 연구 개발 비용의 실패율은 약 90%에 달했고 성공하기까지는 약 8년의 기간이 소요되었다.

소비자 주도 제품 혁신은 이러한 기술 주도의 문제점을 해결하기 위한 것으로, 신제품에 투자하기 전에 소비자가 무엇을 원하는지를 조사하고 반영하는 것이다. 주로 문화기술과 인류학적anthropological 연구가 사용되며 소비자 컨셉 테스트를 한다. 소비자 주도 혁신이 추진된 지난 20여 년을 살펴보면 출시된 신제품의 50~90%가 계속 실패했다. 이러한 실패의 원인은 좋지 않은 성장 전략 및 목표, 정확하지 않은 데이터 수집, 잘못된 시장 세분화 등이다. 즉, 나쁜 것을 투입하면 좋은 결과를 얻기 힘든 것이다.

이러한 분석을 바탕으로 성과 주도 혁신이 제시되었고 제품 혁신의 큰 흐름이 기술 주도, 소비자 주도, 성과 주도의 형태로 진전되었다.

100년 이상 된 성숙 제품을 혁신하다

시장에 도입된 지 오래되거나 보급률이 높아 성장이 낮아지는 제품을 성숙 제품이라고 한다. 시장에 도입된 지 100년 이상 된 자동차, 냉장고, 세탁기 등이 대표적인 성숙 제품이라 볼 수 있다.

자동차의 최초 등장에 대해서는 여러 이야기가 있지만 1769년 프랑스 공병 장교 니콜라 조제프 퀴뇨가 개발한 2기통 3륜 증기 자동차가 최초 주행 시연된 것으로 보인다. 이로부터 보면 자동차의 역사는 250년 가까이 된다. 이 기간 엔진은 2기통에서 4기통, 6기통 등으로, 그리고 증기에서 가솔린, 디젤, 하이브리드, 전기 등으로 진화했다. 조작도 기계식에서 전자식으로 많은 발전이 이루어져 왔고 무인 자동차의 상용화를 목전에 두고 있다. 수요 측면에서도 개인의 소형차에서 프리미엄 럭셔리, 레저, 상용차에 이르기까지 확대되어왔다. 자동차 산업은 생산에서부터 판매에 이르기까지 많은 투자가 이루어져야 하고 규모의 경제 등 진입 장벽이 높아 경쟁 강도가 다소 낮은 편이다.

새로운 가치를 계속 창출하고 운영의 우수성을 보이는 도요타, 폭

스바겐 등은 10% 전후의 높은 수익을 이루고 있으나 GM, 크라이슬러 등은 낮은 수익률을 보이거나 도산의 위기를 겪기도 했다. 테슬라는 이런 기존의 자동차 산업 구조에 전기 자동차라는 게임 체인저로서 판도를 거세게 흔들고 있다.

어째서 자동차 산업은 250년이라는 긴 역사를 지니고 있음에도 불구하고 사양 산업이 되지 않고 계속 발전하는가? 인간이 스스로 이동하려면 본인의 다리를 움직여 이동할 수밖에 없다. 하지만 인간이 직접 이동하는 것은 속도가 느리고 장거리를 이동할 수 없다. 여기서 필수 불가결한 니즈가 생겨나는 것이다. 그러므로 인간이 존재하는 한, '이동'이라는 기본 니즈를 해결해주는 사업은 영원히 존재할 것이다.

거기에 안전하게, 빠르게, 쾌적하게, 해롭지 않게 등등의 부가적인 새로운 가치를 끊임없이 창출하는 것이 자동차 사업을 끊임없이 매력 있는 사업으로 만들고 있다. 자동차는 하드웨어의 수단이고 이것을 더 가치 있게 하는 것이 부가적인 서비스들이다. 고가이기 때문에 구매를 쉽게 해주는 여러 할부 금융 시스템, 택배, 버스와 택시 등의 공공 시스템, 우버와 같은 편리한 예약 시스템, 공유 차량 서비스 등 고객을 위한 가치 창조의 혁신 비즈니스 모델들이 계속 이어져 나올 것이다.

다음은 냉장고, 세탁기 등의 생활 가전에 대해서 살펴보고자 한다. 생활 가전 제품은 인간의 의식주를 편리하게 하는 필수적인 제품이어서 인간이 존재하는 한 영속적으로 존재할 수 있는 가치를 가지고 있는 산업이다.

냉장고는 그 역사가 자동차보다 훨씬 오래된 성숙 제품이다. 식량을 항상 수확할 수 있다면 보관할 필요가 없겠지만 그렇지 않은 것이 자연의 이치다. 냉장고가 이 세상에 처음 선보인 이래 180여 년이 지났는데도 생활 향상에 따른 대형화, 용도에 따른 여러 수량의 필요, 에너지 효율 향상에 의한 대체 수요, 디자인의 고급화로 계속 수요가 창출되고 있다.

세탁기 또한 기본 의식주 중 의류의 세탁이라는 여성의 가사 노동을 해방해준 세상을 바꾼 세기의 발명품이다. 이를 통해 여성들은 가치 있는 삶, 사회생활에 시간을 더 쏟을 수 있게 되었다. 이런 세탁기가 세상에 처음으로 선보인 것은 1851년 미국의 제임스 킹이 수동의 실린더식 세탁기를 개발했을 때다. 이 이후에 세탁, 탈수가 분리된 2조식, 한번에 같이 되는 전자동 그리고 드럼식으로 진화되어왔고 최근에는 인공지능의 제어에 의한 기술이 괄목할 만하게 진전되었다. 아직도 사람이 세탁물을 넣고 빼야 하는 불편함이 있고 다림질 등 완벽하게 되기까지는 더 개선해야 할 여지가 많이 남아 있다.

LG전자나 삼성전자는 한때 이런 생활 가전을 구조조정하려 했던 시기가 있었다. LG전자는 1990년대 말 IMF 외환위기 시, 그리고 삼성은 자동차 산업에 진출했을 때 생활 가전 사업을 사양 산업으로 보고 정리하고 그 자원을 신규 사업으로 전환하고자 시도한 것으로 보인다. 그러나 지금도 여전히 생활 가전은 양 사에서 중요한 사업으로 자리 잡고 있다. 지속적인 수익 창출과 더불어 5~10년 이상 사용하는 내구성 제품으로 오랫동안 가족들과 함께하는 친숙한 브랜드의 가치도 중요하다고 볼 수 있다.

생활 가전 사업을 하면서 구성원들에게 이렇게 이야기하곤 했다.

"생활 가전 사업은 인간의 의식주에 관련되기 때문에 인간이 존재하는 한 영속적으로 존재할 것이다. 100% 보급된 성숙 제품이란 100%의 시장이 존재하는 것이다. 인간의 삶의 질을 향상하는 새로운 가치를 찾아 제공한다면 100%의 수요를 창출해내는 새로운 시장이 다시 생겨난다."

고객에 대한 깊은 이해를 통해 소비자의 현존하는 불만 사항이나 잠재적 욕구를 개선하는 고객 인사이트를 발굴할 수 있다. 이를 바탕으로 고객의 기대를 뛰어넘는 수준의 제품이나 서비스를 제공한다면 새로운 시장을 창출할 수 있고, 성숙 단계더라도 그 안에서 새로운 제품 생애 주기가 시작되는 것이다. 초기에 개선된 사용 불편은 눈에 보이거나 직접 불편함을 느끼는 사항이었으나 이런 사항들이 개선되면서 점차 눈에 보이지 않는, 고객의 마음속에 무의식적으로 존재하는 욕구들을 만족시킬 수 있는 고객 가치를 제공하는 상품이 성공하게 되었다.

여기에서 반드시 갖추어야 할 것은 새로운 고객 가치를 경쟁력 있게 발굴해낼 수 있는 핵심 역량이다.

세상을 바꾼 생활 가전

성숙 제품 혁신 모형

LG 생활 가전은 대표적인 성숙 제품이다. 한때는 사양 산업으로 분류되었던 생활 가전이지만, 혁신적인 제품을 끊임없이 개발해내 시장을 다시 창출해냈고 이를 뒷받침하는 혁신 문화가 강력하게 구축되어 지속적인 성장을 하고 있다. 또한, 체계적인 마케팅 전략으로 지금은 전세계 시장에서 브랜드 가치를 높여 세계 일류의 반열에 서 있다. 그러한 모습을 간략히 도형화하면 다음 〈그림 7-1〉와 같다.

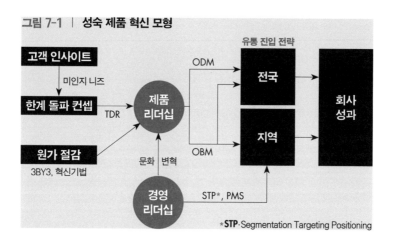

그림 7-1 | **성숙 제품 혁신 모형**

세계 최초 의류 관리기, 스타일러

세탁기가 하지 못하는 의류 관리를 대신하는 스타일러 시장은 혼수 필수 가전으로까지 성장했다. 2011년 LG전자가 세계 최초로 출시한 후, 2018년 후발 경쟁사들이 가세해 시장은 더욱 확대되었다. 이제 필수 가전이 된 스타일러는 어떻게 탄생하게 되었을까?

의류 세탁 프로세스를 간단히 설명하면 세탁물 분류→세탁→헹굼→털기→널기→건조→개기(필요 시 다림질) 이러한 과정으로 진행된다. 세탁 본연의 기능이 그동안 많이 개선되어왔고 스팀, 건조 기술의 발달에 따라 웬만한 의류는 주름 제거가 가능해짐에 따라 완성도도 많이 높아졌다.

그러나 이것은 세탁이 가능한 일반적인 의류에 대한 것이고 신사복과 코트 등의 정장 의류, 스웨터와 같은 울 및 실크 의류, 기능성 및 스포츠 의류 등은 외부에 드라이클리닝을 맡기지 않으면 안 됐다. 비용도 부담이지만 맡기고 찾는 것도 고객에게는 큰 불편함이었다.

한국의 불고기 문화는 한 번만 입어도 애써 드라이클리닝한 옷에 냄새가 배게 한다. 식당에서는 비닐 커버 등 냄새 방지 아이디어를 내지만 완벽하게 막아주지 못하니 주부들은 섬유 탈취제를 뿌려 없애려고 한다. 그러나 냄새 분자가 빠져나오지 못한 상태에서 덧씌우는 것은 완벽하게 냄새를 제거하지 못하고 묘한 여운을 남겨 개운치가 않다. 또한, 주름이 생긴 외투는 세탁기에 넣을 수 없으니 걸어놓고 스팀 분사를 시켜 수동으로 주름을 펴는 별도의 제품을 사용하기도 한다. 이런 고객 불편사항을 해결하기로 방향을 정했다.

2004년 미국, 유럽 등 선진 시장에서 의류 관리 사례를 조사했으나 우리가 찾고자 하는 제품은 보이지 않았다. 이불 건조 기능을 가진 제품 정도가 보였으나 상품성은 전혀 없는 상태였다. 아무것도 보이지 않는 상태에서 세계 처음으로 개발해야 했다.

2005년부터 제품 컨셉을 조사했는데 고객의 의류 관리 사용 프로세스를 커버할 수 있는 여러 방안이 제안되었고 이 안들을 중심으로 한국, 미국, 유럽 소비자들에게 수용성 조사를 했다. 이러한 아이디어 중에는 현재 스타일러 방식인 무빙 행거moving hanger 타입으로 의류를 세탁 방식처럼 흔들어주는 안도 있고 후발로 진입한 경쟁사가 채택한 에어로 분사하는 방식도 있었다.

성능은 분당 200회 이상으로 의류를 흔들어주면서 트루 스팀true steam으로 먼지 및 냄새를 제거하는 무빙 행거 타입이 월등했기 때문에 검토 중이던 에어 분사 타입은 포기했다. 물론 이때 제안된 모든 안들은 전부 특허 출원이 되었기 때문에 후발 진입자들은 특허 회피에 대해서 자유롭지 못할 것으로 보인다. 3년간 충분한 컨셉 수용성 평가 및 목업mock-up(실물 모형) 테스트를 거쳐 현재의 무빙 행거 방식의 스타일러 규격이 정해졌다.

제품 개발 기간은 원래 예상했던 것보다 훨씬 더 길어진 4년이 소요되었다. 기본적인 깨끗함을 유지하는 기술은 스팀을 활용한 세탁 이론에서 가져왔지만, 스팀을 사용함으로 도어는 밀폐되어야 했고 그 기술은 냉장고 도어 원리를 활용해야 했다. 또한, 내부 온도 정밀 제어 기술도 냉장고의 기술을 적용했다. 스팀이 의류에 골고루 분사되도록 하는 기술은 에어컨의 기류 기술이 적용되었고 빠른 건조를 위해서는 에어컨의 히트 펌프 제습, 건조 원리를 더해야 했다.

그동안 사업본부 차원에서 독특하게 운영되어온 한계 돌파 혁신의 TDR 형태로 세 개의 사업부에서 필요 인원들이 차출되어 기능 횡단 팀이 구성되었다. 채택된 컨셉들은 처음 도입되는 항목이어서 시행착오가 많았다. 고속 진동에 의한 무빙 행거의 문제해결에 많은 시간이 걸렸고 바지 주름을 잡는 기능도 정말 어려운 기술이었다. 결국, 바지 칼 주름을 잡는 기술은 제품 출시 초기에는 적용하지 못하고 출시 후 추가 연구를 더 거쳐서 실용화되었다. 스타일러의 고객 제공 가치는 구김, 냄새, 먼지 제거 및 살균, 향기, 건조, 보관 기능이었다. 이에 적용된 기술은 220여 건 특허 출원이 되었고 라스베이거스에서 열린 CES Consumer Electronics Show에서 혁신상을 받았다. 이렇게 스타일러는 기초 연구부터 9년의 산고 끝에 2011년 세상에 그 모습을 드러내게 되었다.

이 세상에 없던 의류 관리기가 왜 필요한지 고객에게 알리고 판매로 연결되는 데는 많은 난관이 있었고 생각보다 시간이 걸렸다. '걸어만 놔도 새 옷처럼'이라는 캐치프레이즈를 걸고 전략 품목으로 정해 강력하게 추진하는 데도 초기에는 투자 대비 판매가 많이 이루어지지 않았다.

단기 경영적 시각이라면 이렇게 시장 창출에 시간이 걸리는 사업은 시작하기가 쉽지 않았을 것이고 몇 년에 걸친 장기 투자도 어려웠을 것이다. 출시 초기에 고객 체험을 늘리기 위해서 고객 체험단을 모집하고, 식당, 호텔, 골프장 등에 제품을 설치해 구전 형성을 위해 뛰어다닌 프로젝트 책임자 Y부장의 헌신이 있었기에 꽃필 수 있는 토대가 마련되지 않았을까 생각한다. 그리고 세탁 분야에서 고객 밀착의 풍부한 연구 개발 경험과 세탁기 사업의 수익 창출로 신사업의 재무적 뒷받침을 가능하게 했던 J사업부장의 탁월한 리더십이 있었기에 이 어려운 신사업을 성공시킬 수 있었다.

의류 관리기 시장은 고속 성장을 해온 신가전 영역으로 이제 인기 혼수 제품으로 꼽히며 필수 가전이 되어가고 있다. 특히 전 세계적으로 사스, 메르스, 코로나 등 변종 바이러스와의 전쟁이 계속되고 있어 탁월한 스팀 살균에 대한 니즈도 증가할 것으로 보이며 의류 관리의 고유 가치에 더해 글로벌 제품으로 확대 전망도 매우 높다.

스타일러 브랜드는 고객이 원하는 깔끔한 모습에 대한 감성적 이미지를 연상시킨다. 선발 주자로서 쌓은 인지도, 기존 고객의 선호 및 충성도 덕분에 스타일러라는 이름 자체가 의류 관리기의 대명사가 되었다. 경쟁사 매장에서도 스타일러를 찾는 고객이 있음이 이를 증명하고 있다.

아무도 없었던 신사업 영역에 세계 최초로 출시되어 세상을 바꾸고 필수 가전으로 자리 잡기까지는 연구 개발 9년, 시장 성숙까지 약 10년이 소요되었다.

세탁기 역사를 바꾼 인버터 DD 모터와 True Steam

1851년 미국에서 세탁기가 인간의 일을 대체하는 시도가 시작된 이래로 생활 수준이 향상된 서구 사회에서 기술이 진보되었다. 건조 기능과 옷감 손상이 적은 이점 때문에 프론트 로더Front Loader 드럼식으로 제품의 트렌드가 변하게 되었다.

세탁기의 발전은 기계로 인간의 빨래 동작을 완벽하게 구현하는 것이 관건이었다. 빨래에서 때를 빼내기 위해서는 방망이로 두드리는 것처럼 충격을 가하는 진동이 수반되어야 했다. 특히 드럼 방식에서는 모터로부터 벨트로 드럼통을 고속으로 회전시키는 클러치 축에 동력을 전달해야 했으므로 더욱 진동 및 소음이 문제가 되었다. 시험실에서 이 진동을 잡지 못하면 큰 폭의 진동 때문에 세탁기가 펄쩍펄쩍 뛰어간다는 믿지 못할 일이 생기기도 한다.

LG 세탁기가 글로벌 리더로 나아갈 계기를 마련한 것은 인버터 DD 모터와 스팀 방식의 기술 개발이었다. 드럼 방식의 세탁기에서 벨트를 없애고 모터를 세탁 드럼통 축에 직접 연결하는 방식이 인버터 DD 방식이며, 이는 진동 및 소음을 획기적으로 줄인 한계 돌파 기술이었다.

LG 가전 연구소가 이에 대한 원천 기술을 해결해 1998년 세계 최초로 DD 모터가 상용화되었고 4세대 DD 모터까지 개발해냈다. DD 모터는 LG전자가 글로벌 세탁기 시장을 제패하는 원동력이 되었다.

글로벌로 많은 특허가 확보되었고 상용화 후 20년간 누적 1억 대를 돌파함으로써 품질과 원가 경쟁력에 있어서 타의 추종을 불허하게 되었다. 인버터 DD 모터는 전통적인 손빨래 동작인 두드리기, 주무르기, 비비기, 흔들기, 꼭꼭 짜기, 풀어주기의 여섯 가지 모션을 사람의 동작과 가깝게 구현함으로써 세탁의 완성도를 높였다. 이를 바탕으로 세탁기 시장 세계 1위를 달성하고 고객에게 10년 무상 보증의 혜택을 제공하고 있다.

또 하나의 핵심 기술은 2005년 세계 최초로 개발해 출시한 트루 스팀 기술로, 그 개발 과정에는 많은 어려움이 있었다. 필요한 양을 발생시킬 수 있는 능력과 안전성을 확보해야 했고 상업화가 가능하게끔 원가 절감을 해야 했다. 세탁 과정에서 스팀의 역할은 세탁력을 높여주고 세탁물의 주름을 펴주는 데도 크게 도움을 준다. 특히 황색 포도상구균, 대장균, 바이러스 등의 살균 기능도 있어 인플루엔자 등의 유행성 바이러스에 대한 예방 측면에서 앞으로 더욱 유용한 기능이 될 것으로 보인다. 이 기술은 세탁기에서부터 건조기, 스타일러, 식기세척기, 광파 오븐 등에 적용되어 LG전자만의 성능 차별화, 살균 위생 등 건강관리의 상징이 되고 있다.

이러한 차별화된 핵심 기술과 모듈화 설계로 플랫폼화해 글로벌로 공격적인 마케팅을 전개한 결과 생활 가전 중에서 가장 먼저 고수익을 냈고 글로벌 리더의 지위를 확보했다.

고객의 불편사항을 끊임없이 해결해가는 청소기 혁신

청소기는 생활 가전 제품 중에서 아직 고객 불편이 많은 제품이다. 청소기는 청소 본연의 일을 할 때 계속 사용자가 붙어 있어야 한다. 로봇 청소기가 출시되어 있지만, 인간과 같이 구석구석 청소할 수 있는 능력과 흡인력 등의 문제로 주력 청소기를 대체하지 못하고 아직 보조 청소기로 머물러 있다.

1901년 최초의 청소기가 개발되고 나서도 청소의 본질적인 가치는 변함없이 존재하므로 현재까지 〈그림 7-2〉과 같이 약 120년의 역사를 통해 사용자 불편사항에 대해 많은 개선이 이루어져 왔다.

1901년 영국의 휴버트 세실 부스가 처음 개발한 진공 흡입 펌프식 청소기는 부피가 커서 마차에 싣고 다니면서 거리를 청소하거나 호텔 등의 청소용역을 하는 상업용 청소기였다. 이 제품의 혁신적인 가치는 빗자루로 청소하거나 바람을 불어서 청소하는 이전 방식보다 쓰레기

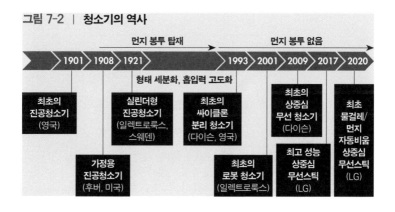

그림 7-2 | 청소기의 역사

를 깨끗하게 진공 흡입해 일정한 용기에 모아 버릴 수 있도록 했다는 것이다. 당시 이는 세상을 바꾸는 혁신적인 기술이었고 상당히 높은 가치를 제공했다.

가정용 청소기는 1907년 제임스 머레이 스팡쿨러에 의해 처음 발명되었는데, 본인이 백화점 청소 업무를 하며 먼지로 인해 기관지염이 생겨 고안하게 되었다. 이후 그의 친척인 후버는 스팡쿨러의 제품을 개선해 1908년 세계 최초로 가정용 전기 진공청소기를 출시했고 이는 미국 청소기의 대표적 브랜드가 되었다.

이어서 1921년에는 스웨덴에 있는 일렉트로룩스가 이동이 편리한 실린더형 청소기를 출시했다. 이후 후버, 일렉트로룩스는 미국, 유럽 시장을 배경으로 청소기 사용 용도별로 제품 세분화와 흡입력 고도화 등의 기술을 발전시켜나갔다. 그러나 시간이 지나면서 혁신의 변화는 점점 적어지고 시장은 레드오션화되어갔다. 특히 흡입한 먼지 봉투를 버리고 교체하는 백bag 타입은 다이슨의 먼지 봉투를 사용하지 않는 혁신적인 백리스bagless 타입이 나올 때까지 약 90여 년간 시장을 지배했다.

사이클론 방식으로 먼지 봉투를 사용하지 않는 백리스 타입은 청소기의 역사를 바꾼 세계 최초의 획기적인 제품이다. 다이슨은 가구와 건축 디자인을 전공한 산업 디자이너였다. 그는 자신이 디자인한 손수레를 생산해서 판매하는 일을 하고 있었는데, 손수레 에폭시 코팅에서 생기는 찌꺼기를 청소하는 필터가 자주 막혀 생산이 중지되는 문제가 생기곤 했다. 이를 해결하기 위해서 제지 공장의 집진 사이클론을 스케치해 공장에 설치한 후 필터 막힘을 없앨 수 있었다. 여기에서 아이디어를 얻은 다이슨은 이 사이클론의 원심력 집진 원리를 가정용 청소기에 적용하면 먼지 봉투의 미세한 구멍들이 먼지에 의해 막혀 흡인력이 떨어지는 백 타입 방식을 개선할 수 있다고 생각했다.

15년에 걸쳐 개발된 사이클론 방식의 백리스 진공청소기의 성공에 이어 날개 없는 선풍기 등의 혁신적인 제품도 선보였다. 최근에는 공기청정기 등에서도 좋은 성과를 내고 있다. 2018년 기준 매출액 6.4조 원, 영업이익 1.6조 원으로 영업이익률 25%의 괄목할 만한 성과를 올렸다. 전체 인력의 절반이 연구 개발 종사자인 역량의 결과가 아닐까 생각한다.

청소기의 다음 고객 불편사항은 전원 코드를 빼고, 끼우고, 옮기고, 사용 후 되감는 불편이었다. 웬만한 넓이를 커버할 수 있도록 고객은 긴 전원 코드를 원했으나 길면 길수록 불편함이 증가한다. 어떻게 하면 전원 코드를 없앨 수 있을 것인가? 일명 코드리스, 즉 무선 제품이다. 그리고 그다음 과제는 사람이 청소하지 않아도 되는 로봇 청소기로 청소 업무에서 해방하는 것이다.

무선 청소기로 성공하려면 기존 주력 청소기의 흡인력 200AW_{Air Watt} 이상과 흡입 노즐의 편리성을 그대로 확보한 상태에서 무선의 편리성을 더해야 한다. 200AW 정도의 흡인력이라는 것은 먼지는 물론이고 웬만한 조각이나 부스러기를 빨아들이는 힘이다. 특히 카페트와

반려동물의 털까지 청소가 되어야 한다.

오랜 세월 소비자들에게 제공해온 가치는 인위적으로 바뀌지 않으며 소비자의 사용 문화로 굳어져 지켜지지 않으면 안 되는 불문율로 자리 잡고 있다. 간혹 오판하는 것이 이 룰이 사용상 크게 문제 되지 않는다면 약간 못 미치더라도 괜찮지 않을까 하는 것이다. 그 제품은 틈새시장 공략은 될 수 있어도 주력 제품군의 전환을 끌어내기가 쉽지 않다.

먼저 가정용 청소기에 대해 처음으로 무선 컨셉으로 도전한 것은 일렉트로닉스의 핸디 스틱 청소기이다. 2004년 무선 컨셉을 구현했지만 탑재된 모터 성능의 한계가 있어 흡인력이 약하고 배터리 용량이 청소에 필요한 긴 시간을 충족시켜주지 못했다.

이러한 흡인력 문제를 115AW로 높여 개선하고 무선 청소기를 주력군으로 끌어들인 것은 2009년 출시된 다이슨의 고성능 무선 스틱 청소기이다. 기존의 핸디 스틱 청소기는 흡인력이 약한 기본적인 문제 외에 하단의 노즐부에 모터와 배터리가 장착되어 바닥 이외를 청소할 때는 불편했다.

이러한 문제점을 개선해 상중심으로 모터와 배터리를 손잡이 부분으로 옮겼다. 노즐부 이동이 쉬워져 편하게 청소할 수 있게 했고, 상부만을 떼어내어 별도의 노즐 키트를 부착함으로써 바닥 이외의 소파나 침대 청소를 할 수 있게 했다. 이러한 혁신을 가능하게 했던 것은 효율이 높은 소형 고성능 BLDC_{Brushless Direct Current} 인버터 모터의 개발과 향상된 배터리 기술 덕분이었다. 혁신에 따라 좀 더 긴 시간의 청소 시간이 확보되었고, 기존 주력 제품군을 대체하기 시작했다. 가격도 기존 제품 대비 2~3배의 50~100만 원대의 프리미엄 제품군으로 포지셔닝했다.

이러한 다이슨의 아성에 도전한 것은 LG 청소기였다. 백리스 제품인 싸이킹을 필두로 추격해나갔고 일찍이 코드리스를 향후 방향으로 잡고 추진해나갔다. 2013년 무선 침구 청소기, 2014년 핸디 스틱 청소기, 2015년 캐니스터 무선 청소기로 확대해나가다가 다소 늦었지만 2017년 다이슨을 능가하는 세계 최고의 상중심 무선 청소기 코드제로 A9을 출시했다. 중요한 흡인력은 140AW로 다이슨보다 강력하며 다이슨의 배터리가 일체형으로 사용자가 교체하기가 쉽지 않아 교체할 때에는 A/S 센터를 찾아야 하는 데 비해 코드제로 A9은 사용자가 바로 교체할 수 있고 듀얼 배터리로 청소 가능 시간이 연속 80분까지 2배로 늘었다.

2020년에 출시된 LG 오브제 무선 청소기는 현존하는 고객 불편을 거의 해결한 최상의 제품이다. 먼지를 흡입하면서 자동으로 물걸레 청소를 해주기 때문에 청소 시간은 절반으로 줄어든다. 그리고 청소 후 빨아들인 먼지 등을 자동으로 비워주는 시스템을 적용해 고객이 직접 먼지를 비우는 불편을 해결해주었다. 고급감을 높여 가정용 청소기로는 최고가인 150만 원대에 출시되었다. 이러한 강점은 한국 시장에서 다이슨의 시장 점유를 무력화시켰다.

무선 청소기 시장 다음에는 어떤 시대가 도래할 것인가? 무선 청소기는 전원선에 의한 사용 불편을 획기적으로 개선했지만, 여전히 사람이 청소기를 사용해야 한다는 불편함이 있다. 이를 해소하는 것은 사람 대신 똑똑하고 빠르게 청소하는 로봇 청소기일 것이다. 그러나 로봇 청소기가 인간처럼 장애물을 치워가면서 구석구석 빠지지 않고 청소하는 데는 해결해야 할 과제들이 많이 놓여 있다. 하지만 언젠가는 그런 장벽들이 해결되어 직접 청소를 하지 않아도 되는 시대가 실현되지 않을까 생각한다.

이상과 같이 청소기의 혁신 역사로 알 수 있는 사실은 고객이 사용 가치를 느낄 수 있는 혁신적인 컨셉을 세계 처음으로 내놓으면 시장을 새로이 변화시키고 강력한 브랜드가 형성되어 높은 수익을 창출한다는 것이다. 혁신은 주력 제품의 본질적인 핵심 가치를 변혁시켜야 하며 모터, 배터리 등의 핵심 부품의 기술 혁신이 동반되어야 한다.

바이어의 소망, 쉬운 오븐 청소

2005년 미국 시어즈의 바이어를 만났을 때의 일이다. 지금은 시어즈가 쇠락했지만, 당시에는 미국 생활 가전 분야에서 34%의 시장 점유율을 가진 제일의 유통 업체였다.

당시 LG전자는 미국 시장에 진입해 혁신적인 3도어 프렌치French 냉장고와 DD 모터의 드럼식 세탁기를 판매해 성공하고 있었다. LG전자가 시어즈 유통에 ODM으로 공급한 켄모어 브랜드 제품이 기록적인 판매가 되어 LG전자에 대한 신뢰가 높아져 있었다. 이를 바탕으로 오븐 제품에 대해 추가로 판매 개시하는 것을 추진했다.

시어즈의 바이어는 현재 오븐은 GE와 일렉트로룩스에서 전폭적으로 지원을 받고 있는데 추가로 새로운 브랜드를 판매하기에는 LG전자의 신제품이 확실한 차별화가 부족하다고 말했다. 더욱이 전 고객층을 커버하지 못하고 최고급군만 보유하고 있으니 기존 진입 회사에 대한 설득 명분이 약했던 것 같다. 그러나 미국 시장에서 오븐은 냉장고, 세탁기와 더불어 필수 가전이었기 때문에 진입하지 않으면 안 되는 상황이었다. 다음은 바이어와 나눈 대화 내용이다.

"어떤 오븐 제품을 만들면 판매해줄 수 있습니까?"

"상온에서 오븐 내 눌어붙은 기름, 음식물 찌꺼기를 행주로 쉽게 청소할 수 있는 신제품을 개발한다면 판매하겠습니다. 지금 미국에서 판매되고 있는 대부분 오븐은 고객이 사용 후 눌어붙은 기름이나 음식물 찌꺼기를 청소하려면 450℃ 이상의 고온으로 태워 재로 만들어 청소하는 셀프 클리닝self-cleaning 기능을 사용하고 있습니다. 이때 많은 연기 및 유독 가스가 발생하고 환기가 제대로 되지 않아 고객의 불편이 이만저만이 아닙니다. 그리고 청소 시간도 길고 고온으로 태워야 해서 에너지 소비량이 많습니다. 이것을 해결해주면 차별화 포인트가 되겠습니다만 이런 제품을 개발해주실 수 있겠습니까?"

이렇게 해서 상온에서 쉽게 청소할 수 있는 'easy cleaning(손쉬운 청소)' 개발을 진행하게 되었다. 쉽게 말하면 오븐 내부를 코팅하는 법 랑을 상온에서 쉽게 닦일 수 있는 새로운 재료로 개발하는 것이다.

마침 CTO Chief Technology Officer (최고 기술 책임자) 조직 내에 재료 연구 팀이 있어 프로젝트를 진행했다. 우수 인재들이었던 그들은 정말 사 명감 있게 열심히 연구했다. 그러나 2년의 연구 끝에 그들은 손을 들 고 말았다. 상온에서 쉽게 닦이는 재료를 개발했지만 고온에서 물성 이 견디지 못하고 파괴되는 것이다. 바이어에게 상온 상태에서는 닦 을 수 있으니 이 재료를 선택해도 괜찮지 않겠냐고 상의했는데 바이 어는 절대적으로 반대했다. 이유는 고객들은 셀프 클리닝에 익숙해져 있어 손쉬운 청소 기능을 사용하든 셀프 클리닝을 사용하든 고객이 편리한 대로 사용이 가능하도록 양쪽 모두를 만족시켜야 판매 일선에 서 제약 없이 판매할 수 있다는 것이다. 쉽게 닦이는 것만으로는 판매 하기가 어렵고 고객으로부터 감성 불만족으로 반품이 생기면 판매 일 선에서는 기피 대상이 되기 때문이다.

결국 포기할 수 없어서 글로벌로 이 분야에서 제일 뛰어나다는 외 국 회사와 연구 개발의 아웃소싱을 하기로 했다. 2년간 양 사 간 합동 팀이 구성되어 열심히 연구했지만, 그 또한 성공하지 못했다. 이번에 는 조금 나아졌지만 역시 고온의 벽을 넘지 못했다.

이제 어찌해야 할 것인가? 글로벌 최고의 재료 회사와 공동 연구를 했는데도 실패했으니 말이다. 사내 연구소에서도 회의적인 분위기였 다. 전자 회사로서 신재료의 개발은 무리인 것 같다는 의견이 나왔다.

그러나 바이어와의 약속을 어기고 싶지 않았고, 반응에 짓눌려 포기할 수는 없었다. 바이어에게 중간 연구 결과 샘플을 보여주고 상담했다. 그녀는 차기 판매 계획에 반영할 생각이었으니 그 실망감은 매우 컸을 것이다. 그녀는 농담으로 LG전자 창원 공장의 혁신 능력과 본부장의 약속을 찰떡같이 믿었으나 거짓말에 속았다고 했다. 그녀도 사내에서 체면이 안 서는 모양이었다. 4년이나 기다려준 바이어에게 양해를 구하고 재도전하기로 했다.

원점에서부터 다시 연구해야 했고 기초 이론에 밝은 전문가를 찾아서 재료와 프로세스를 다시 개발해 최초 양산에 올릴 때까지 다시 3년의 세월이 흘렀다. 그동안 몇 번에 걸친 실패들이 있었다. 시험 생산 중에 공해 물질인 아황산가스가 배출되어 작업자가 방독면을 착용해야 했다. 그렇게 재개발을 하고 실험하기를 수없이 반복해 2013년에 1호 제품이 생산되었다. 그 당시 나는 생활 가전 사업을 후임에게 인계하고 다른 신사업을 추진하고 있을 때였다. 프로젝트 책임자였던 S위원의 목소리가 저 멀리 멕시코 공장에서 울려왔다.

"사장님! 드디어 easy cleaning 1호 제품이 7년 만에 생산되었습니다. 이렇게 나올 때까지 끊임없이 지원해주셔서 감사합니다. 1호 제품 사진은 문자메시지로 전송했습니다."

가장 기쁘고 벅찬 승전보였다. 가슴이 찡해오고 그동안 고생했던 S위원한테 고마운 생각이 앞섰다. S사의 Y부회장이 말한 "재료 연구 개발과 제품 상용화의 사이에는 죽음의 계곡이라 불리는 높은 장벽이 있다"라는 말이 다시금 떠올랐다.

그에게 프로젝트를 맡길 때 별명(別命)이 있을 때까지 수행하라고 지시했다.

"연구위원의 역할은 정말 어려운 기술을 실현해내는 것입니다. 이 프로젝트는 세계 최초로 개발하는 것이니 완성될 때까지 사명감을 가지고 끝까지 추진하도록 하세요."

떡두꺼비 같은 얼굴의 그는 정말 우직하게 오랜 세월 동안 손쉬운 청소 재료 개발을 위해 노력했다. 이 기술은 장영실상을 받았고 대한민국 10대 신기술에 선정되었다. 또한, 미국 라스베이거스에서 열리는 CES에서 혁신상을 받았다. 그러나 1호 생산 후에도 불량률 감소, 청소 시간 단축 등, 끊임없이 개선해야 하는 과제들이 있었다.

이는 눈에 보이지 않고 설명을 통해 소비자에게 인식시켜야 하는 가치이므로 고객에게 인정받을 때까지 다소 시간이 걸린다. 그러나 고객이 불편을 많이 겪는 사항이므로 구전이 형성되면 고객으로부터 찾는 속도가 점점 빨라질 것이다. 세계 최초이자 세계 최고의 성능은 고객이 알아주기 때문이다.

미국 시장을 재편한 냉장고의 혁신

성숙 제품에 대한 한계 돌파 아이디어는 사용 편리성에 연계되는 고객이 인지하지 못하고 있는 니즈를 파악하는 데에서 나온다.

사용자의 심층 행동 분석과 문화 코드의 확인은 고객이 인지하지 못하고 있는 성숙 제품의 니즈를 발견할 수 있도록 한다.

냉장고는 인류에게 없어서는 안 될 중요한 제품이지만, 앞에서 기술한 스타일러처럼 고객이 필요로 하는 비어 있는 영역을 새로운 제품으로 해결해주거나, 현재 사용하고 있는 제품이 사용하기에 불편함이 있어 획기적으로 개선한 무선 청소기 같은 경우와는 달리 특별히 사용하는 데 큰 불편함이 존재하지 않는 제품이다. 따라서 고객이 인지하지 못하는 잠재 불만을 찾아내어 고객 가치를 높이는 차별화가 중요하다. 미국 시장에서 이러한 차별화에 성공한 냉장고 제품에 대해 살펴보기로 한다.

미국 시장은 전 세계 생활 가전 산업의 22%에 해당하는 가장 큰 단일 시장이고 100년 이상의 역사를 가진 대표적인 성숙 시장이다. 그리고 월풀, 일렉트로룩스 등의 글로벌 일류 회사가 현지 생산기지와 강한 브랜드력을 바탕으로 꽉 잡고 있어 2000년 이전까지는 일본, 한국 등 외국 브랜드의 진입을 허용하지 않은 견고한 시장이었다.

글로벌을 하나의 시장으로 보고 진입 전략을 전개하는 IT 산업과는 달리 생활 가전 제품은 각 지역에 따라 소비자의 삶에 대한 욕구가 달라서 각각 다른 제품 리더십이 필요하며 현지화를 해야 하는 다국적 시장 특성이 있다. 미국 생활 가전 사업은 성숙 산업 특성으로 인해 연평균 성장률이 3%로 낮고 수익성도 높지 않다. 따라서 기존 회사는 신제품에 대한 투자를 빈번하게 하지 않고 제품 생애 주기를 길게 가지고 가면서 수익을 창출하고 있었다.

이러한 시장에 후발자가 진입할 때는 일반적으로 원가 경쟁력에 의한 가격 게임, 모방에 의한 추격 전략을 구사했다. LG전자도 2000년 이전에는 같은 전략을 구사했다. 그러나 2000년부터 냉장고, 세탁기 등 주요 가전 제품 시장에 진입하면서 프리미엄군에 중점을 두고 이에 맞는 차별화된 제품을 계속 출시했다. 그리고 유통 채널 진입도 역량을 갖춰가면서 단계적으로 진입해 냉장고 산업을 변화시키는 게임 체인저가 되었다.

LG전자가 2000년 처음으로 미국 냉장고 시장에 진입한 이후 시장

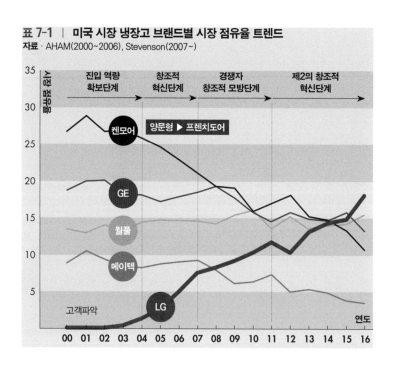

표 7-1 | 미국 시장 냉장고 브랜드별 시장 점유율 트렌드
자료 · AHAM(2000~2006), Stevenson(2007~)

을 크게 변화시켰던 것은 눈에 보이지 않는 고객의 잠재적 인사이트를 잘 파악해 새로운 가치를 제공했기 때문이다. 물론 이에 대한 중요도 평가, 투자 의사 결정이 뒤따라 1~2년 주기로 신제품을 소개했고 소비자의 사용 패턴, 시장을 크게 변화시켜왔다. 이러한 결과 〈표 7-1〉과 같이 2016년 기준 미국 냉장고 시장에서 일류의 위치를 차지하고 있다.

숨겨진 니즈 발굴, 인도어 아이스 메이커 프렌치 도어 냉장고

한국 시장은 전 세계에서 유일하게 미국 시장과 유사한 500L급 이상의 대형 냉장고 시장이었기 때문에 여기에서 쌓인 역량을 바탕으로 미국 시장에 진출할 수 있었다. 그러나 2000년 초기 새로이 미국 시장에 진입할 때는 현지와 유사한 상냉동 하냉장, 양문형 제품으로는 제품 차별화가 되지 않아 성공할 수가 없었다. 그래서 고객조차 인지하지 못하는 니즈에 대한 인사이트를 발굴하는 프로젝트가 시작됐다.

미국 소비자의 삶과 문화에 깊이 참여해 행동 양식을 연구하는 참여 관찰 기법이 활용되었는데, 이는 소비자의 현지 생활 조사를 통해 생생한 사용 경험과 생활 속 맥락을 조사하는 방법이다.

또 다른 방법은 문화 코드다. 문화는 고객의 행동에 영향을 미치는 요인 중에서 가장 근원적인 것이다. 문화 코드는 우리 마음속에 정형화되고 형성된 이미지로 정의할 수 있다. 즉 특정 문화에 속한 사람들이 일정한 대상에 부여하는 무의식적인 의미라고 볼 수 있다. 어떤 지

역의 문화 코드는 그 지역 사람들의 행동 특성을 이해하는 데 도움이
된다.

이러한 조사를 통해 발굴된 고객 인사이트는 사용 편리성이었다.
사용 빈도가 높은 냉장실이 하단부에 있으면 자주 허리를 굽혀야 했
다. 미국 고객의 30%가 비만이기 때문에 허리를 굽히는 일은 잠재적
고객 불편사항 중의 하나였다. 이런 문화에 대한 속성은 고객 니즈 조
사 시 쉽게 발견되지 않는다. 하단부에 자주 사용하지 않는 냉동식품
을 보관하고 상단부에 자주 사용하는 냉장식품을 보관하게 한 프렌치
도어 냉장고는 미국 시장을 오랫동안 지배해온 양문형 냉장고 시장을
크게 뒤흔들고 시장을 재편하게 되었다. 특히 도어 내에서 얼음을 만
드는 〈그림 7-3〉과 같은 인도어 아이스메이커 프렌치 냉장고는 LG전
자가 독보적으로 가진 특허였고 소비자에게 냉장실을 파노라마처럼
훨씬 넓게 사용할 수 있는 가치를 제공하는 혁신 제품이었다.

"미국 〈컨슈머 리포트〉는 2006년 1월호에서 LG 프렌치 도어 냉장고 LRFC
25750 모델이 1위를 차지했다고 밝혔다. LG의 고급형 냉장고는 온도 조절 능
력, 에너지 효율, 소음, 제품에 대한 이의 제기 등 8개 분야에 대한 종합 점검
결과 총 81점으로 경쟁사인 아마나(77점), 켄모어(76점), GE(75점), 월풀(68점)
등을 누르고 선두를 차지했다. LG 제품은 특히 경쟁사 제품들 가운데 유일하
게 온도 조절 능력, 에너지 효율, 소음 등 핵심 3개 분야에서 모두 매우 훌륭하
다는 평가를 받았다. LG는 2003년 프렌치 도어 냉장고를 출시한 후 3년 만에

1위에 올랐다." (《연합뉴스》, 2005.12.14.)

"미국 시장에서는 냉장실에 인도어 아이스메이커를 부착한 상품이 대 히트 치며 주당 판매 대수가 2,500여 대에 이르고 있다. 이 제품은 2,499~2,699$에 달하는 고가임에도 매주 판매 기록을 갈아치우고 있다. 디오스 냉장고는 소음 면에서도 세계 최저 수준인 18.6dB을 달성했다. 조용한 도서관 소음 20dB보 다 낮은 수준이다. 20dB 이하 측정은 계기로 불가능해 물리학적 실험을 거쳐 야 확인이 가능하다." (《매일경제》, 2006.8.7.)

그림 7-3 | 인도어 아이스메이커 프렌치 냉장고

LG전자는 새로운 프리미엄군으로 높은 성장을 보이는 프렌치 도어 냉장고군에서 2007년에 선발 메이텍의 시장 점유율 20.2%를 제치고 시장 점유율 21.9%로 1위에 오르게 되었다. 또한, 냉장고 전체 시장 점유율에서도 미국 시장 진입 5년 만에 7.6%를 달성해 1934년부터 시작된 오랜 전통을 지닌 아마나 브랜드 3.6%를 제치고 미국 내 주요 가전 브랜드로 올라서게 되었다. 이렇게 시장을 잠식당하자 선두 업체인 월풀이 LG전자의 제품 수입 금지를 위한 반덤핑 제소, 특허 침해 제소 등의 견제를 시작하게 되었다.

업계의 표준을 만든 도어 인 도어 및 인스타 뷰

2011년 이후 제2의 창조적 혁신은 LG전자가 경쟁자들의 강력한 도전에 대응해 새로운 혁신 제품을 출시하면서 시작됐다. 에너지 효율이 매우 높은, 세계 최초로 개발한 리니어 컴프레서의 경쟁력을 바탕으로 폭 30인치 미만의 크기에서 최대용량 제품을 구현하고 〈그림 7-4〉와 같이 세계 최초로 도어 인 도어Door In Door, 인스타 뷰Insta-view(즉시 봄) 등 에너지 효율이 감소하지만 고객의 사용 편리성의 가치를 더 많이 제공할 수 있는 혁신적인 제품들을 이어서 출시했다.

이와 같은 아이디어는 냉장고의 사용 프로세스를 세분화하고 각 단계에서 고객이 인지하지 못했던 잠재 불편 욕구를 정리해 그중에서 도출한다.

도어 인 도어 컨셉은 주부 외 가족들이 많이 사용하는 식품은 별도의 도어 인 도어에 보관하게 하고, 전체 도어를 열어야만 주부의 공간인 케이스 내 공간을 사용하게 함으로써 냉장고 정리도 수월하게 하는 컨셉이다. 이 기능은 한국에서 매직 스페이스라는 이름으로 알려져 있으며 글로벌 시장에서 LG 냉장고의 대표 정체성으로 자리매김하게 되었다. LG전자의 시장 선점 효과 및 넓은 제품 확대로 시장 반응 또한 경쟁사 대비 우위를 점하고 있다. 복수의 경쟁사들이 따라 출시하면서 도어 인 도어는 시장 표준이 되고 있다.

인스타 뷰 컨셉은 평상시에는 냉장고 안쪽이 보이지 않게 하다가 고객이 필요할 때 노크하면 냉장고 안쪽이 투명하게 보이도록 해 문

그림 7-4 | **도어 인 도어 & 인스타 뷰 프렌치 도어 냉장고**

을 열기 전에 필요한 식품이 있는지를 먼저 확인할 수 있게 사용 편리성이라는 고객 가치를 높인 것이다.

이러한 고객 가치를 실현하기 위해서는 새로운 구조에 의한 열효율 손실을 커버해줄 수 있는 고효율의 절전 기술이 필요하다.

- 고객의 삶의 질을 향상하는 가치를 창출하면 사양 산업이라 해도 새로운 시장이 다시 창출된다.
- 성숙 제품에 대한 한계 돌파 아이디어는 고객이 인지하지 못하고 있는 니즈를 파악하는 데에서 나온다.
- 한계 돌파 컨셉은 아직 기대하지 못했던 높은 편익을 제공해 매료된 소비자들로부터 탄성을 자아내게 한다.
- 세계 최초의 가치를 오래 가져가기 위해서는 경쟁자가 모방하기 어려운 원천 기술, 역량이 쌓인 플랫폼 등의 구축이 필요하다.

미래에 과감하게 투자하라

8장 _____

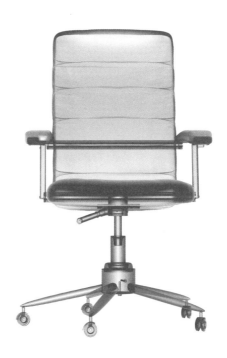

신사업은 죽음의 무덤이다

"신사업은 '죽음의 무덤'이다"라는 말은 어느 국내 굴지의 대기업 임원이 한 말이다. 신사업은 미래를 지향하는 것이기 때문에 불확실성이 많이 내포되어 있다. 신사업은 성과보다 먼저 많이 투입해야 하는 역량 구축에 대한 부담이 크다. 따라서 본인의 재임 중에 성과를 거둘 수 있을지에 대한 우려와 실패의 두려움이 크다. 또한, 대부분의 임원 평가는 흔히 성과와 연동되기 때문에 장기간 신사업을 담당한 임원은 살아남기가 쉽지 않다. 단기적으로 유행을 타는 사업이 아니라면 일반적으로 빛은 후임 세대에서 나기 마련이다. 신사업에 관한 연구들이 많이 있겠지만 여기에서는 내가 경험한 신사업에 대한 일부 문헌 자료를 참고해 정리했다.

가장 중요한 것은 최고 경영자의 강한 의지다. 최고 경영자의 의지가 있어야 신사업에 대한 조직 구성, 투자 등을 결정할 수 있기 때문이다. 어느 최고 경영진이든 미래를 위해 미래 먹거리를 준비하는 것이 매우 중요하다고 조직 구성원들에게 주창하며 많은 고민을 한다. 그러나 용두사미로 끝나는 경우가 많다. 시간이 너무 오래 걸리고 또 신사업은 불확실해 지속적 투자가 쉽지 않다.

따라서 장기적 관점을 갖고 일관성 있게 변혁을 추진하기 위해서는 최고 경영층의 임기와 후계자 육성이 중요하다. 짧은 임기와 사업철학이 계승되지 않은 외부에서의 영입은 중장기 연구 개발에 대한 연속성 유지를 어렵게 하고 지속적인 투자에도 악영향을 끼칠 수 있다. 따라서 전문 경영인의 임기가 10년 정도 보장되는 것이 아니라면 중도에 방향이 전환되거나 중지되는 경우가 많다. 성공한 기업은 신사업에 대한 비전을 줄기차게 추진했음을 볼 수 있다. 흔들리지 않는 추진의 지속성, 과감한 도전 덕분일 것이다. 그래서 어떤 이는 투자가 많이 소요되는 신사업은 오너 경영이 효율적이라는 의견도 제시한다.

이해하기 쉽게 몇 개의 예를 정리해보면 먼저 글로벌 일류 수준에 오른 LG전자의 생활 가전 사업 최고 경영층 평균 임기는 혁신이 본격적으로 시작된 1990년에서 2017년까지 약 8년이었다. 연속성 있는 사업 철학으로 장기적 관점의 연구 개발이 가능했던 것으로 보인다. 체계적인 후계자 육성 체계를 가진 GE는 1892년에서 2017년까지 CEO 평균 임기는 약 14년이었다.

이처럼 최고 경영층의 사업에 대한 업무 경험 기간은 신사업 추진에 큰 영향을 미치며 특히 기술 영역(상품기획, 연구 개발, 생산)의 경험은 기술 주도를 위한 일에 대한 인사이트를 갖게 하고 더 큰 지원을 하게 한다.

정리하면 CEO 육성 시스템에 의해 10년 정도는 열정적으로 일할 수 있는 젊은 인재를 발탁해서 오랜 기간 일관성 있게 사업을 전개한 회사가 글로벌 일류에 도달한다는 것이다. 회사의 전략적 지속성과 적합성은 최고 경영층의 임기가 증가함에 따라 증가하는 경향을 보이며 최고 경영층의 임기는 조직에 있어서 매우 중요한 기본적인 구성 요소다.

산업의 특성에 따라 요구되는 최고 경영층의 요건은 다를 수 있다. 예를 들면 변화가 빠른 IT 산업에서는 최고 경영층의 성과 경험과 다양한 분야의 인재 구성이 성과에 영향을 주나 가전처럼 안정적이고 성숙화된 내구성 산업에서는 깊이 있는 실제 경험과 동질 팀 구성이 성과에 영향을 미친다. 동질 팀은 의사 결정이 빠른 장점이 있는 대신 다양성이 부족할 가능성이 있으며 다른 산업의 벤치마킹 등 보완적 방법들이 요구된다. 그리고 산업 특성보다 앞서 나가는 큰 조직의 문화 혁신을 위해서는 재량권 확대가 필요하다.

IT 산업과 내구성 산업의 CEO가 갖는 공통점은 비전을 설정하고 변혁적 리더십으로 끊임없이 혁신해나가는 것이다.

GE의 전 회장이었던 잭 웰치는 "나는 진정한 성장 산업을 찾아내고 그 산업에 뛰어들어 1등이나 2등이 되는 기업, 즉 1등이나 2등 수준의 군살 없는 조직 구조에서 가장 낮은 원가로 고품질의 제품과 서비스를 세계 시장에 공급하는 기업만이 미래의 승리자가 될 수 있다고 생각한다"고 말했다.

어느 사업이든 제품의 생애 주기에 따라 반드시 쇠퇴기가 도래한다. 따라서 지속적인 성장을 위해서는 기존 사업을 잘하는 것만이 아니라 미래 사업의 씨를 계속 뿌리고 키워나가야 한다.

새로운 시장을 창출하는 신사업의 경우 소비자가 가치를 인정하고 구전이 형성되어 시장이 형성될 때까지 최소 5년에서 10년은 소요된다. 홀로 시장을 개척할 경우 힘들고 외롭지만, 훗날 소비자의 절대적 브랜드 충성도로 보답받을 것이다.

후발주자가 선도 기업이 되는 요소

많은 시장 선점 기업들이 실패를 경험하는 반면 대다수의 시장 선도 기업은 후발주자가 많다. 후발 진입자가 선도 기업이 되는 요소로 다섯 가지를 꼽을 수 있다.

먼저 혁신을 추진하기 위해서는 대량 시장이나 대량 시장으로 성장할 가능성이 있는 제품의 연구 개발 중장기 비전과 로드맵이 명확히 설정되어 있어야 한다. 그리고 이 비전을 달성하는 데 저해가 되는 기술 장벽, 법적 제한 및 경쟁 위협에 대한 도전을 단기, 중기, 장기로 나누어 그에 따른 기술적인 장벽을 계속 극복해야 한다. 이런 장벽을 해결하기 위한 자원 배분, 목표 설정에 대한 최고 경영층의 강력한 약속이 필요하다. 또 자사 제품 잠식에 대한 우려로 인해 혁신의 강도가 느려지지 않도록 새로운 혁신에 과감하게 도전하는 고객 지향 및 연구 개발의 혁신 문화 형성도 간과하면 안 된다. 마지막으로 이러한 역량을 새로운 시장이나 군으로 전이할 수 있도록 자산을 지렛대로 활용해야 한다. 이러한 역량을 바탕으로 미래의 새로운 신사업을 육성하는 것이 중요한 과제다.

요약하면 지속, 약속, 혁신 그리고 자산 이점이 시장 리더십에 영향을 미치는 요인들이다.

신사업의 방향

신사업의 방향은 크게 세 가지로 생각해볼 수 있다.

첫째는 앞의 7장에 기술한 것처럼 새로운 가치를 찾아내어 한계 돌파나 파괴적 혁신을 이루어내어 보급 포화 상태인 기존 시장에서 새로운 시장을 또다시 창출해내는 것이다. 이를 위해서는 장기적 안목의 연구 개발이 뒷받침되어야 한다. 즉 끊임없이 한계 돌파 기술이 창출될 수 있도록 연구 개발 조직을 운영하는 것이 중요하다.

둘째는 지금 하지 않는 다른 사업에 새로이 진출하는 포지셔닝positioning 전략이다. 기존에 있던 사업이라도 자사가 진출하지 않은 분야라면 자사 입장에서는 새로운 신사업이 되는 것이다. 그러나 기존 선점 업체들이 이미 견고한 경쟁력을 갖추고 있어서 틈새시장 공략이나 차별화된 제품 및 서비스를 갖추고 진입하지 않으면 상당히 오랫동안 출혈을 감내할 각오를 해야 한다. 치밀한 전략적 준비 없이 진입한 경우 출혈을 감당하지 못하고 중도에 사업을 포기하면 투자비는 매몰 비용이 되고 다른 사업을 하지 못한 기회 손실이 발생한다. 따라서 순차적인 진입 전략이 필요하며 여력이 있다면 M&A를 통해서 진입하는 것도 한 방편이다.

셋째는 전 세계에서 아무도 하지 않고 있는 발군의 신사업을 찾아 시작하는 것이다. 이를 위해서는 창의적인 아이디어를 발굴할 수 있는 문화의 구축과 인재 확보 및 유지가 관건이다. 구글, 페이스북 등의 IT 기업들이 그러하며 3M과 같은 신소재 기업 및 수많은 세계적 강소기업들이 그런 범주에 속한다고 볼 수 있다.

다른 산업에서의 사례를 살펴보면 P&G의 팸퍼스가 상용화될 때까지 10년 이상의 투자가 이루어졌는데, 이는 헨리 포드의 첫 번째 자동차 개발과 에디슨의 백열전등 개발에 걸렸던 기간보다 더 긴 시간이다.

그리고 1956년 앰펙스Ampex가 처음으로 흑백 비디오 녹화기를 개발한 이후 소니에 의한 베타 맥스, JVC에 의한 VHS방식이 진정한 상용화가 이루어지기까지는 팸퍼스의 상용화 기간의 2배인 20년 이상이 소요되었다. 베타 맥스는 앰펙스의 초기 제품보다 컬러가 구현력이 높고 77%의 중량 감소, 11배의 녹화 밀도, 88%의 가격이 인하된 제품이다. 베타 맥스는 갑작스러운 한계 돌파가 아니다. 20년 이상의 지속적 연구로 다양한 설계 문제를 해결한 산물이다. 진입 순서나 갑작스러운 한계 돌파보다 지속성이 성공에 대한 열쇠가 된 것이다.

지금 하는 사업에서 먼저 튼튼하게 이익을 내는 구조를 만들어야 신사업에 진출할 수 있는 역량이 생긴다. 다시 말하면 현재 사업을 제대로 해내지 못하는 역량으로는 아무리 좋은 신사업이라 할지라도 성공해내기가 쉽지 않다. 왜냐하면, 괜찮은 사업은 곧바로 경쟁자가 생기기 마련이며, 그 도전을 이겨내기 힘들면 신사업에 대한 길만 가르쳐주는 것이 될 수 있다. 새로운 아이디어를 가지고 시작한 벤처 기업가들이 자금력이나 역량 부족으로 꽃을 피우지 못하고 중도에 포기하거나 다른 기업에 매각되는 경우가 많은 것도 이 때문이다.

어떤 경영자는 미래에 대한 투자를 등한시하고 현재 사업에서 이익을 극대화하는 단기 중심의 경영을 한다. 혹자는 그런 경우를 보고 곶감 꼬치에서 곶감 빼먹듯이 한다고 비유를 하기도 한다. 만약 현재 맡은 사업에서 좋은 수익을 내고 있을 때 처음부터 본인이 일구어놓은 사업이 아니라면 앞의 선임자가 뿌려놓은 과실을 따먹고 있다고 보아야 한다. 선배들로부터 좋은 유산을 받았다면 후배들에게도 좋은 유산을 남겨주는 것이 인지상정이다. 마찬가지로 일반 업무에 있어서 실무자들도 후배들이 영위할 수 있는 가치 있는 일을 해야 한다.

신사업 전략 분석

신사업 전략은 중요하다

불확실성이 높은 신사업은 진입하기 전에 충분한 검토를 해야 한다. 이는 일반적으로 경영기획팀에서 수행하지만 보다 정밀한 전략 수립을 해야 하는 중요한 사업의 경우는 외부의 전문 컨설팅을 이용하는 것이 좋다. 경험 많은 컨설팅 회사는 수많은 사례에 대한 지식을 가지고 있기 때문이다. 자체 조직 내에 전략 수립 능력을 갖추는 것은 규모나 여력에 따라 다르지만, 꼭 필요한 기능이며 부족할 경우는 아웃 소싱을 해서라도 신사업에 대한 전략을 수립하고 실행해야 실패를 줄이고 성공 확률을 높일 수 있다.

전략은 어디까지나 의사 결정을 위한 참고 자료다. 궁극적으로는 최고 경영진 또는 사업 책임자가 의사 결정을 해야 하며 전략 방향이 결정되었다고 끝난 것은 아니다. 단지 시작을 위한 첫발을 내딛었을 뿐이다. 전략대로 이루어지는 실행력이 더욱 중요하며 알고 있는 것과 실행에 차이가 있어서는 계획대로 성공하기가 힘들다. 전략 실행에 있어서 실제 업무의 치열한 산 경험과 깊게 고민한 결과가 본질을 꿰뚫어보는 인사이트를 만든다.

예를 들면 현대 그룹의 정주영 회장이 울산에 조선소를 세우면서 실적도 없이 조선소 계획만 가지고 수주 활동을 할 때 발주자들이 신뢰하지 않자 5백 원 지폐에 그려져 있는 거북선을 보여주고 설득했다는 일화는 유명하다. 그런 생각은 어디에서 나왔을까? 조선소 신사업 전략 수립에 아마도 그 내용은 들어가 있지 않았을 것이며 절체절명의 고민에서 나온 인사이트의 결과로 보인다.

신사업 전력을 짤 때는 기본적으로 하버드대학교 석좌교수 마이클 포터의 5-Forces 모델의 산업 구조 분석을 통해서 경쟁력을 세밀하게 파악하고 그에 대한 대응 전략을 수립하고 실행해나가는 것이 바람직하다. 5-Forces 모델은 기존 기업 간의 경쟁 정도, 잠재 진입자의 위협, 고객(구매자)의 협상력, 공급자 협상력, 대체재의 위협으로 구성되며, 여기에 이해관계자를 넣어 6-Forces를 논하기도 한다.

신사업 추진을 위한 인재 육성

신사업은 앞에서 누차 기술한 것처럼 많은 불확실성을 가지고 있고 해결해야 할 수많은 장벽이 놓여 있다. 따라서 이러한 어려움을 이겨내고 신사업을 이끌어나가야 할 사업 책임자 육성은 매우 중요하다. 사업 책임자는 새로운 사업에 대한 위험을 감수하고 도전하고자 하는 의지가 투철해야 한다. 그리고 이러한 위험을 해결할 수 있는 혁신 역량을 갖추어야 한다. 이러한 역량은 그냥 쌓이는 것이 아니어서 체계적인 교육을 받아야 한다. 이를 통해 업무나 프로젝트를 통한 혁신을 실행하고 관련 부서의 협력을 이끌어내는 리더십을 체득해야 한다.

이렇게 선천적인 자질을 가진 사람을 선발하고, 신사업을 추진할 수 있는 리더십을 가진 인재를 어떻게 체계적으로 많이 육성해내는가가 미래 신사업을 활성화할 수 있는 원동력이 된다.

인재 육성 사례 : P&G

이런 인재를 체계적으로 육성하는 프로그램을 잘 운영하는 회사가 인재사관학교라고 불리는 P&G다. P&G의 인재 육성 방법에 대한 자료는 이미 많이 나와 있으므로 여기서는 내가 벤치마킹을 하면서 느꼈던 사항들을 중심으로 주요 특징에 대해서 기술하고자 한다.

일반적으로 미국, 유럽의 회사들은 인력을 자체 육성하기도 하지만 시장에서 필요한 인력을 필요한 때에 스카우트해 즉시 전력으로 활용한다. 이러한 스카우트 제도는 능력을 갖춘 인재를 즉시 활용한다는 면에서 좋은 점이 있지만, 충성심 결여, 충분한 신원 조회의 어려움 등으로 제대로 된 인재를 찾기가 쉽지 않다는 단점도 있다. 특히 이직하는 사람들은 본인의 몸값을 올리기 위해 과대 포장을 하기도 해서 여러 각도로 평가해보아야 변별력을 가질 수 있다.

이런 서구 문화와는 달리 P&G는 우직할 정도로 인재의 내부 육성을 원칙으로 하고 있다. P&G는 65개 이상의 많은 브랜드를 가지고 있어서 각 브랜드별로 사업 책임자 육성이 필요한데 10여 년 전 벤치마킹할 때 그들은 business leader라는 제도를 만들어 체계적으로 사업 책임자들을 육성했다. 그리고 현재는 좀 더 업그레이드된 조기 사업 책임자 육성 시스템을 운영하고 있다.

첫 번째는 채용 단계에서의 CEO Challenge 프로그램이다. CEO 시각이나 자질을 가진 학생들을 사전에 선발하는 방법으로 참가자들에게 P&G에서 있었던 실제 사례를 과제로 주어 마케팅에서 생산에 이르기까지 비즈니스 시스템 전반에 걸쳐 워크숍, 시뮬레이션을 해 사업 전략에 대한 개선을 제안하도록 하는 것이다. 본선을 통과한 참가자는 인턴으로 채용된다.

두 번째는 신입사원 조기 책임제이다. 입사 초기의 신입사원에게 특정 업무나 제품에 대해 완전한 권한과 책임을 부여해 프로젝트를 수행하도록 한다. 이런 과정을 통해서 사업 책임자 자질이 있는 후보들을 엄선하고 육성해나간다.

세 번째는 신입사원에서 CEO에 이르기까지 철저한 내부 승진 제도 운용이다. 직원들은 이런 과정 속에서 치열한 내부 경쟁 및 협력을 통해서 능력을 보여주어야 하고 아직 능력을 갖춘 인재가 보이지 않을 때는 내부 인력 공모 제도를 통해 다른 조직에서 보완한다.

이런 제도는 직원들에게 비전을 갖게 하고 회사에 대한 신뢰와 충성심을 갖게 한다. 이런 독특한 방법으로 육성된 인재는 비단 P&G만이 아니라 GE의 제프리 이멜트 회장이나 마이크로소프트의 스티브 발머 사장 등과 같이 다른 회사에도 핵심 인재로 스카우트되어 큰 활약을 하고 있다. 그리고 P&G는 이러한 인재 육성을 바탕으로 어쩌면 매력적이지 않을 수 있는 생활용품 사업군에서 1837년 비누 생산을 시작으로 180여 년이 지난 2018년 기준 80조 원의 매출과 15% 정도의 영업이익을 내는 초우량 기업으로 지속 성장하고 있다.

인재 육성 사례 : LG전자 생활 가전 PBL

LG전자 생활 가전 제품도 제품 종류 수가 많아 P&G, GE 모델을 참조해 PBL 제도를 2007년에 도입했다. 이 제도는 역량과 성과가 상위권에 있는 관리자 중에서 향후 경영자로서 잠재력이 있는 인재를 선정해 어떤 한 제품을 맡겨 도전적으로 수행하도록 함으로써 경영 능력을 체득하도록 하는 제도다.

즉 실전 경험을 통해 경영 능력이 검증된 인재를 사업 책임자로 발탁함으로써 사업의 성공 확률을 높이고자 하는 것이다. 빠르게 변화하고 있는 글로벌 경쟁 환경에서 경영자의 잘못된 판단으로 뒤처지면 만회하기가 쉽지 않으므로 준비된 경영자 육성은 매우 중요한 사항이다. 이때 조직은 공동체형의 인간 존중 경영을 중심으로 한 헌신형이나 사업 책임자는 차별적 육성, 평가 및 보상 시스템을 갖춘 스타형 인재를 발굴 육성하는 하이브리드 형태가 된다.

PBL 제도는 미래의 사업 책임자가 갖추어야 할 역량과 현재의 역량의 차이를 채워주는 취약 역량 보완 교육과 실제 사업 프로젝트를 진행하면서 체득하는 것으로 나눈다.

취약 역량 보완은 마케팅, 경영 분석, 연구 개발, MBA 과정과 같은 경영 필수 교육 이수와 글로벌 사업을 수행할 수 있는 어학 능력 확보, 품질 경영을 수행할 수 있도록 해주는 6시그마 블랙 벨트 능력을 갖추는 데 중점을 둔다. 리더십에 대해서는 전문가의 코칭을 받아 실행하면서 피드백을 받는 형태로 진행한다.

실제 프로젝트 수행에서는 담당 제품에 대해 시장, 고객 인사이트를 통해 제품 컨셉 제안부터 연구 개발, 생산, 판매까지를 일관되게 조율하는 권한과 책임을 부여한다. 이 과정에서 주요 의사 결정 능력 향상, 각 부서와의 합의, 의사소통 능력과 리더십이 함양된다. 그리고 수익성, 투하 자본 수익률 관리를 통한 투자 의사 결정 및 재무 능력도 갖춰진다. 또한, 제품, 시장별 재고 단위 관리를 통해 전 부분의 효율을 향상하는 능력을 배양하는 것도 중요한 사항이다.

많은 제품을 경영하는 대사업부제에서 사업부장이 모든 제품을 세밀하게 관리할 수 없으므로 중요한 제품 중심으로 경영되며 매출이 적은 신상품 및 소사업은 소외되기 쉽다. 사업부장 산하 PBL은 사업부장 시각에서 담당 제품을 바라보고 숨겨지거나 간과하기 쉬운 이슈를 노출해 문제해결을 추진하게 된다. 사업부장 산하 각 기능 부서는 각자 최선을 추구하기 때문에 협업이 취약해질 수 있다. 따라서 PBL은 기능 부서 사이를 수평적으로 관통함으로써 벽이 없는 문화를 형성해나간다. 특히 이러한 부서 간 조정 및 협업을 이끌기 위해서는 체험을 통한 리더십을 함양해야 한다. PBL 제도로 검증된 경영자는 사업 책임자 인선 과정이 투명하기 때문에 조직 내에서 리더십이 확보되고 존경을 받게 된다. 그러나 PBL 업무에 대한 수행평가에서 미달이 되면 탈락되어 원래 부서로 귀환하게 된다.

　정리하면 PBL은 소사업부장 개념으로 향후 사업 책임자로 육성할 예비 경영자를 선정해 제품별로 사업 책임을 맡기고 OJT를 해나가도록 하는 것이다. 상품기획에서부터 제품 판매에 이르기까지 전 프로세스를 진두지휘하면서 소비자, 시장에 대한 깊은 이해와 인사이트를 갖추고 기능별 조직 책임자들과 합의 및 소통할 수 있는 능력을 갖추도록 하는 것이다.

기존 사업에서 신시장을 확대하다

관련 사업의 다각화란 기존 사업군에서 진입하지 못한 사업 분야에 신규로 진입하는 것이다. 관련 사업의 다각화는 기존 사업의 자산을 활용할 수 있고 전략의 방향과 부합되기 때문에 실패할 확률이 낮다. 그러나 진입 시기, 투자의 적정성, 핵심 역량의 확보에 따라 성공할 수도 있고 애물단지로 전락할 수도 있다. 여기에서 기술하는 LG 시스템 에어컨 사업의 진입 유형은 모방에서 창조로 이행해가는 전통적 이론의 형태이다. 기존 에어컨 사업 보유 역량 대비 부족한 부분을 부분 조립 생산 형태로 선진 기업과 제휴해 진입하고 이후 독자 개발을 통해 핵심 역량을 확보하는 진입 모델이다.

시스템 에어컨 사업은 인프라 구축이 필요하다

시스템 에어컨 산업을 포터의 5-Force로 분석해보면 경쟁 정도는 일반 B2C 산업 대비 B2B 산업 인프라를 제대로 갖춘 다이킨, 캐리어, 트레인 등 소수 강자에 의해 지배되는 시장이다.

건축 설계 단계부터 건축 형태 및 크기에 따라 사전 엔지니어링 협의가 필요하며 마지막 건축 단계에 갈수록 제품 공급자의 협상력은 약해지기 때문에 사전 영업이 필요한 사업이다.

스크롤 컴프레서는 용량이 크고 고압력인 시스템 에어컨의 중요한 핵심 부품이다. 스크롤 컴프레서 외부 판매를 전문적으로 하는 회사는 미국의 코플랜드뿐이라 부품 구매의 협상력 측면에서 전략적 제휴를 하지 않으면 힘들다.

이상을 종합하면 시스템 에어컨 산업은 인프라 사업 특성상 진입 장벽이 높지만 고수익을 낼 수 있고 특히 계절성이 강한 가정용 분리형 에어컨보다 안정적인 연간 매출을 기대할 수 있어 진입해야 하는 시장이라는 것을 알 수 있다.

인프라 기반 구축에 오랜 기간이 소요되기 때문에 M&A를 통해 진입하는 것이 가장 좋지만, 사업 가치사슬이 매우 복잡해 실전 학습 과정을 거쳐 운영 능력을 갖추지 않으면 M&A를 성공시키기 쉽지가 않다.

시스템 에어컨 사업 진입을 결정한 시기는 1995년이었다. 당시 한국은 가정용으로는 거실용 소형 스탠드형 패키지 에어컨, 업소용으로는 용량이 큰 중·대형 스탠드형 패키지 에어컨을 중심으로 시장이 형성되어 있었다. 아직 개인별 냉방 문화로 옮겨가기 전이라서 방에 적합한 벽걸이 분리형 에어컨은 보급이 막 되기 시작한 단계였다. 가격이 저렴한 창문형 에어컨은 주로 여관 등에 보급되는 수준이었고 수출을 통해 활로를 찾는 상황이었다.

따라서 사업은 당장 수익성이 좋은 거실용 스탠드 에어컨에 집중하며 향후 벽걸이 분리형 에어컨의 수요 확대에 심혈을 기울이고 수출 측면에서는 창문형 에어컨의 원가 절감에 총력을 기울이고 있었다.

연구실장 부임 후 분리형 에어컨 기술 제휴를 맺고 있던 일본 M사의 에어컨 연구실장과 업무를 협의할 때였다. 향후 에어컨 사업의 방향을 서로 논의할 때 일본 가정용 에어컨 시장은 벽걸이 분리형 에어컨에서 천장형 시스템 에어컨으로 전환해가고 있고 이 시스템 에어컨이 벽걸이 분리형보다 훨씬 수익성이 좋은 사업이라고 하는 것이다. 그도 그럴 것이 분리형 단품 비즈니스 대비 시스템 에어컨은 한 대의 실외기에 수십 대까지 여러 실내기를 조합하기 때문에 냉매의 분배 기술도 어렵고 엔지니어링, 설치, 사후 관리 등이 훨씬 어렵기 때문이다.

일본과 에어컨 사용 문화의 라이프 스타일 추이를 보면 약 10년 정도의 차이가 있어 10년 후 시스템 에어컨 시대가 도래할 것을 대비해야 하는데 진입 방법이 문제였다. M&A는 당시 사업부 규모나 역량으로 보아 쉽지 않아 자체 준비를 해 진입하는 방향으로 결정했다.

우선 시스템 에어컨 개발 조직을 만들어야 했다. 업소용 중·대형 에어컨 개발 책임자였던 S책임에게 리더를 맡겼다. 그를 포함한 5명이 최초의 시스템 에어컨 직원이다. 지금도 은퇴한 S책임을 만나면 초창기 길을 열었던 노고에 진심으로 감사를 표한다.

LG 시스템 에어컨이 처음 시장에 진입할 때 영업 측에서는 4면 송풍 천장형 에어컨과 덕트형 에어컨을 요청했다. 덕트형은 특히 상업용 빌딩을 겨냥한 것이었다. 자체 제품 개발은 기술도 가지고 있지 못했고 시장 경험이 없어 고객 니즈도 정확히 파악하지 못해 어려운 상황이었다. 일반적으로 역량이 부족한 상태에서 용감하게 개발해 출시하면 품질 등의 문제로 홍역을 치르고 일정 물량으로 증가할 때까지 오랫동안 만성 적자를 면치 못해 애물단지로 탄력을 받지 못할 수 있다.

따라서 처음 진입할 때는 우리가 가지고 있는 중·대형 에어컨의 실외기와 천장형 및 덕트형 실내기를 수입하고 조합해서 출시하는 것이 가장 효율적인 비즈니스 모델이었다. 이런 우리 입맛에 맞는 요청에 응해줄 수 있는 제조 업체를 찾기는 정말 쉽지 않았다. 제조 업체 브랜드를 수입해서 판매하는 대리점 성격의 비즈니스는 제조 업체에서 얼마든지 환영하는 것이지만 자체 브랜드가 아닌 LG전자 브랜드로 만들어서 공급하는 것은 OEM 또는 ODM 방식이다. 그것도 실내외기를 함께한 완제품이 아니고 실내기만 판매하는 반제품 비즈니스이므로 더더욱 응할 리가 없다. 그것도 한 단계 아래라고 생각하는 한국 제조 업체의 브랜드를 생산해 공급하는 것이니 자존심의 문제일 뿐만 아니라 결국 경쟁사를 키워주는 형태이기 때문이다.

시스템 에어컨을 생산하는 M사에 천정형 실내기 공급을 요청했을 때 일언지하에 거절당했다. 이런 미묘한 비즈니스는 정상적인 절차로는 도저히 진행이 어려워 일본인 특유의 인맥을 동원한 방법으로 타개하기로 했다. 당시 CTO를 맡고 있던 Y전무에게 도움을 요청했고 그는 M사의 M전무와 비즈니스 관계로 시작했지만, 상당히 두터운 친분을 가지고 있었다. 수차례의 요청과 부탁 끝에 한글로 부착해야 하는 라벨은 제외한 상태에서 ODM 방식으로 천장형 실내기를 공급받을 수 있었다. 비즈니스에서 인간관계의 신뢰가 얼마나 중요한지 알 수 있는 대목이다. 천장형 실내기 대비 덕트형은 어려운 기술이 아니고 가격 경쟁력이 중요했기 때문에 다른 방법을 모색하기로 했다. 태국에는 일본 업체들이 동남아 시장을 목표로 많이 진출해 있었다. 그중에 덕트형 에어컨을 만드는 업체들을 방문 조사한 끝에 S사에서 덕트형 실내기를 공급받기로 했다.

이렇게 해서 시스템 에어컨 사업이 본격적으로 시작됐다. 시장 경험과 물량 증가에 따라 기술 제휴 단계를 건너뛰고 바로 독자 개발을 시작했다. 모델 확대가 이루어지고 상업용 고층 빌딩으로 진입하면서 대용량에 따른 핵심 부품인 스크롤 컴프레서의 공급이 문제가 되었다.

에어컨용 스크롤 컴프레서는 일본 에어컨 업체에서 내부 생산하고 있었고 미국의 코플랜드가 외부 판매를 하고 있었다. 다이킨, 미쓰비시, 히타치는 내부 에어컨에 공급하는 역할이 주이기 때문에 적극적으로 외부 판매를 하지 않았다. 결국, 외부 판매는 코플랜드가 거의 독

점하다시피 했다.

이러한 생태계에서 1991년 가전 연구소에서 연구를 시작한 스크롤 컴프레서는 향후 시스템 에어컨의 경쟁력 강화에 엄청난 도움을 주었다. 1905년 프랑스의 레옹 크루가 스크롤 컴프레서 특허를 냈으나 스크롤 형태의 가공 기술 및 가스 누설 대처 기술 부족으로 상용화되지 못하다가 1983년 히타치에서 가정용 에어컨에 적용함으로써 최초로 상용화되었고 이후 코플랜드에서 본격적인 사업으로 전개했다. LG전자는 1997년에 시험 생산을 했다.

1998년 에어컨 컴프레서 사업부장으로 부임했을 때 스크롤 컴프레서는 생산 초기라서 여러 어려움이 많았지만, 시행착오를 겪으면서 해결해나가고 있었다. IMF 외환위기가 닥치자 기업의 채무비율을 줄이도록 정부, 은행에서 많은 압력이 가해졌고 코플랜드는 LG전자의 스크롤 컴프레서 사업을 인수하고자 파격적인 조건을 제시하면서 접근해왔다. K사업본부장을 비롯해 나는 이 사업의 중요성을 강조하며 필사적으로 M&A 제의를 거절했다. 코플랜드의 모회사인 에머슨 그룹은 모터를 비롯한 부품 부문을 전문으로 다루는 세계적으로 유명한 그룹이다.

M&A 이야기가 오갈 당시 에머슨 그룹의 회장이었던 척 나이트는 기업 혁신 방면의 벤치마킹 대상이었다. 에머슨 그룹의 핵심 부품 글로벌 매출은 당시 LG전자 생활 가전 매출의 4배가 되는 규모였다.

미국 세인트루이스에 있는 본사를 방문해서 척 나이트의 경영 철학에 대해 들을 기회가 있었다. 그는 철저한 현장 중시의 경영을 하고 있어서 전 직원으로부터 사업과 전반적인 사항에 대해 철저한 설문조사를 하고 그 설문조사를 토대로 신사업, 신상품, 마케팅 전략을 수립한다. 담당 사업 책임자별로 나이트 회장을 비롯한 경영 회의 멤버 앞에서 보고하고 모든 질문에 명확히 답변하면 그 사업계획은 즉시 실행에 옮겨진다. 이러한 현장 근로자 중시 경영 철학으로 인해 노동조합이 없고 방문 당시 40년 연속 순익 증가라는 기록을 세우고 있었다. 코플랜드의 스크롤 컴프레서 공장을 방문하고 느낀 것은 미국 공장의 제조 현장답지 않게 매우 깨끗하게 관리되고 있었고 생산성 또한 높아 보인다는 점이었다. 척 나이트 회장의 현장 중시 경영 철학이 새삼 느껴졌다.

1998년 당시 연간 생산량이 4백만 대를 자랑하는 코플랜드가 왜 시작한 지 얼마 안 된 LG전자의 스크롤 컴프레서 사업을 M&A 또는 합작투자를 하려고 했을까?

첫째, 한국 시장에서 지배력을 잃지 않기 위해서였을 것이다. 한국은 가파르게 경제성장을 하고 있는 나라였고 LG전자 등 한국계 에어컨 브랜드의 글로벌 확장성도 염두에 두지 않았나 싶다.

둘째, 부품 사업의 수익성을 올리기 위해서는 자체의 경쟁력 향상도 중요하지만, 여하히 경쟁 구도를 만들지 않고 우호적이고 통제 가능한 환경을 만들어 공급자 우위 체제를 만들고자 했을 것이다.

2009년 고압식 스크롤 컴프레서를 개발해 상업용 고층 빌딩에도 대응할 수 있는 역량을 갖추었다. 이제 LG 스크롤 컴프레서는 2019년 기준으로 수백만 대에 이르는 규모의 경제를 이루는 사업이 되었다. 미국 시장의 점유율도 상당히 높아져 코플랜드의 우려는 현실이 되고 말았다.

LG전자의 시스템 에어컨 사업은 1995년 5명으로 시작한 이래 이제 25년째(2021년 기준)가 된다. 시스템 에어컨을 에어컨 사업의 중심축으로 정하고 단품 비즈니스 구조에서 토털 솔루션 사업 구조로 바꾸기 위해 수많은 노력을 한 결과 에어컨 사업 전체 매출에서 높은 비중을 차지하는 사업 구조로 전환되었다. 하늘만 보고 사는 천수답 농사에서 전천후로 농사를 지을 수 있는 관개 수리답이 되었다.

어려운 시절 많은 눈물을 삼키면서 고생하고 투자해준 K사업부장과 선배들, 입사 초기부터 퇴임할 때까지 꾸준히 에어컨 사업을 이끌어온 N사장 그리고 많은 훌륭한 후배들이 함께 오늘날의 견고한 에어컨 사업을 이루었고 이제 그 중심축에 시스템 에어컨 사업이 있다.

시스템 에어컨 사업은 단품 비즈니스보다 복잡한 비즈니스 가치사슬을 가지고 있어 새로운 사업 기회가 많다. 건축주와 초기 설계를 검토하는 엔지니어링 사업, 건물 크기에 따른 다양한 제품 영역, 설치 사업, 복잡한 구조에 따른 유지 보수 및 사후 관리, 건물 제어 사업 등 영역이 넓다. 이에 따라 초대형 건물에 적용되는 칠러 사업을 인수하고 유지 보수 및 고난도 사후 관리를 전문으로 하는 회사도 설립되었다. 그리고 건물 제어 사업도 그 가능성이 엿보인다.

이런 비즈니스 특성 때문에 별도로 육성하고자 2009년 에어컨 사업 본부로 독립한 적이 있으나 아직 시스템 에어컨 사업 분야에서는 갈 길이 먼 것으로 보인다. 제품 경쟁력에서는 선두에 있는 다이킨과 어깨를 나란히 하고 있으나 지역별 인프라에는 보다 적극적인 투자의 과제가 남아 있다고 볼 수 있다. 지역별 필요한 M&A를 통해 빠르게 성장해온 다이킨의 사례는 그러한 시사점을 던지고 있다.

미국은 전략적 가치가 있는 시장이다

2000년은 LG전자가 생활 가전 사업에서 프리미엄 제품으로 미국 시장 진입을 처음 시도한 해다. 2000년 이전, 당시의 역량으로 진입 가능한 시장은 개발도상국이었다. 비록 개발도상국에서 성공한 제품이라 해도 미국, 유럽 등의 선진 시장에 그대로 적용할 수는 없다. 생활 수준에 따라 대형화하고 고급화하는 등, 선진 시장에 맞는 제품 개발과 시장 진입 전략이 중요하다. 유럽은 전체 시장은 크나 여러 국가로 나누어져 있고 지역별 전통적인 브랜드 장벽 때문에 미국 시장보다 훨씬 많은 노력이 필요하다.

미국 시장은 단일 시장으로는 세계에서 가장 큰 시장이고 경쟁이 치열하지만, 경쟁력만 있으면 전통적인 브랜드의 벽 등 진입의 저해 요인이 적은 편이다. 따라서 전략적 우선순위는 미국 시장이라고 볼 수 있을 것이다.

그러나 이런 매력 있는 시장이라도 제품력이 뒷받침되지 않으면 주력 상품군으로 진입하기가 힘들다. 2000년 이전 LG전자 생활 가전 사업은 Gold Star 브랜드의 소형가전, OEM, ODM으로 사업을 할 수밖에 없었고 2000년 이후에 LG 브랜드로 차별화된 프리미엄 제품을 갖추고 전략적으로 진입함으로써 사실상의 신시장인 미국 시장에서 큰 성공을 거두게 되었다. 이러한 성공사례는 사사점이 많아 상세히 기술하고자 한다.

먼저 미국은 왜 강하며 계속 매력 있는 시장으로 존재할 것인지 살펴보겠다. 첫째, 달러가 갖는 기축통화의 가치는 미국이 세계 경제에 강한 영향을 미치게 하고 있다. 달러는 미국이 세계의 경제를 움직일 만한 소비시장을 갖고 있고 1, 2차 세계대전을 통해서 구축한 경제 및 세계 질서를 유지할 수 있는 강한 군사력을 통해 기축통화의 지위를 얻었다.

1944년 브레튼 우즈 체제 협의로 미국 달러화를 금 1온스에 35달러로 고정하는 금본위제의 기축 국제 통화 체제가 시작되었다. 이후 미국 무역적자가 심화되어 1971년 변동 환율제로 전환했다.

미국의 외형적인 무역 역조를 보면 일반적으로 만성 무역적자 국가이고 채무국인데 달러화를 발행하는 기축통화의 국가이기 때문에 부도가 나지 않고 견디는 것이라고 얘기하는 시각도 있다. 미국의 무역 수지 내용을 보면 2019년 기준으로 상품 수지가 8,900억 달러 적자, 서비스 수지가 2,700억 달러 흑자로 전체 무역 수지는 6,200억 달러 (약 730조 원) 적자 구조다.

그동안 글로벌 경제 활동에서 일본과의 무역적자를 해소하기 위한 엔고, 중동 지역 석유 달러체제 구축, 중국 경제에 대한 견제 등은 달러화 기축통화 체제를 지키기 위한 일련의 조치로 보였다.

이제 달러화를 국제 기축통화로 구축한 미국은 금융 제국이 되었다. 미국 정부는 필요시에 무한대의 적자 예산 편성을 할 수 있는 통화 권력을 갖게 되었다. 양적 팽창은 여러 경제 사정을 고려해 결정하지만 마치 한도가 없이 갚을 필요가 없는 마이너스 통장을 가지고 있는 것과 같은 형국이다.

기축통화인 달러의 발행은 미국 경제만이 아니라 전 세계의 통화 공급 역할을 하므로 각국의 경제성장이 지속되면 그에 해당하는 통화 팽창이 필요하다. 또한, 각국이 외환위기를 대비해 외환 보유를 높이는 추세이기 때문에 달러의 수요는 계속 증가하는 흐름이다. 달러는 무역을 통한 상품 수지 적자로 공급되었으며 이것은 미국 소비를 풍요롭게 하는 대신 제조업의 후퇴를 가져왔다.

이제 달러화는 국제 외환 거래의 87%, 세계 외환 보유의 60%, 국제 채권시장의 62%를 차지하고 있어 이미 전 세계에 퍼져 있는 유동성을 가지고 있다. 따라서 신용 화폐로 굳건히 자리 잡고 있는 달러를 다른 통화로 대체하는 것은 쉽지 않으며 위협을 받을 때는 강력히 견제한다. 이렇게 구축된 강력한 신용은 전쟁, 금융위기, 경제위기가 도래하면 금보다 더 선호되는 안전 자산이 되어 예외 없이 가치가 상승한다.

둘째, 미국은 강한 창의와 혁신 문화를 가지고 있다. 앞에서 문화 코드를 기술한 바와 같이 창의성은 미국인들에게 체질화되어 있는 DNA처럼 느껴진다. 미국에서는 지금도 어린 시절부터 독립심과 창의력을 강조하는 교육 과정이 이루어지고 있다. 대학생이 스타트업부터 시작한 기업 중 마이크로소프트, 애플, 페이스북, 구글 등 세계적인 기업이 된 곳이 매우 많다. 이러한 교육 과정이 뒷받침된 덕분이 아닐까? 이제 이러한 세상을 변화시키는 기업가 정신은 실리콘밸리의 혁신 생태계에까지 이르러 수많은 세계 최초, 세계 최고가 끊임없이 태어나고 있으며 지속 가능한 성장을 뒷받침하고 있다.

미국인들에게 내재화되어 있는 창의력은 금융 산업, 첨단 군수 산업, 인터넷을 비롯한 혁신 비즈니스, 지적 재산권, 우수한 교육 사업 등의 서비스 수지로 다시 회수되고 있다. 미국인 입장에서는 부가가치가 낮은 상품들은 수입해 값싸게 잘 쓰고 있고 자신들이 만든 부가가치가 높은 서비스 사업은 잘 팔고 있다. 2019년 1인당 부가가치를 대략 계산해보면 미국 인구수는 전 세계 인구에서 차지하는 비율이 4.3%이며 미국 총생산은 세계 총생산의 23%를 차지하므로 세계 평균 대비 생산성이 약 5배 높다고 추산해볼 수 있다.

셋째, 정직과 신용의 단결된 힘이다. 미국이 신용을 대단히 중시하는 사회라는 것은 1센트부터 100달러에 이르기까지 모든 화폐에 새겨져 있는 'In God We Trust'라는 표어가 대표적이라는 글을 읽고 확인해보니 정말 그러했다. 이 표어의 뜻은 하나님을 믿는 것처럼 우리도 서로 신뢰하면서 살자는 것이다. 이 신용을 뒷받침하는 것은 거짓말하지 않는 정직성이다. 일에 대한 잘못은 용서해도 거짓말은 절대 용서하지 않는 사회이다. 대표적으로 도청 사건을 은폐하려고 했던 닉슨 대통령의 도덕성이 문제가 되어 탄핵 논란이 일자 급기야 탄핵 전에 미국 대통령 사상 처음으로 자진 사퇴했다.

또한, 이런 맥락에서 불법 탈세도 용납되지 않는다. 오죽하면 탈세에 대해 미국에서는 지옥까지 쫓아가서 받아낸다는 말이 있다. 그만큼 불공정은 용납하지 않는 사회이다. 그런 면에서 2001년 발생한 엔론의 분식회계 부정에 의한 사태는 정직을 중요시하는 미국 사회에 엄청난 충격을 가져왔고 회계의 투명성을 보장하기 위한 여러 제도적인 장치들이 만들어지는 계기가 되었다.

언젠가 뉴저지 거리를 여유롭게 거닌 적이 있었다. 그때 눈에 들어온 가로등에 줄지어 붙어 있는 참전 용사들의 사진, 참가 전투, 사망일시, 태어난 곳들이 새겨진 명판이 인상 깊게 남아 있다. 이런 것들은 보통 국립묘지나 현충탑에 만들어놓기 마련인데 이 마을은 자신들의 고향에서 태어나 국가를 위해 국가명령으로 이름 모를 타지에서 전사한 그들을 존경하는 마음으로 명판을 만들어놓았을 것이다. 마을에서 모임이 있을 때면 해당 가족에게 위로와 존경의 덕담들을 건네곤 할 것이다.

그들은 왜 싸웠으며 그 가족, 국민은 왜 그 죽음을 존경하고 명예롭게 생각하는가? 미국만이 아니라 전 세계에서 지켜야 할 고귀한 가치인 자유를 국민과 국가가 공유하는 문화가 형성되어 있기 때문일 것이다.

상기 기술한 내용 외에도 많은 요소가 강한 미국을 만들었을 것이다. 결론적으로 미래에도 상당히 오랫동안 미국 시장은 매력 있는 시장으로 존재할 것으로 보이며 공정한 룰이 지배하는 사회이기 때문에 차별화된 가치만 제공할 수 있다면 언제든지 아메리칸 드림을 이룰수 있지 않을까 생각한다.

미국 시장에 진입할 방법을 찾아라

LG전자 생활 가전은 직접 수출 진입 모드로 미국 시장에 진입한 경우다. 차별화된 제품 경쟁력을 바탕으로 미국 시장에 진입한 지 17년 만에 일류의 위치에 오르게 되었다. 2018년 미국의 고관세 정책으로 시장에서 가격 경쟁력이 떨어지기 때문에 그동안 쌓은 경쟁 우위의 역량을 바탕으로 자체 직접 투자 진입 모드를 결정했다.

해외 시장에 진입할 때는 위험도가 낮은 진입 방식에서 위험도가 높은 방식으로 진입 순서가 변한다. 즉 에이전트를 통한 간접 수출, 직접 수출, 판매 법인 설립, 기술 허여 또는 합작투자, 단독 생산 법인 설립의 점진적 학습 모형 과정을 거친다.

진입 대상 지역의 진입 장벽이 낮으면 차별화된 제품을 바탕으로 직접 수출을 하고 진입 장벽이 높으면 이 위험을 회피할 수 있는 해외 직접 투자를 포함한 다른 모드를 검토해야 한다. 어느 진입 모드이든 제품의 차별화는 가장 기본적으로 갖추어야 할 요소이며 이 경쟁력이 강할수록 진입 장벽의 영향을 상대적으로 감소시킬 수 있을 것이다. 차별화된 제품 리더십을 갖추고 있으면 유통 진입에 대해 공급자의 협상력을 갖추어 필요에 따라 ODM 또는 OBM 진입 전략을 구사할 수 있다.

직접 수출로 규모가 커지면 법적 측면에서 복잡성-다양성과 규제가 증가하게 된다. 예를 들면 FTA, 관세 정책, 환경 규제, 노동자 법적 보호, 소비자 보호법 등의 고려가 필요하다. 또한, 정치적 측면에서 국가 통합을 위한 미국 우선 정책, 현지 제조 업체의 반발에 의한 무역 규제, 반덤핑 이슈 등에 의한 무역 장벽이 발생하게 되어 직접 투자에 의한 해외 시장 진입을 하게 된다.

미국 시장에서 생활 가전 사업의 진입을 보면 유럽의 일렉트로룩스는 미국 현지의 프리지데어 M&A로 미국 시장에 진입했다. 생활 가전 제품은 국가별 문화적 차이에 따라 선호 규격이 다르고, 사후 서비스망 확보가 판매에서 중요하기 때문에 빠르게 자산을 확보할 수 있는 M&A 전략을 선택했다고 볼 수 있다. 그리고 메이텍은 아마나를 흡수 합병해 규모를 키웠으나 이 통합 회사도 월풀로 흡수 합병되었다. 이러한 M&A 배경은 상대적으로 약한 사업을 보강하고 시장 지배력을 높이기 위한 것으로 보인다.

미국 시장 진입은 제품 브랜드 전략과 유통 진입 전략으로 나누어 볼 수 있다. 첫째, 제품 리더십 기반 ODM 비즈니스는 중요한 학습 기회를 주고 OBM 비즈니스로 나아가는 데 도움을 준다. ODM은 제조자 개발 생산 방식으로 제조자가 설계하고 개발해 제품을 판매 업체 브랜드로 공급하는 방식이다.

한국 시장에서 대규모 생산 기반과 독자적인 유통망 구축을 통해 비교적 빠른 속도로 브랜드 사업을 성장시킬 수 있었다 해도 미국 시장에서 한국 시장에서의 성공 방식을 그대로 적용하기는 힘들다. 미국 시장과 같이 제품이 성숙되고 오랜 역사를 갖는 시장은 공급자 및 유통이 경쟁력이 강한 회사를 중심으로 포진되어 있으므로 제품 생산에서 판매까지 통합 모델을 구축하는 데 너무 많은 비용과 시간이 들기 때문이다.

미국 시장에 성공적으로 진입한 회사들은 신규로 진입할 때 산업 최초 또는 경쟁력이 있는 제품 리더십을 갖추었고 경쟁사들보다 빠른 속도로 신제품들을 내놓으면서 제품 리더십을 유지했다. 그리고 이를 뒷받침하기 위한 강력한 연구 개발 투자 및 조직 운영을 했다.

미국 시장은 단일 시장으로도 매우 크기 때문에 강한 경쟁자들이 존재하고 있으며 후발자가 신규로 진입할 때 기술 제휴 또는 ODM 형태의 제휴가 도움이 되었다. 이런 제휴를 통해서 후발자는 시장과 소비자의 지식과 인사이트, 경쟁자 정보, 제품 전개 및 마케팅 경험, 제품 개선, 제품 개발 방향, 품질 향상을 배울 수 있다.

경쟁 제조 업체와의 ODM 비즈니스는 제품 개발, 품질관리, 규제 동향 등에 있어서 학습의 기회는 있으나 시장에서의 경쟁, 무리한 가격 인하 등으로 인해 존속 기간은 길지 않다. 반면에 유통과의 ODM

비즈니스는 상호 보완적 관계, 제한적 유통 갈등으로 존속 기간이 상대적으로 길다고 볼 수 있다.

ODM 사업과 더불어 자가 브랜드의 OBM 사업을 추진하는 것이 가장 바람직하지만 초기 브랜드 투자 부담 및 ODM 고객의 저항이 심할 경우 먼저 ODM으로 진입해 신뢰를 구축한 후 OBM을 진행하는 것이 효율적이다. 그러나 장래의 존속 가치를 위해서는 ODM의 효율성에 만족하지 않고 조속히 OBM을 전개하는 것이 미래의 위험을 줄일 수 있다.

둘째, 강한 현지 브랜드가 있는 시장에 진입할 때는 먼저 지역 유통을 통해 역량과 평판을 쌓고 전국 유통으로 확대하는 것이 효과적이다. 선진국 시장은 유통의 벽이 높고 현지 브랜드가 강한 난공불락의 성과 같다. 이 같은 견고함을 깨뜨리는 방법은 '얼음덩어리를 깰 때는 큰 망치로 두들기기보다 작은 바늘로 깨는 것이 훨씬 효과적'이라는 옛 격언에서 찾아볼 수 있다. 회사를 혁신할 때도 작은 성공사례를 만들어 할 수 있다는 것을 보여주고 횃불이 서로 옮겨 전체가 타오르게 한다. 이런 철학이 유통 진입에도 유사하게 적용될 수 있을 것이다.

강력한 경쟁자가 존재하는 시장에 진입하기 위해서는 제품 리더십을 반드시 갖추고 초기에는 투자와 위험이 적은 지역 유통 및 인터넷 마케팅으로 진입하는 것이 바람직하다. 그리고 시장 학습과 고객으로부터 좋은 평가를 받은 후 전국 유통으로 확대하는 것이 바람직하다. 특히 미국 시장과 같은 성숙 시장에 처음 진입하는 회사는 제품 구색이 충분하지 않고 브랜드 인지도나 신뢰도가 높지 않아 전국 유통으로 진입하기에는 역량이 많이 부족하기 때문이다.

지역 유통에서 선호하는 제품은 주요 브랜드가 갖고 있지 않은 혁신적인 차별화 제품이다. 전국 유통은 상호 필요가 강한 곳부터 전략적으로 합의를 이루어 준비를 철저히 한 후 진입해야 한다. 전국에 소재한 많은 판매점에 진입하기 때문에 진열 비용이 많이 들고 품질 등 문제가 발생해 교체하고자 할 때는 엄청난 실패 비용과 판매 현장에서의 거부감 등의 나쁜 유산이 발생하게 된다. 또 장기적인 파트너십이 요구되기 때문에 최고 경영자 간 회의를 통해서 미래의 상품 개발, 판매 효율 증진 등에 대한 전략적 합의를 이루어나가는 것이 중요하다. 그리고 유통 특성에 맞는 전략적 협의 시스템을 갖추고 대응해나가야 한다.

미진입 사업에 새로이 뛰어들다

아직 진입하지 않은 사업 영역에 새로이 진입하는 것에는 많은 어려움이 있다. 기존에 진입한 선점 업체들은 견고한 성을 구축하고 있으나 신규 진입자는 단기필마로 돌진해야 한다. 지금 하는 사업과 비관련 사업 다각화인 경우는 더욱 그러하다.

여기에서 소개하는 헬스케어 가전을 중심으로 하는 토털 솔루션의 렌탈 사업은 관련 사업의 다각화로 성공한 경우이다. 그리고 또 하나의 사례인 산업용 수처리 사업은 비관련 사업의 다각화로 일정 궤도에 오르기는 했으나 집중과 선택 전략으로 매각하게 되어 아쉬움이 남은 경우다. 이 사례는 비관련 사업의 다각화가 성공하기 쉽지 않다는 것을 보여준다.

장기적인 전략으로 솔루션 사업에 투자하라

치열한 경쟁에서 한발 앞서가고 부가가치를 높이기 위해서는 하드웨어인 제품과 소프트웨어 또는 유지 보수 및 서비스를 결합해 판매하는 이른바 토털 솔루션을 제공해야 한다.

하드웨어의 제품만 판매해서는 치열한 경쟁 구도를 피할 수 없고 고객에게 차별화된 솔루션을 제공하지 않으면 쉽게 구매 브랜드를 변경한다. 이른바 일반화된 제품 판매 현장에서는 매일, 매월 일진일퇴의 백병전이 벌어지고 시장 점유율을 높이기 위한 판촉비가 증가해 손익은 그에 따라 널뛰게 된다. 토털 솔루션은 크게 제품에 부가되는 서비스 사업 형태, 제품과 서비스가 상호 보완되는 하이브리드 사업 형태, 유지 보수와 서비스에 중점을 두는 사업 형태로 나누어볼 수 있다.

제품에 부가되는 서비스 사업 형태는 별도의 수익을 창출하기는 쉽지 않지만 이미 기본 성능이 보장된 본체에 더해 차별화해 수익성을 높이고 판매 경쟁력을 높일 수 있다.

예를 들면 기계공학이 중심인 자동차는 이미 각종 센서 및 IT와 결합해 전자화되어 있다. 그리고 가전 제품, 시스템 에어컨 등에는 원격 모니터링 기능이 내재되어 있어 가동상태를 관리 센터에서 실시간으로 확인하면서 문제가 발생하면 긴급하게 사전조치를 취하는 것이 가능하다. 또한, 공작 기계 같은 경우에도 가공에 대한 공정 관리는 물론 정밀 품질, 6시그마에 의한 산포 관리까지 작업자에게 제공한다.

제품과 서비스가 상호 보완되는 하이브리드 사업 형태는 제품 사업뿐만 아니라 서비스에서도 수익을 창출할 수 있는 모델이다. 예를 들면 자동차 구매 시의 부담을 덜어주는 할부 금융 시스템은 양쪽 다 수익을 창출하는 모델이다. GE의 발전 설비나 엔진 등도 금융과 사후 서비스를 묶어 토털 솔루션으로 수익을 창출하는 대표적 모델이다. 일반 소비재 산업에서는 스마트폰이나 스마트 TV에서 앱이나 컨텐츠로 상호 보완적인 비즈니스를 하는 방법이 있다. 복사기와 소모품인 토너, 캡슐 커피머신과 캡슐 커피의 관계도 상호 보완적인 비즈니스의 한 사례로 볼 수 있을 것이다.

유지 보수와 서비스에 중점을 둔 사업 형태는 매우 창의적인 아이디어가 있거나 장기적인 전략을 가지고 투자해 인프라를 구축해야 하는 특성을 가지며 규모의 경제를 실현하고 나면 진입 장벽이 높은 사업이 된다. 창의적인 아이디어로 글로벌 지배력을 갖게 된 회사는 구글, 페이스북 등과 같이 아이디어를 플랫폼화해 지배력을 높였으며 이를 롤 모델로 세계 각지에서 미래를 향한 벤처 기업들이 끊임없이 탄생하고 있다. 장기적인 투자 인프라가 필요한 대표적인 사업은 통신 서비스이다. 전 인류가 소비자인 만큼 그 규모는 방대하며 자체 서비스의 개발, 하드웨어인 폰과의 결합 상품 등 비즈니스 종류는 다양하다.

새로운 장르 헬스케어 가전

헬스케어의 사전적 의미는 기존의 의료 서비스에 질병 예방 및 관리 개념을 합친 전반적인 헬스케어 사업을 말하며 좁은 의미로는 통상 원격 의료 서비스나 스마트폰 앱에 의한 헬스케어 및 방문 건강 컨설팅 등의 사업을 뜻한다.

인류에게 있어서 건강에 대한 가치는 인류가 존재하는 한 영원히 존속될 수밖에 없는 중요한 가치다. 따라서 인류의 삶의 질을 향상하는 생활 가전에서도 헬스케어 개념을 도입하는 것은 고객에게 새로운 가치를 더해줄 수 있는 사항이었다.

내가 2004년 생활 가전 사업본부장을 맡았을 때 전사 CEO로 승진한 전임 K사업본부장은 디오스 냉장고, 트롬 세탁기, 휘센 에어컨 등의 좋은 브랜드 자산과 글로벌로 사업을 전개할 수 있는 토대를 남겨주었다. 후임자로서 이런 사업을 잘 키워야 하는 것은 당연한 책무지만 또한 미래의 후배들에게 넘겨주어야 할 새로운 사업을 전개하는 일 또한 매우 중요한 일이었다.

생활 가전에 헬스케어 컨셉을 본격적으로 적용한 것은 2006년 중동 시장 사례로 5장에 기술한 바 있다. 냉장고 LED 기능에 의한 신선도 향상 및 항균 기능의 적용, 세탁기 스팀 기능에 의한 항균 및 알레르겐 제거, 에어컨의 플라즈마에 의한 공기청정 기능 등이 주요한 헬스케어 컨셉이었다. 이후 발전을 거듭해 황사 및 코로나 바이러스 등의 영향으로 헬스케어 제품은 더욱 중요해지고 고수익 창출의 원천이 되고 있다. 생활 가전에 있어서 헬스케어 컨셉은 인체에서 직접 발생하거나 발생할 가능성이 있는 병에 대한 진단이 아니라 병을 유발할 수 있는 원인 관리, 즉 환경 관리에 있다고 볼 수 있다.

2020년 시장을 주도하고 있는 트루 스팀은 세탁기 J사업부장이 2005년 심혈을 기울여 만든 원천 기술이 있는 차별화 기능이며 세탁기, 스타일러, 식기세척기 등에 적용되어 시장을 선도하고 있다. 그리고 냉장고에서 파생한 정수기, 에어컨에서 파생한 공기청정기가 별도의 사업 영역으로 성장하고 있는데, 이 사업은 렌탈 케어라는 보수 유지 및 서비스 솔루션을 기반으로 한 신사업 영역이어서 별도로 기술하고자 한다.

2007년 생활 가전 사업의 향후 신사업 검토 결과 헬스케어 제품을 신규 사업으로 선정했다. 대상 제품으로는 물, 공기, 몸이라는 컨셉으로 정수기, 알칼리 이온수기, 공기청정기, 안마 의자로 정하고 2년간의 준비 과정을 거쳐 2009년 사업을 시작했다.

그중에서 정수기를 중심으로 산업을 분석해보면 경쟁 강도는 렌탈 케어 특성상 선자금 투입의 재무, 케어를 할 수 있는 인력의 조직 운영에 대한 진입 장벽이 높아 역량을 갖춘 소수에 의해 지배되고 있는 시장이다. 제조업체는 자체 생산하는 상위 몇 군데를 제외하고 일반적으로 ODM 및 OEM 비즈니스가 많은 편이므로 진입의 장벽이 되지는 않으나 경쟁 우위를 점하기 위해서는 제품 확대 및 차별화가 필요했다. 또한, 소비자는 케어 서비스에 대한 가치를 느끼기 쉽지 않으므로 대면 설득을 하는 영업 방식 구축이 필요했다.

그리고 KT 경영 경제 연구소에 의하면 2020년 약 40조 원의 렌탈 시장이 형성되고 그중에서 생활 가전 렌탈 시장은 10조 원 이상으로 예상되어 중견 업체들이 사업 확장을 위해 계속 진입을 시도하는 것은 잠재적 위협이 될 수 있다. 대체재 위협 또한 생수가 미네랄 성분을 앞세워 존재하고 있으나 사용 계층 및 용도가 제한적이며 일회용 페트병 분리수거의 불편함이 존재한다.

이러한 분석들을 종합해볼 때 렌탈 사업 방식, 유지 보수 인력의 구축 등 진입 장벽이 존재하지만 긴 안목으로 이러한 장벽을 극복해 규모의 경제를 이룬다면 많은 수익을 기대할 수 있는, 매력적인 사업이라 볼 수 있다. 특히 소비자의 소비형태 트렌드도 소유보다는 사용에 가치를 두는 공유 경제로 변화하고 있다는 점이 매력을 배가시킨다.

선발 코웨이는 대기업의 가전 회사들이 정수기 시장을 눈여겨보지 않았을 1989년에 이 시장에 진입해 10년 후 IMF 외환위기가 발생했을 때 정수기를 소유하는 것이 아닌, 빌려 쓰는 공유의 렌탈 케어 개념을 처음 도입했다. 코웨이는 이를 통해 소비자의 초기 투자금을 줄이고 깨끗한 물을 유지하기 위한 필터 청소 및 교환을 정기적으로 해줌으로써 신뢰를 주었다. 이러한 사업 방식은 당시 IMF 외환위기 이후의 사회적 분위기에 부합했으며 코디라는 이름의 방문 관리하는 조직을 운영함으로써 새로운 유통 체계를 구축했다. 이 조직은 유지 보수 서비스뿐만 아니라 정기적으로 고객과 밀접한 관계를 유지하는 고객 관계 관리를 구축해 공기청정기, 비데, 침대 등 케어가 필요한 영역으로 점차 확대해나가는 비즈니스 모델을 만들었다. 2019년 코웨이의 매출은 한국 시장에서 약 600만 계정을 관리하면서 약 3조 원을 넘겼으며 매년 15% 이상의 안정적인 수익을 내고 있다. 이를 바탕으로 화장품 사업 등의 다각화를 하며 해외 시장으로 영역을 점차 확대하고 있다.

2009년 LG전자 생활 가전 사업에서 정수기 신사업 진입을 결정한 뒤 부딪힌 첫 번째 난관은 선투자하고 3년 후 회수하는 렌탈 비즈니스에 대한 재무 부담이었다. 한국 시장에서 안정된 매출 규모로 성장할 때까지 많은 자금을 계속 투입해야 했다. 즉시 회수되는 비즈니스를 우선시하고 타 전략 사업에 투입되어야 하는 자금 조달에 부담이 있는 최고 재무 관리자 입장에서는 반대할 수밖에 없었다.

이때 정수기 신사업 PBL이었던 C부장이 아이디어를 냈다. 세계 최대의 자산 운용사인 M사로부터 판매 매출에 대한 금융리스 형태로 사업본부 책임으로 사업을 시작하기로 한 것이었다. 목표 매출에 도달하기까지는 몇 년간 적자가 계속되는 상태이므로 사업본부 전체가 흑자로 뒷받침되지 않으면 결심이 쉽지 않은 사항이었으며 지속적인 흑자를 내고 있던 세탁기, 냉장고 사업 덕분에 가능한 일이었다. 정수기 사업의 안정적인 규모와 흑자 실현까지는 약 10여 년의 기간이 걸렸다.

두 번째 난관은 정수기의 유지 보수 서비스를 해주는 헬스케어 매니저의 역량 확보다. 후발주자는 초기에는 소비자들 간 간격이 넓어 이동 시간에 따른 낭비가 많아 시간당 처리 효율이 낮을 수밖에 없고, 이것은 높은 인건비로 이어져 원가 압박 요소가 되었다. 그리고 소비자들과 직접 대면해 서비스를 제공하는 설치 기사 및 헬스케어 매니저의 서비스 자세는 매우 중요한 사항이며 선발, 처우 및 교육 등의 조직 운영에 노력을 많이 기울여야 했다.

2009년 정수기 시장에 처음 진입할 때 기존 업체 대비 제품 차별화 포인트는 깨끗한 물의 이미지에서 따온 '위생'이었다. 기존 플라스틱 저수조 대비 청결 측면에서 우위인 스테인리스 저수조를 처음으로 적용했고 물이 통과하는 모든 부위를 정기적으로 살균해주는 서비스를 제공했다. 상하좌우 퓨리케어 소형 직수 정수기가 연달아 출시되면서 빠르게 시장 점유율을 높였다. 그리고 가정용 정수기 시장에서 타 업체 대비 강력한 차별화가 가능한 제품인 얼음 정수 냉장고를 출시했다.

냉장고를 잘 만드는 원천 기술을 많이 가진 가전 기업이었기에 가정용 가전 시장에서는 유리한 면이 있다. 4도어 냉장고 내에 정수 기능을 탑재한 얼음 정수 냉장고는 2013년 처음으로 출시되어 지금도 호평받고 있다. 상식적으로 고객 편익 관점에서 보면 가정 내에 대형 냉장고와 정수기를 따로 놓는 것보다 냉장고 한 대에 정수 기능까지 모두 탑재되어 있다면 전기세만이 아니라 설치 면적에서도 매우 유리하다. 정수기에도 소형이지만 물을 차갑게 해주는 컴프레서가 있어 추가로 발생하는 전기료를 피할 수 없다. 이러한 일석이조의 개념인 정수기 겸용 냉장고는 새로 가전 제품을 장만해야 하고 사용 면적의 효율성을 중시하는 신혼부부 사이에서 필수 가전으로 자리를 잡아가고 있다.

한국 소비자원에서 2019년 발표한 정수기 6개 회사(LG전자, 코웨이, 교원 웰스, 청호 나이스, SK매직, 쿠쿠 홈시스) 렌탈 서비스 소비자 만족도 평가 결과를 보면 LG전자가 단연 1위를 확보하고 있다. 평가 항목은 크게 서비스 품질, 서비스 상품, 서비스 호감도로 LG전자 정수기 서비스는 전 항목에서 타 회사보다 훨씬 좋은 평가를 받고 있고 이는 강력한 역량으로 사업 확대를 뒷받침할 것이다.

LG 생활 가전의 헬스케어 신사업은 2019년에 진입한 지 10년이 되며 지속적으로 성장해 매출 규모나 수익성으로 볼 때 하나의 비즈니스 모델로 자리 잡았다.

정수기, 얼음 정수 냉장고를 필두로 해서 공기청정기, 스타일러, 건조기, 식기세척기, 전자레인지, 맥주 제조기, 안마 의자 등 차별화된 가전 제품을 강점으로 급속히 확대되어 2019년 기준으로 규모의 경제가 이루어지는 200만 이상의 렌탈 계정을 확보하고 있다. 렌탈 케어 솔루션 비즈니스는 전략적 적합성을 가진 사업으로 확장하는 일종의 관련 사업 다각화로 볼 수 있다.

생활 가전 사업에서 쌓인 헬스케어 가전, 스팀 가전 등의 차별화된 제품에 유지 관리 서비스를 바탕으로 한 렌탈 케어라는 영업 방식을 가미함으로써 고객 밀착을 강화하고 안정적인 수익을 창출하는 시너지 효과를 낼 수 있게 된 것이다.

비관련 사업의 다각화는 쉽지 않다 : 수처리 사업

비관련 사업의 다각화는 현재 수행하고 있는 사업 영역에서 새로이 사업 영역을 확장할 수 있고 향후 동일 사업에서 오는 사업상의 위험을 분산시킬 수 있는 장점이 있다. 반면에 가장 큰 약점은 다른 사업 경쟁 환경을 갖기 때문에 핵심 역량을 공유하기가 쉽지 않고 사업을 이끌어가는 경영성 인재들의 확보가 쉽지 않다. 이러한 이유로 비관련 사업은 내부 육성보다는 진입 대상 사업의 기업을 인수·합병해 진입하는 것이 수월하다. 비관련 사업의 다각화를 비교적 순조롭게 이룬 곳은 SK그룹이다. 과거 재벌 그룹들의 비관련 사업의 다각화는 자칫 문어발 확장이라는 비판을 받았으며 집중과 선택이라는 사업 구조 조정에 따라 이합집산이 되기도 했다.

수처리 사업은 녹색 성장 사업에 대한 그룹의 비전과 가정용 정수기 사업에 진입했던 생활 가전 본부의 B2B 사업으로의 확장 전략과 연결되면서 진입을 결정하게 되었다.

생활 가전 사업과 관련이 없는 수처리 사업에 대한 도전은 사업 본질에 대한 비전에서 비롯되었다. 첫째는 오랫동안 사업이 유지될 수 있는 영속성이 있을까였는데, 물은 인류에게 필수 불가결한 요소이므로 수처리 사업은 인류가 존재하는 한 절대로 없어질 수 없는 사업이라는 특성이 있었다. 그리고 산업이 성장해 물 사용량이 계속 증가할 것인가에 대해서는 반도체 등과 같이 고기술, 고품질의 제품을 생산하기 위해 초순수 등과 같은 매우 깨끗한 물이 필요하며 산업의 발전에 따라 산업 폐수가 증가하면 폐수 처리에 대한 수요 또한 증가할 것이라는 전망이 있었다. 또한, 끊임없는 세계 인구의 증가로 음료수를 비롯한 생활용수의 필요가 증가하며 하수 처리 또한 증가할 것이다. 마지막으로 깨끗한 자연환경을 만들고자 하는 정책은 계속될 것이며 높은 수질의 물을 만들기 위한 수처리가 더 필요할 것으로 보였다.

하늘은 인간이 필요한 시기에 필요한 양만큼 비를 내려주지 않는다. 공급은 매우 불안정하고 불규칙적이지만 수요는 규칙적으로 존재하는 이 자연의 법칙 때문에 반드시 중간에 수처리라는 과정이 필요한 것이다.

수처리 사업은 비즈니스 모델이 완전히 다른 영역이어서 심도 있는 진입 전략 수립이 필요했고 2010년 EPC Engineering Procurement Construction (설계 구매 건설), O&M Operating and Maintenance (운영 및 보수 유지), 멤브레인의 세 가지 방향으로 진입하기로 했다.

먼저 2011년 대우건설의 자회사로써 수처리 O&M을 전문으로 하는 대우엔텍을 인수·합병해 하이엔텍으로 새로이 발족했다. 그리고

2011년 그룹 내 흩어져 있던 연구 개발 인력을 모아 수처리 핵심 부품인 멤브레인 생산 시설을 구축했다. 이어 2012년에는 히타치와 수처리 EPC를 수행하는 합작회사인 LHWS LG-Hitachi Water Solution를 설립했다. 당시 파트너는 인프라 솔루션 사업본부장인 히가시하라 전무였고 그와 글로벌로 힘을 합쳐 수처리 사업을 전개하자는 합의를 이루었다. 히타치는 사물인터넷에 의한 네트워크 인프라 사업, 중전 분야 등 B2C에서 B2B로 사업의 중심축을 옮겨 성공한 모델로 자리 잡아가고 있었다. 후에 히가시하라 전무는 이러한 전략과 젊은 세대의 리더십에 힘입어 CEO로 승진했고 집중과 선택을 통해 경쟁이 치열한 하드웨어 제품 사업을 정리해나가 토탈 솔루션 기업으로의 전환에 박차를 가하고 있다.

수처리의 생태계는 물을 가두는 댐 건설에서부터 인간이 사는 가정의 단위, 운영하는 공장의 단위까지 매우 복잡한 가치사슬을 가지고 있다. 멤브레인 등 수처리 설비 사용 부품 및 소재 사업, 수처리 설비 제조 및 설치 사업, 물 운영 및 보수 유지 관리 사업 그리고 그에 필요한 화학 약품 및 소재 산업 등 다양하게 구성되어 있다. 나아가 환경 산업으로 영역을 확장한다면 소각, 음식물 처리 분야에도 진출할 수 있을 것이다. 그러나 이런 복잡한 구조 때문에 업체들이 이미 많이 참여해 있고 부품·소재, 설비 제조 및 설치 사업에서는 규모의 경제를 이루기가 쉽지 않다. 운영 유지 관리 사업에서는 규모를 이룰 수는 있으나 긴 안목으로 장기간의 투자가 필요하다.

세계 1위의 수처리 전문 회사인 프랑스의 베올리아는 수익의 80% 이상을 운영 유지 관리 부문에서 내고 있으며 시설을 직접 건설해 발주자에게 소유권을 양도한 뒤 일정 기간 직접 시설을 운영하면서 수익을 내는 BTOBuild Transfer Operate 방식으로 15~20년 장기적으로 운영하는 것을 주로 하고 있다. 베올리아는 1853년에 세워져 음료수부터 산업 용수에 이르는 수처리를 시작으로 폐기물 처리 등의 환경 사업과 에너지 관리 및 교통 시스템 사업을 운영하는, 160년 이상의 역사를 가진 토탈 솔루션을 제공하는 기업이며 2018년 기준 33조 원 이상의 매출과 10%대의 안정적인 영업이익률을 기록하고 있다.

이러한 전망을 보고 GE도 환경 사업 강화를 위해 멤브레인 등의 수처리 사업에 뛰어들었으나 그룹 전체의 사업이 어려워지면서 2016년 매출 2.3조 원의 수처리 사업을 3.9조 원에 매각했다. 매출액 대비 약 1.7배의 기업 가치를 인정받은 셈이다. 수처리 사업은 인류에게 있어서 영원히 필수적이라는 본질적인 가치가 있어 핵심 기술이나 안정적인 사업 구조를 구축하면 기업 가치가 높은 편에 속한다.

LG 수처리 사업은 2011년 사업 진입 후 8년 만인 2018년에 5천억 원 이상의 매출과 5% 이상의 영업이익을 내는 흑자 기조를 구축했다. 물론 많은 부분이 디스플레이를 비롯한 산업용 수처리 시설 제작과 운영 사업에서 기인하지만 하수 처리 분야 및 폐기물 사업으로도 영역을 넓혀가고 있었다.

적은 흑자 금액이지만 운영을 장기간 취할 수 있는 BTO 사업에 계속 재투자를 해나간다면 사업의 규모는 눈사람을 만드는 것처럼 점차 커질 것이다. BTO 사업은 사업기획 능력과 시장에서 실적에 의한 신뢰가 쌓여야 재무 조달을 원활히 할 수 있는 특성이 있어 디젤 엔진처럼 시간이 지나면서 가속되는 사업이다.

수처리 시장은 베올리아를 필두로 기존 업체들에 의해 이미 형성된 시장이지만 처음 진입하는 회사에게는 똑같은 신사업 영역이다. M&A와 합작투자를 통해 진입했지만, 인재 영입, 인재 육성, 이질 조직 간의 문화 융합, 신기술 개발 및 다른 기업들과의 협업, 해외 시장 개척 등 해결과제들이 있었다.

수처리 사업을 처음 시작할 때 소위 맨땅에 헤딩하는 상태에서 1호 직원으로 일본, 중국 법인에서 근무했던 L부장을 선발했다. 그는 전략팀과 더불어 운영 사업을 M&A하고 히타치와 합작투자를 추진했다. S엔지니어링에서 영입한 K전무가 시스템을 정비하고 규모를 키워 인원이 천 명을 넘는 사업으로 키워냈다. 그러나 2019년 사업의 집중과 선택의 전략과 재무 구조 개선을 위해 GE처럼 매각이 진행되었다.

이를 통해 비관련 사업의 다각화가 성공하기 쉽지 않다는 것을 새삼 깨달았다. 그러므로 진입을 결정할 때는 적합성 등 정말 많은 검토가 필요하다. 이제 사업 인수를 한 선박평형수 부문에서 글로벌로 성공한 테크로스가 베올리아와 같이 글로벌 수처리 사업으로 키워주기를 진심으로 바라는 마음이다.

세계 최초의 신사업을 하다

역사를 바꾸는 세계 최초의 리니어 컴프레서

1993년부터 연구를 시작한 냉장고용 리니어 컴프레서는 1926년부터 75년 이상을 지배해온 기존의 왕복동식 컴프레서를 근본적으로 새로운 구조로 혁신하는 세계 최초의 연구였다. 2001년 상용화한 이후로 냉장고의 에너지 효율을 크게 높여 한계 돌파 제품을 출시하는 데 크게 기여하고 있다.

핵심 부품의 경쟁 우위는 창조적이고 지속적인 제품 리더십에서 중요한 역할을 한다. IT 제품의 반도체, 디스플레이 등과 전기 자동차 배터리 그리고 생활 가전의 컴프레서, 모터 등이 그 예이다.

1973년도에 발생한 오일 쇼크로 인해 한국 시장에서 에너지 문제가 최대의 이슈가 되었고 각 가정에서 6단계로 이루어진 전기 요금 누진제에 의해 전기 요금이 대폭 상승한 것이 리니어 컴프레서의 개발 동기다.

1997년 12월에 체결된 교토의정서는 지구 온난화에 대한 대책으로 CO_2의 배출 감소를 추진했고 절전은 이에 연결되는 중요 사항이 되었다. 2015년 12월 지구 온난화를 막기 위한 국제 협약인 유엔기후변화협약에서 195개 국가가 파리기후변화협약에 의무 가입함으로써 각 국가에서의 에너지 규제가 한층 강화되고 있다. 이러한 국제적이고 포괄적인 환경 대응으로 선진국이 중심이 되어 CO_2 배출이 높은 에너지 소비 제품에 대해 에너지 효율 규제를 강화하고 있다.

미국 정부가 2017년 파리기후변화협약을 탈퇴한다는 논란에도 불구하고 미국 냉장고 시장에서 에너지 효율 규제는 계속 강화되고 있다. 미국에너지국의 기준은 시험 방법을 규제하고 판매를 위한 최소 기준을 정한 것인데, 이 기준보다 높은 효율을 달성하면 에너지 스타 인증을 해주며 이 기준은 계속 높아지고 있다.

2004년에는 미국에너지국 기준 대비 15%, 2008년에는 20%, 2014년에는 22% 향상된 제품에 에너지 스타 인증을 해주고 있고 시장에서 프리미엄으로 판매하려면 기본적으로 에너지 스타 인증을 받아야 한다. 이 기준에서 10% 이상 더 향상하면 Exceed 에너지 스타가 된다. 고효율 에너지 기술은 고도의 기술이 수반되기 때문에 회사와 제품에 대한 신뢰를 높여 브랜드 신뢰도에도 영향을 주는 것으로 보인다.

냉장고 제조 업체들은 에너지 소비 효율 향상에 많은 연구를 하고 있었고 LG전자의 가전 연구소에서 탐색 연구 과정 중 리니어 기술을 발견하게 되었다. 세계 최초의 리니어 방식의 컴프레서 개발은 가속도가 붙었고, 8년 동안 60명의 연구 개발 인력, 400억 원의 연구 개발비를 투입해 2001년 처음으로 양산에 성공했다. 2001년 1세대 리니어 컴프레서를 필두로 R600a 냉매 적용, 원가 절감, 인버터 고효율 모터 개발 등을 거쳐 2014년 5세대 리니어 컴프레서까지 개발되었다. 그동안 천여 건의 특허 확보, 연 생산 수백만 대 이상의 양산이 이루어져 효율, 원가 경쟁력을 확보해나가고 있다.

반면 경쟁사들도 뒤늦게 개발에 참여해 15년이 늦은 2015년부터 소량 양산적용을 하고 있다. LG전자가 선발 주자로서 많은 선행 특허를 확보하고 있고 15년 이상의 양산 경험이 있어 후발 업체들이 양산에서의 노하우, 원가 경쟁력, 10% 이상의 효율 차이 등을 극복하는 데는 적지 않은 시간이 걸릴 것으로 보인다. 향후 지속적인 효율 경쟁력과 고객 편익을 위한 고효율 소형화에 의한 리더십은 계속 이어질 것으로 보인다.

냉장고에서 혁신적인 사용 편리성 차별화가 되었던 도어 내 제빙, 도어 인 도어 등은 모두 에너지 소비 증가와 가격 상승을 수반하는 기능들이다. 그렇기에 고효율 컴프레서와 모터를 사용해야만 에너지 효율 측면에서의 경쟁력을 갖춰 소비자에게 차별화된 편익을 제공할 수 있다.

이렇게 컴프레서의 역사를 바꾼 세계 최초의 리니어 컴프레서는 쉽게 개발된 것이 아니다. 한계 돌파 기술의 개발에 장기 지향 연구 개발 및 지속적인 최고 경영층의 지원은 필수다. 신제품의 한계 돌파 기술 개발은 긴 기간 진행되기 때문에 지속적인 제품 혁신이 가능한 조직과 조직 문화 구축이 필요하다. 이를 위해서는 최고 경영층의 약속이 필요하고 경영의 지속성이 있어야 한다. 1993년 리니어 컴프레서 개발을 처음 시작할 때 기후 온난화로 인해 향후 에너지 효율이 글로벌적인 중요 이슈가 될 것이라는 비전이 있었고 리니어 컴프레서의 구조가 이론적으로 마찰 손실이 적기 때문에 가장 좋은 효율의 컴프레서가 될 것이라는 믿음이 있었다. 2003년 당시 디지털 어플라이언스 K사업본부장은 다음과 같이 말했다.

"2~3년 걸릴 것으로 예상한 개발 기간이 무려 10년이나 소요되다 보니 포기하고 싶었던 적도 한두 번이 아닙니다. 그러나 꼭 필요한 기술이라고 판단해 연구원들을 독려해서 개발에 성공했습니다."(《전자신문》, 2003.8.28.)

10년이 넘는 긴 기간 동안 최고 경영층의 강력한 지원이 있었기 때문에 양산에 성공했고 그 뒤로 기존 왕복동식 컴프레서 대비 원가 경쟁력을 갖출 때까지는 또다시 10년 이상의 시간이 걸렸다.

상품기획에서 수립한 혁신적인 컨셉을 구현하는 데 필요한 기술의 확보는 쉽지 않다. 현재 보유하고 있지 않은 기술이 필요할 수도 있고 원천 기술이어서 상당히 긴 기간 연구 개발이 필요할 수도 있다. 그리고 소비자 지불 가치에 대응할 수 있는 원가 경쟁력과 새로운 기술의 품질, 신뢰성을 확보하는 것도 큰 이슈이다.

마지막으로 이러한 과제를 해결할 수 있는 연구 개발 인력의 확보와 투자가 중요하다. 고객 인사이트와 연계되지 않는 연구 개발은 시장 대응 시기, 효율성, 목표 달성에 차질을 가져올 수 있다. 따라서 상품기획, 디자인에서 수립된 혁신적인 컨셉을 연구 개발 부문과 맞추는 것은 대단히 중요한 일이며 의사 결정할 수 있는 최고 경영층의 주관하에 정기적으로 점검하고 개발 부서 간 합의를 이루도록 하는 것이 성과 주도가 될 것이다.

최고 경영층의 역할은 개발해야 할 기술 목표, 필요한 자원 및 투자에 대한 확실한 결정을 내리는 것과 개발 부문 간 실행에 대한 합의가 이루어지도록 이끄는 것이다. 최고 경영층이 이 합의 회의를 잘 이끌어나가기 위해서는 고객 인사이트에 대한 깊은 이해와 통찰력이 있어야 한다. 그리고 도전적인 기술 목표를 연구자들에게 설득할 수 있어야 하고 지속적인 경쟁 우위 확보에 강한 관심을 가져야 한다.

한계 돌파 기술 개발을 위한 핵심 부품의 경쟁 우위는 매우 중요하다. 경쟁자가 모방하기 쉽지 않은 고유기술은 상당히 오랜 기간 지속적인 제품 리더십을 유지할 수 있도록 한다. 이러한 우위를 유지하기 위해서는 핵심 부품의 공급자와 전략적 제휴를 하거나 자체 생산 형태의 운영 전략을 고려할 수 있다. 그리고 자체 생산 형태의 전략이라 할지라도 핵심 부품 사업에 대한 독립적이고 자율적인 사업가 정신의 유지와 완제품 사업과의 시너지 창출을 위한 절묘한 균형 경영이 필요하다. 내재화, 독립된 조직은 경쟁력 있는 핵심 부품을 만드는 데 크게 도움이 된다.

실패한 신사업 : 플라즈마 조명

생활 가전 사업에서 조명 사업을 시작한다는 것은 시즈seeds 기반 비관련 사업의 다각화에 대한 대표적인 도전 사례였다. 조명은 에디슨이 1879년 필라멘트가 들어 있는 백열전구를 개발하면서 가정용으로 상용화되기 시작했다. 이 역사적인 발명에 힘입어 에디슨의 전기 조명회사는 이후 제너럴 일렉트릭이라는 굴지의 회사로 발전했다.

조명은 인류에 있어서 없어서 안 되는 필수 불가결한 요소로 전 인류에게 지대한 공헌을 했다. 그러나 100여 년이 지나면서 기술의 변천은 백열등에서 형광등으로 그리고 할로겐으로 이루어져 나갔다. 그리고 현재 조명의 대세를 이루고 있는 LED 조명은 1960년대에 갈륨비소의 반도체 소재에 의해 양극, 음극 간의 적외선 파장을 발생시켜 빛을 내게 하는, 발명 특허를 바탕으로 탄생했다. 그 이후 파장을 더욱 짧게 하고 정밀하게 제어함으로써 적색에서 황색으로 그리고 이어 녹색, 청색으로 기술이 발전되어갔다. 2000년대 들어서 백색이 개발되면서 가정, 거리, TV, 휴대폰 등에 광범위하게 적용되기 시작했다.

중국 업체들의 대량 생산에 의한 규모의 경제로 저가 공세가 시작되어 GE를 비롯한 전통적인 조명 업체는 구조조정 및 사업 철수를 하기에 이르렀다. 2017년 사업 매각을 결정한 GE 조명 사업은 130여 년 전통의 남다른 애착이 있는 사업이다. 창업자인 에디슨의 혼이 서려 있는 사업이고 사업의 성장성보다 보존해야 하는 전통과 역사를 중히 여기는 정체성 있는 상징 사업이었다. 과감한 구조조정의 전문가였던 잭 웰치 재직 시에도 하지 못했던 사업 매각은 변화의 대세를 거스르지 못하게 되었다. "빛의 양은 10년마다 20배 늘어나고 조명 루멘lm당 비용은 10배씩 줄어든다"라는 하이드의 LED 법칙이 계속 진행형이기 때문이다.

생활 가전에서 조명 사업을 신사업으로 검토하게 된 것은 2000년 경에 플라즈마 방식의 PLS~Plasma Lighting System~ 기술이 개발되었기 때문이었다. 연구소에서 여러 신사업을 검토하던 중에 전자레인지에서 음식을 가열시키는 전자파를 황이라는 촉매제에 통과시켜 빛을 내는 방식을 세계 처음으로 개발했다. 전자파를 발생시키는 마그네트론 부품은 세계적인 생산 규모와 기술을 가진 몇 개의 가전 회사들만이 가진 무기였다.

PLS 조명은 출력이 높아 산업용 대형 조명 및 상업용 조명으로 차별화가 될 수 있는 제품이었다. 예를 들면 경기장 등의 스포츠 조명, 골프장 등의 야외 조명, 공장 등의 산업용 조명에 가치가 있었다. 대형 조명에는 주로 메탈 할라이드 램프가 사용되었는데 수은, 납 등이 사용돼 환경 문제가 있었다. 반면에 PLS 조명은 태양 빛에 가장 가까운 자연광의 스펙트럼을 가지고 있어 눈의 피로감이 적고 조명 효율이나 전력 소모량 등에 있어서 기존 메탈 할라이드 대비 우위에 있었다. 그리고 수명이 길고 수은, 납 등이 사용되지 않는 친환경 제품이었다. 이러한 더 밝게, 더 넓게, 더 멀리 비출 수 있는 강점에도 불구하고 PLS 조명이 적용될 수 있는 시장은 제한적이었다.

결국, 물량 확대에는 중형 출력 시장인 가로등 시장으로의 진출 성공 여부가 큰 관건이었다. 메탈 할라이드 시장이었던 가로등 시장에서 소형 출력인 LED의 출력을 높여서 메탈 할라이드를 대체할 수 있는지와 PLS가 원가를 절감해 이 시장에 진입할 수 있는 것인가가 향후 판도를 결정할 중요한 요소였다. 조명 사업의 미래 전망에 대한 의견을 듣고 PLS 조명에 대한 협업을 요청하기 위해 알토 조명의 H회장과 상담할 기회가 있었다. H회장은 이렇게 말했다.

"PLS 조명이 우수한 것은 잘 알겠으나 LED 조명과 경쟁하는 영역에서는 절대로 원가 경쟁이 안 됩니다. 가로등 시장이 지금은 메탈 할라이드가 주로 사용되고 있으나 LED의 기술 개발 속도로 보아 200W급의 중형 시장도 LED 조명으로 대체될 수 있을 것으로 보입니다. 그러면 PLS가 진입할 수 있는 시장은 대형 조명 시장뿐인데 시장이 틈새 시장이고 영업 방식도 전형적인 B2B, B2G 시장이어서 B2C가 중심인 LG전자가 과연 영업 조직이나 역량을 구축할 수 있을까요? 심도 있게 사업 진입을 검토해야 합니다."

이후 LED 조명 사업과 함께 토털 조명 솔루션을 목표로 약 15년 동안 사업을 전개했으나 기기 제조 영역에서 LED 조명은 중국의 치킨 게임으로, PLS 조명은 틈새시장의 한계로 매출 성장의 한계에 부닥치게 되었다. 등 기구 설계 및 설치 등의 엔지니어링 영역은 글로벌 강자인 오스람 및 필립스의 벽이 높게 자리하고 있었다. 이 영역은 오랜 세월의 경험과 지식이 쌓여야 하므로 M&A를 거치지 않고 자체적으로 구축한다면 오랜 기간 출혈을 감내해야 했다.

결국, 신규로 진입한 조명 사업은 이렇게 막을 내리게 되었다. 시간이 지나 신사업에 대한 복기를 해보면 PLS라는 신기술의 씨앗을 바탕으로 의욕을 가지고 도전했으나 결과적으로 냉철하지 못해 손실을 낳고 말았다.

비관련 사업의 다각화는 사업 진입에 대해 충분한 검토를 해야 한다. 새로운 사업 영역을 창업하는 것과 같아서 향후 주력 사업으로 육성할 수 있는 시장과 확고한 경영 철학이 전제되어야 한다. 비관련 사업을 자체 육성하는 것은 사업 인재 육성과 장기간의 투자가 수반되기 때문에 M&A 등이 수반되어야 성공 확률이 높다. 또한, 세상을 바꿀 만한 확실한 기술이나 사업 방식이 연구되어야 한다.

고려대학교 김언수 교수의 말을 빌린다.

"전략이란 무엇을 포기할지를 선택하는 것이다. 무엇을 포기할지 알려면 크게, 넓게, 앞서 보는 안목이 필요하다. 무엇을 포기할지 알았다 하더라도 악착같은 자기 규율이 없으면 포기하지 못하고, 포기하지 못하면 전략도 헛것이다."

신사업 추진에 대한 진입 검토는 뜨거운 열정 못지않게 냉철한 판단이 필요하다. 도저히 성공할 수 없거나 가치를 창출하기가 어려운 사업은 최초 단계에서 포기하는 것이 최선이다. 설사 진입했다 하더라도 매년 엄격한 검토를 통해 진행 여부를 결정해야 한다. 의욕만으로 추진하다가 철수하게 되면 자원의 낭비, 기회 손실의 아픔을 겪어야 한다.

- 신사업은 숱한 장벽들이 존재하기 때문에 이를 극복하기 위한 열정을 가진 도전적 인재, 문화가 뒷받침되어야 한다.
- 신사업 전략 실행에 있어서 실제 업무의 치열한 산 경험과 깊게 고민한 결과가 본질을 꿰뚫어보는 인사이트를 만든다.
- 비관련 사업의 다각화는 사업 진입에 대해 충분한 검토를 해야 한다.

9장

전력투구하라

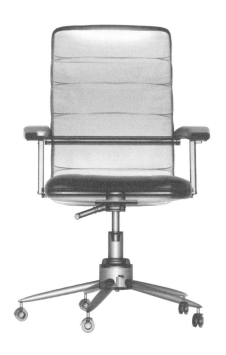

1초라도 가치 있게 활용하라

사람이 하루 24시간을 어떻게 보내는지 분석해보면 일, 여가 활동, 수면 시간으로 크게 나누어볼 수 있을 것이다. 그리고 그 안에서 다시 부가가치가 있는 시간과 부가가치가 없는 시간으로 나누어볼 수 있다.

어차피 일은 해야 한다. 기왕 하는 것이라면 부가가치가 있는 일에 전력투구를 하는 것이 성과 창출, 정신 건강상 좋다. 하라니까 한다거나 윗사람의 눈치를 보면서 하는 일은 일의 본질에 어긋나 있어 가치가 없는 일이 될 확률이 높다. 본연의 가치에 충실하게 일하면 스트레스를 덜 받고 더 나은 성과로 보답받는다. 농부가 남에게 잘 보이기 위해 농사짓지는 않는다. 자신의 풍성한 수확을 위해서 해야 할 시기에 해야 할 일을 스스로 하는 것이다. 부지런하고 게으름의 차이, 얼마나 더 가치가 있는 일을 생각하느냐의 차이가 부가가치 있는 농사와 수확이 더 많고 적음을 결정할 뿐이다. 제품이나 서비스를 만드는 일도 마찬가지다.

사람이 기계가 아닌 이상 쉼 없이 일하면 생체 리듬, 체력에 따라 지치기 마련이고 신체의 균형이 흐트러져 일의 효율이 떨어지거나 쓰러지게 된다. 위기 상황이 오면 한시적으로 무리하게 일할 수는 있다. 그러나 어떤 한계를 넘으면 생명을 잃기도 한다. 일은 하루이틀 하는 것이 아니고 내 인생에서만이 아니라 인류가 존재하는 한 영속될 것이다. 과로로 죽은 다음에야 무슨 소용이 있을 것인가? 일과 삶의 균형에 있어서 재충전은 절대적으로 중요하다.

잘 노는 사람이 일도 잘한다는 말이 있다. 휴식을 취할 때는 불교의 무념처럼 아무 생각 없이 머리를 비워놓는 습관도 중요하지만 그렇게 쉽게 되지 않는다. 왜냐하면, 고민거리가 늘 따라다니기 때문이다. 취미 활동으로 스트레스를 풀어야 재충전에 도움이 될 텐데 거꾸로 스트레스를 받는다면 아니한 것만 못하다. 골프장에 즐기러 갔다가 골프채를 집어던지고 스트레스만 잔뜩 받고 오는 경우가 많다.

하루 시간 중 약 30%의 시간을 소요하는 수면 시간은 재충전 중에서 가장 길고 중요한 시간이다. 선천적인 체질의 차이도 있겠지만 고민거리가 많을 때도 숙면하지 못한다. 잠자기 전 일하는 시간이나 여가 활동도 전력투구하면 고민거리도 줄고 체력이 소진되어 자연히 숙면하게 된다.

'고민은 10분을 넘기지 마라'라는 말이 있다. 우리가 하는 걱정거리의 96%가 쓸데없는 걱정이고 4%만이 정말로 대처해야 하는 사항들이기 때문에 고민해야 할 사항은 이 부분이다. 쓸데없는 걱정거리의 96% 중 40%는 절대 일어나지 않을 것에 대한 것이고 30%는 이미 일어난 사건들, 그리고 22%는 사소한 사건들이다. 나머지 4%는 우리가 바꿀 수 없는 것들에 대한 것들이다.

고민해야 할 사항이 아닌 것은 잘 잊어버리고 기억을 하지 않는 것도 능력이다. 고민만 한다고 해서 해결되지는 않으며 오히려 고민은 스트레스를 가져오고 영혼을 갉아먹는다. 대처해야 할 문제의 핵심을 정확히 파악하고 해결책을 찾아 전력투구하면 열심히 일하고 땀 흘린 후의 시원함과 같은 보람을 느낄 것이다.

세상에서 가장 중요한 일들은 대개 전혀 가망이 없는 것처럼 보이는데도 끝까지 노력하는 사람들에 의해 이루어졌다. 바람이 불지 않을 때 바람개비를 돌리는 방법은 앞으로 달려가는 것이다. 조금이라도 도움이 되었으면 하는 마음에서 내가 경험했던 전력투구의 몇 가지 사례들을 정리해보았다.

모든 일에 최선을 다하라

노사 분규 때 골드 스타 제품을 판매하다

1989년 극심한 노사 분규를 겪을 때의 일이다. 당시 나는 도쿄 지사에서 기술 및 설비 구매 업무를 담당하는 과장이었다. 약 3개월간의 노사 분규로 인해 한국에 있는 공장은 정지되어 있었고 공장 정상화를 위해서 공장 관리, 감독자들은 불철주야로 매우 고생하고 있었다. 그리해 한국으로부터의 업무도 마비가 되어서 일은 줄어들고 불안감만 가중되고 있었다. 한국에서는 회사의 존망이 걸릴 정도로 노심초사하고 있는데 여기에서 할 수 있는 일은 무엇이든 스스로 찾아서 해야만 한다는 생각이 들었다.

그때 불현듯 지금까지 나는 일본 설비 회사들로부터 구매만 했는데 거꾸로 일본에 우리 가전 제품을 팔아보면 어떨까 하는 생각이 들었다. 1989년 당시 한국은 일본에서 전자 제품의 핵심 부품, 기술 및 설비 등을 사고 한국에서 일본으로 파는 것은 히타치 등에게 ODM 제품으로 판매하는 것이 주였고 골드 스타(LG전자로 변경 전 브랜드명) 브랜드 판매를 막 시작했을 때였다. 당연히 자가 브랜드를 판매하기 위해서는 유통 개척, 홍보, 서비스 구축 등 어려움이 많을 때였다. 설비 거래선에게 골드 스타 브랜드의 가전 제품을 판매하는 것을 브랜드 영업팀에 제안했고 조그마한 지원이지만 활력을 주는 것 같았다.

그러자 갑자기 일이 많아졌다. 설비 거래선에 배포할 안내장을 만

들고 제품 카탈로그, 구매 절차, 서비스 절차들을 안내했다. 주문을 받은 뒤 배송도 큰 문제였다. 브랜드 판매를 시작한 지 얼마 되지 않아 물류, 서비스 체제가 불완전했다. 그리고 수금도 간혹 문제가 불거졌다. 이렇게 일을 벌이고 보니 3개월이 어떻게 지나갔는지 모를 정도였다. 일본 거래선들은 내 일처럼 직원들에게 많이 홍보하고 협조해주었는데, 이를 그저 비즈니스 관계상 성의를 보인 것이라 볼 수도 있지만 '온가에시(恩返し)'라는 일본 속담처럼 진정으로 은혜를 갚는 자세로 임하는 거래선을 많이 볼 수 있었다.

회사가 어려울 때 무언가를 하겠다고 시작한 일이지만 약 2천 대의 제품을 팔고 10억 원의 매출을 기록했다. 유형적인 효과보다 새로 시작한 골드 스타 브랜드를 알리는 홍보 효과가 더 컸을 것이다. 도쿄 지사가 생긴 이래 처음으로 조회에서 감사장과 컬러 TV를 부상으로 받은 것은 덤이었다.

워라밸의 중요성을 알려준 에어컨 혁신 설계

어느 사업이든 만성적자의 골치 아픈 사업이 존재하게 마련이다. 신사업에 진입한 후 자리 잡기까지의 고난의 기간, 경쟁에 밀려 시장에서 지위를 잃어갈 때, 계절 및 시장의 변동에 대응하지 못할 때 적자의 늪에서 빠져나오기 쉽지 않다.

1995년 공조기 연구실장에 부임한 후 첫 과제는 손익 구조를 바꿀 수 있는 상품 혁신이었다. 전년도 M사와의 컨설팅 결과 수출 모델 중

실질적인 한계이익이 나지 않는 모델의 물량이 10%였고 그 수량은 3만 대가 넘었는데, 이 물량은 이익에 전혀 도움이 되지 못하므로 수출하지 말아야 한다는 것이었다.

한계이익은 이미 고정비가 투입된 것을 전제로 재료비 등의 변동비를 빼고 고정비가 얼마나 회수되는가의 개념이다. 한계이익이 안 난다는 것은 변동비 이하의 수익이 난다는 뜻이므로 완전한 적자 모델이다. 고정비 투자가 많은 장치 산업일수록 한계이익률이 높고 조립제품 산업은 제품에 따라 다르지만, 한계이익 20~30% 선이 영업이익을 내는 수준이 된다.

에어컨 사업부는 당연히 한계이익이 나면 물량 확대를 위해 수출을 하고 있었다. 한국 시장은 온돌 문화로 에어컨은 냉방 전용이어서 전적으로 기후에 의존해야 하는 천수답 사업이었기 때문에 지역 편중과 계절성의 위험을 분산시키기 위해서는 전 세계로 수출을 확대하는 것만이 살 길이었다.

당시의 회계 방법으로서는 모든 비용을 해당 제품 모델별로 정확히 배분하기가 힘들어서 애매한 것은 공통 비용으로 나누어 배분했다. 이 부분의 비용을 complex cost(복잡하고 계산하기 힘든 비용)이라고 했는데 정밀 분석을 해보니 약 5% 수준이었다. 따라서 한계이익 5%는 complex cost를 다시 반영하면 한계이익 0%가 되는 것이었다. 한계이익이 나지 않는 3만 대를 자르지 않고 계속 수출하려면 재료비 10%를 절감해야 한계이익 5% 이상을 확보할 수 있었다.

상황이 이러하니 연구실 첫 번째 목표를 전 제품의 재료비 10% 절감으로 정하고 연구실 팀별로 멜트인을 위한 합숙에 들어갔다. 그러나 첫 번째 멜트인 결과는 재료비 5% 절감에 불과했다. 이유는 큰 폭의 재료비 혁신을 할 수 있는 새로운 구조의 신제품이 차지하는 비율이 30% 이내였기 때문이었다. 몇 차례의 추가 멜트인을 거쳐 평균 10%의 재료비 절감 계획이 수립되었다.

그러나 개발 인원과 신 금형 투자가 지원된다는 전제하에 12개의 신제품을 재료비 절감 30% 목표로 개발하고, 신제품 판매 비중이 절반을 넘긴다면 목표 달성이 가능할 수도 있다는 보고가 올라왔다. 그러기 위해서는 최소한 개발 인력을 현재의 2배로 늘리고 금형 투자를 3배로 늘려야 한다는 것이었다. 벽걸이형, 스탠드형 개발팀들을 이끌고 있었던 L, K책임은 멜트인을 통해 뜻을 모았지만 그러한 개발 인력과 투자를 갑자기 늘리는 것이 가능할 것인가 하고 생각했음 직하다. 사업부 일대 혁신이 걸린 개발 투자안을 S사업부장에게 보고했다. 그는 결연한 표정으로 "해봅시다. 모든 지원을 아끼지 않을 테니 총력전을 펴봅시다"라고 했다.

전년 대비 5배가 넘는 신제품 개발을 위해 제일 시급한 과제는 개발 인력 확충이었다. 공조기 연구 개발 인력은 3년 전에 몰아닥쳤던 에어컨 사업의 경영 위기에도 구조조정을 하지 않고 그대로 보존했다. 이것이 상품 혁신을 추진하는 데 있어 큰 주춧돌이 되었다.

1990년대 초, 한국에 에어컨 보급이 막 증가하기 시작했을 때였다.

당시의 여름은 서늘한 편이었고 정부의 절전 캠페인까지 겹쳐 판매는 계획 대비 반 토막이 났고 그해 적자 금액이 전사 이익의 30%를 상회하는 엄청난 시련이 발생했다. 다음 해로 이월되는 재고 때문에 다음 해 새로 생산해야 할 물량도 그렇게 많지 않았다.

에어컨 사업 역사상 가장 혹독한 구조조정이 시작되었다. 사무직 인원의 20%와 현장 작업자의 절반을 타 사업장으로 보내야 했으며 버스로 이들을 태워 보낼 때 전 관리자들은 가슴이 미어져 눈물을 흘려야 했다. 이런 와중에도 연구 개발 인력은 K사업부장과 전 부서장들의 합의가 이루어져 미래를 위해서 한 명도 줄이지 않고 보전했다.

이렇게 보전된 기존의 연구실 개발 인력에 더해 적극적으로 충원하기 시작했다. 양산 모델에 대한 설계 변경 관리, 최소한의 설계 지원 업무를 빼고는 연구실 내 가용 자원을 개발팀으로 전환했다. 그리고 연구실 외 타 부서에서 근무하는 인원 중 설계 경험이 있는 직원은 임시로 차출했다. 그렇게 해도 절대적으로 부족해서 매월 신입사원을 뽑았다.

한 개의 신제품 개발에 통상 10여 명 수준의 설계자가 필요한데 설계 경험자는 절반도 채 되지 않았고 많은 인력이 신입사원으로 충원되었다. 기존 직원들은 개발을 주도하면서 신입사원의 교육도 도맡아야 했으므로 고충이 이만저만이 아니었다.

어느 날 밤늦게 퇴근하게 된 날이었다. 개발실 전등이 꺼지지 않고 켜져 있어서 격려차 들러봤다. 3명의 신입사원이 컴퓨터 화면을 보면서 도면을 숙의하고 있었다. 간이 간담회가 열려 실장과 신입사원 간

대화가 열렸다.

"고생들 많지요? 배워가면서 설계하느라 스트레스도 많고 일정에도 쫓기니 정말 수고가 많습니다. 그러나 사업부의 전환점이 되는 일대 혁신이므로 사명감을 가지고 해주면 좋겠습니다. 여러분들에게 필요한 사항은 전폭적으로 지원할 테니 얘기해보세요."

그중 키가 커다란 J연구원이 드릴 말씀이 있다고 하면서 입을 열었다.

"외람된 말씀입니다만 실장님은 지금 인간한계 실험을 하고 계십니다. 재충전할 수 있도록 휴식을 주셨으면 좋겠습니다."

3명의 신입사원 눈동자는 피로로 빨갛게 충혈되어 있었다. 다음 날 조직 책임자 회의가 열렸다.

"어제 퇴근하다가 신입사원들 얘기를 들어봤는데 이대로 가다가는 중간에 모두 쓰러지고 말겠습니다. 일주일에 하루는 돌아가면서 무조건 쉬도록 해야 합니다. 개발팀장들은 일정에 쫓겨 스스로 쉬지 못하니 연구실 전체를 대상으로 강제적으로 운영합시다. 그리고 스트레스를 풀어주는 행사를 연구실 차원에서 계획적으로 추진하도록 합시다."

이런 헌신적인 노력과 우여곡절 끝에 12개의 신제품이 개발되었다. 개발이 완료되고 개발팀에게는 꿀맛 같은 재충전의 휴가가 주어졌고 TDR 포상에 따라 가족과 함께 해외여행을 가게 되었다.

재료비 30% 절감을 목표로 Vic21 혁신 프로세스를 진행했지만, 실행에서는 장기적인 과제 등으로 다소 못 미치는 수준이 됐다. 그러나 이러한 신제품들은 에어컨 사업의 글로벌화를 성공시키고 사업부 손익 개선과 수출 증대에 크게 이바지했다.

특히 2년 뒤에 찾아온 IMF 외환위기 때 준비된 자에게 기회가 온다는 것처럼 획기적인 경영 성과를 가져와 세계 1등의 휘센 시대를 여는 밑바탕이 되었고 다시는 구조조정의 아픔을 겪지 않게 되었다.

위기를 기회로 극복하다

한국 경제는 IMF 외환위기가 발생했을 때 경제 붕괴, 대량 실업 사태 발생으로 큰 어려움을 겪었다. 그러나 아이러니하게도 LG전자 창원 공장은 1989년의 극심한 노사 분규 이후 끊임없이 혁신해온 결과 IMF 외환위기 당시 고환율로 인해 수출에서 수익이 엄청나게 증가했다. IMF 외환위기 발생 이전에 원화 절상이 이루어지고 있었다. 당시 환율 달러당 800원 수준에서 300원까지 하락할 것을 대비해 극한 도전인 3년 내 3배의 생산성 향상을 목표로 3BY3 운동을 전개하고 있었던 생활 가전 사업에서 1997년 한국에서 발생한 IMF 외환위기는 글로벌로 사업을 전개할 수 있는 절호의 기회가 되었다. 국가 금융부도 위기로 환율은 달러당 2,000원까지 큰 폭으로 절하되었고 엄청난 수출 경쟁력이 생겼다. Vic21 추진으로 제품 원가가 내려가 있는 상태에서 환율 절하로 가격 경쟁력이 배가 되었고 PMS 전략에 따른 해외 시장 진출이 적극적으로 이루어지기 시작했다. 이는 평상시 한계 돌파에 대한 도전을 늘 해오던 조직 문화 혁신의 결과라고 할 수 있을 것이다.

위기는 기회고 기회는 준비된 사람에게 오는 것이다. 1997년 11월 IMF 외환위기는 한국 경제를 강타하는 커다란 위기였고 많은 실직자가 발생한 큰 아픔이 있었던 해였다. 이런 와중에 다행히 임원으로 승진해 에어컨용 컴프레서 사업부장을 맡게 되었는데 공조기 연구실장 재임 시의 혁신성과를 인정받았음에 감사할 일이었다.

에어컨용 컴프레서 사업은 천억 원 미만 매출이며 사업을 시작한 지 약 10여 년이 되는 단계로, 경쟁력을 갖추기 위해 한창 노력하고 있는 상태였다. 1998년 1월 부임해 사업 현황 보고를 받고 현장 점검을 한 후 신임 사업부장으로서 종업원들에게 비전을 제시해야 했다.

우선 몇 가지 도전해야 할 일들과 해결해야 할 일을 정리해 전 사원 조회 시 발표했다.

첫 번째 도전해야 할 일은 원하는 이익을 내서 우리도 돈 버는 사업부라는 자긍심을 갖는 것이었다. 컴프레서 사업 특성상 에어컨 제품의 핵심 부품이기는 하나 내부 공급 의존율이 높다 보니 에어컨 사업부의 가격 정책에 따라 손익 영향을 많이 받고 미래 제품에 대한 투자 역시 자체 이익률이 낮아 에어컨 사업부 또는 사업본부의 정책에 따라 배정받아야 했다.

이런 종속적인 구도 때문에 구성원들 마음속에 피해의식이 상당히 뿌리 깊게 자리하고 있었다. 그들의 말에 의하면 온 힘을 다해 개선해 이익을 내면 가격 인하로 회수해간다는 것이다. 나도 에어컨 사업부에서 근무할 때 이런 갑의 압력에 많이 동참했는데, 에어컨 제품 입장에서는 수출 경쟁력을 갖추기 위해서는 당연한 요구였다. 이제는 을의 편에서 고객인 에어컨 사업부를 상대로 제값을 받는 협상을 해야 했다.

이익 개선의 가장 큰 부분은 대폭적인 수출 물량의 확대였다. IMF 외환위기가 발생하기 전인 1997년 7월의 환율은 1달러당 890원이었는데 1997년 12월의 환율은 최고점인 1,960원, 1998년 6월 기준 1,400원까지 원화 가치가 하락했으므로 달러 기준 수출 물량은 엄청난 이익이 났다. 내부 의존도를 줄이기 위해 이전부터 수출 드라이브를 하면서 거래선을 어느 정도 개척을 하고 있었으며 가격 경쟁력의 이점을 제공해 총력 수출을 전개했다.

현장 점검을 하면서 총력을 기울인다면 전년 생산 기준 160만 대를 큰 투자 없이 40% 증가한 220만 대로 늘릴 수 있을 것 같았다. 목표 숫자는 간단명료하게 전달해야 쉽게 이해되고 내재화된다. 어떻게 해야 220만 대를 달성할 수 있는지 대략의 개선 가능성을 제시했다.

컴프레서의 주요 부품, 즉 공작 기계에 의한 가공 부품은 3교대 24시간 생산을 하므로 가공 부품 생산량이 발목을 잡고 있었다. 가공 부품의 평균 Tact Time(부품 하나의 생산시간 : 처음 시작에서 다음 시작하는 데까지 걸리는 시간)을 22초에서 17초로 개선하면 23%의 생산성이 향상되어 36만 대의 증산을 할 수 있을 것으로 보았다. 그리고 상반기 휴무 없이 연속 가동하면 추가로 약 24만 대의 생산이 가능할 것으로 보여 전체 60만 대를 추가 설비 투자 없이 해낼 것을 목표로 제시했다.

에어컨 제품의 특성상 많은 물량이 상반기에 집중되어 있었다. 수출은 5월 이전에 마지막 선적을 해야 했으므로 상반기 생산이 승부수였다.

"여러분! IMF 외환위기는 우리에게 절호의 기회가 될 수 있습니다. 지금부터 수출 총력전을 펴겠습니다. 생산성을 향상하고, 쉬지 않고 기계를 가동시켜 작년 대비 60만 대를 증산한 220만 대 판매를 달성하도록 합시다. 현재의 달러 환율을 보았을 때 이익을 내는 사업의 자긍심을 가질 수 있고 또한 우리의 꿈인 자력으로 자체 투자를 진행할 수 있는 높은 이익을 달성할 수 있을 것으로 보입니다. 우리 모두 일심으로 함께하면 이러한 혁신을 반드시 이루어낼 수 있을 것으로 생각합니다. 이 도전 목표 달성을 위해 개선에 필요한 모든 사항은 전폭적으로 지원하겠습니다."

전 직원 조회에서 선언한 목표 선언이었다. 이 도전 목표 달성을 위한 부서별 멜트인이 진행되었다. 주요 실행 부서가 생산과 생산기술이었는데 어느 담당자가 회의 도중 "우리 사업부장은 돈키호테 같다. 60만 대면 컴프레서 가공 설비 하나의 패키지 라인을 전부 투자해야 하는데 어떻게 설비 투자 없이 달성하라는 것이냐? 우리가 작년에 현재의 설비를 3교대로 돌려서 생산한 양이 160만 대인데 현실적으로 불가능한 목표다"라고 말한 내용이 전해졌다.

결과적으로, 1998년에 220만 대 판매를 달성했고 매출 기준으로 두 배 성장했다. 그리고 높은 달러 환율과 물량 증가에 의한 고정비 회수로 에어컨 컴프레서 역사상 경험해보지 못한 세 자리 숫자의 영업이익을 달성했다. 고정비가 높은 장치 산업은 손익분기점을 넘긴 순간부터는 한계이익이 영업이익으로 들어오는 구조며 마치 반도체의 영업이익률이 높은 것과 같은 이치다.

당연히 사업부 직원들의 사기는 크게 올라갔고 다음 년도 목표를 330만 대로 정했다. 가공 라인의 경제 단위 패키지 라인은 70만 대 기준이었으므로 100만 대 증설이면 약 300억 원 이상의 투자가 필요했다. 220만 대 판매의 성공 체험을 통해서 성공 바이러스가 조직 내에 전파되고 있었다. 개선 활동에서 나타난 병목 현상들을 해결해주는 50억 원의 추가 설비 투자만 이루어지면 또다시 100만 대의 증산이 가능할 것 같았다. 아직 IMF 외환위기가 진행 중이었음에도 불구하고 다음 년도 330만 대 생산 도전에 필요한 개선 투자를 K본부장은 흔쾌히 결정해주었다.

두 번째는 6시그마 수준의 품질 향상이었다. 컴프레서는 불량이 나면 다시 수리하는 것이 쉽지 않다. 컴프레서는 인간의 심장과 같아서 에어컨 제품에 용접해 조립된 후 불량이 나면 인간의 심장 이식 수술과 같이 컴프레서를 교체해야 하며 중대한 수리가 된다. 따라서 단 한 개의 불량도 허용하면 안 된다.

고객인 에어컨 회사들은 컴프레서 불량률에 대해서 매우 민감하며 '품질은 곧 판매다'라는 말과 같이 좋은 품질은 물량 증가와 연계된다. 따라서 컴프레서의 선정은 품질, 원가, 납기의 신뢰도를 고려한 전략적인 의사 결정이 필요한 사항이다. 이러한 사고하에 전 사업부에 6시그마 품질 개선 활동을 강력히 추진했다.

최종 검사에서 불합격되면 수리가 불가해 위 뚜껑 용접 부위를 절개해 내부에 있는 모터는 살려서 쓰고 나머지 부품들은 폐기해야 했다. 냉동유는 환경문제가 있어 별도의 장치로 회수해야 하기 때문에 이를 위해서 몇 명의 작업 인원이 상주해 처리하고 있었다. 우리 작업자들이 밤새워 만든 물건을 폐기하는 것을 들여다보고 있자면 가슴이 미어져 왔다. 그리해 제품 폐기 수량을 줄이는 것으로부터 개선을 시작했다.

에어컨 제조 회사로 출하되는 최종 검사 라인의 실부하 검사 시스템의 구축, 신뢰성 시험 연구 및 설비 투자, 가공 부품에 대한 미크론 단위의 6시그마 산포 관리, 오물·가공 칩 등의 인입 방지를 위한 철저한 5S가 추진되었다. 특히 가공 생산품과 조립 생산 모델의 1:1 매칭이 쉽지 않아 중간에 과잉 재고가 많았고 미크론 단위의 정밀 가공품이어서 취급 불량이 많았다.

품질을 잡기 위해서라도 필요한 만큼만 생산하는 간판 방식을 강력히 추진했다. 품질 향상은 전 조직의 역량이 올라가야 달성 가능한 쉽지 않은 일이었지만 마침내 고객으로부터 경쟁사 대비 품질의 차별적 우위를 인정받게 되었고 이것은 매출 신장의 뒷받침이 되었다.

세 번째는 생산성 30% 이상 향상이었다. 가공 부품의 생산 증가가 컴프레서 제품의 생산 증가를 좌우하는 병목이었다. 가공 부품에서 부가가치가 있는 시간은 공작 기계의 바이트로 깎는 시간만이었다. 드르륵 하고 깎는 시간은 10초 내외이며 나머지 시간은 집어와 가공 후 다시 집어 내보내는 부가가치가 창출되지 않는 이송시간이었다. 이 이송

시간을 줄이는 목표를 세우자 현장 개선반이 정말 열심히 개선해 시간을 줄여주었고, 이는 매출 확대에 곧바로 도움이 되었다. 그 뒤로 가공시간 자체의 기술적 개선도 추가로 더 이어졌다. 아마도 후배들은 지금쯤 세계 최고의 생산성을 확보하고 있지 않을까 생각한다.

해결해야 할 일 중 첫 번째 과제는 작업 환경 개선이었다. 사업부장 부임 후 현장을 둘러본 결과 가장 시급한 것은 작업자의 마스크를 벗겨내는 일이었다. 가공 현장은 그야말로 오일 미스트oil mist로 뿌옇게 되어 작업자들은 모두 마스크를 쓰고 작업을 했다. 오일 미스트는 주물을 공작 기계의 바이트로 고속 가공을 할 때 가공유가 열에 의해서 증발하면서 생기는 것이다. 배기 덕트가 설치되어 있지만, 충분히 빨아들이지 못해서 생기는 현상이었다. 기존에 설치된 덕트는 공장 일반 환기용이어서 국부 배기가 잘 되지 않았다. 전면적인 교체를 해야 하는데 투자비나 기술이 부족해 그대로 내버려 둔 상태였다.

이곳 작업장에서 하루 종일 일하는 우리 직원들은 열심히 벌어서 행복한 가정을 누리고자 하는데 저 미스트들이 폐에 축적이 된다면 직업병을 얻을 수 있을 것이고 잘 살자고 한 일 때문에 불행해질 수도 있다. 돈을 번 후 환경 개선 투자를 할 것인가, 환경 개선 투자를 한 후 돈을 벌 것인가? 마치 계란이 먼저냐 닭이 먼저냐와 같은 형국이었지만 과감히 작업자의 건강을 최우선으로 환경 개선에 투자하기로 했다.

이 문제를 개선하기 위해서 현장을 대표하는 대의원들의 의견을 적극적으로 반영했으며 전국에서 제일가는 배기 전문 컨설팅 회사를 초

청해 진단했다. 진단 결과에 따라 완전히 새로운 배기 시스템에 투자했는데, 투자 비용이 10억이 넘었다. 이는 매출액의 1.5%에 해당하는 금액이었다. IMF 외환위기로 모든 투자가 동결되었는데 작업자의 건강을 위해서 그동안 소원했던 투자가 이루어지자 상호 신뢰가 싹트기 시작했다.

이번에는 사업부장이 현장 작업자들에게 요구할 차례였다. 정밀부품을 만드는 컴프레서 공장에서 오물, 칩 등에 의한 컴프레서 동작 불량은 만성적인 불량이었다. 공장 전체를 전자 공장 수준의 목표로 깨끗한 공장으로 만들지 않고 부분적으로 5S를 해서는 마치 악화가 양화를 쫓아내듯이 이내 원상으로 돌아가는 것이었다. 기계 설비는 물론 바닥, 천정, 벽에 이르기까지 전 공장 5S를 추진할 것을 요청했다. 오랫동안 쌓인 가공유, 오일 미스트 등이 엉겨 붙어 이를 제거하는 데 상당한 노력이 들어갔다. 작업자들에게 세척제, 페인트를 사주면 위험 부위를 빼고는 하나씩 스스로 청소해나갔다. 반년이 지나자 전 공장은 환해졌고 이런 환경 개선은 작업자들이 일터에 대해 보람을 갖고 품질, 청결에 대해 습관화하는 계기가 되었다.

두 번째는 연속 가동에 대한 전폭적인 노경 협력이었다. 앞에서 기술한 것처럼 에어컨 컴프레서는 계절성이 강해서 상반기 매출이 중요했다. 생산성 향상과 더불어 가동 일수를 늘리는 것이 중요했으므로 쉬지 않는 연속 가동의 방향을 제시했다. 가공 라인은 일 3교대로 쉬지 않고 연속 작업을 하지만 2주일에 한 번씩 오버홀overhaul(전체적인 분해 수리)을 하기 위해 하루 가동을 중지해야 했다. 위험성이 있었지만 쉬지 않고 연속 가동을 하기로 했다. 대의원들을 통해 현장 작업자들과 기회는 자주 오는 것이 아니니까 6개월만 고생을 하자고 설득을 했다. 그리고 가공 기계의 점검 및 보수는 휴식 또는 무 작업 시간이 발생하면 사전 예방 형태로 해나갔다.

또 한 가지 노경 협력으로 해결해야만 했던 사항은 구정 휴무 기간의 가동이었다. 이 절호의 기회를 놓칠 수 없으니 구정 휴무 없이 연속 가동할 것을 제안했다. 대의원들이 현장 작업자의 의견을 모아 아침 차례를 지낼 수 있는 1교대 8시간은 쉴 수 있도록 건의해왔다. 대신 가공유가 굳지 않도록 공장 근처의 감독자를 중심으로 기계의 공운전은 계속해 8시간 후 즉시 생산에 문제가 없도록 하겠다는 것이다. 정말 가슴이 뭉클해져 왔다. 하늘이 도왔는지 노경이 하나가 되어 사전 예방을 철저히 함으로써 상반기에 8시간만 쉬고 연속으로 가동했는데도 큰 사고 없이 상반기 생산이 마무리되었다.

이 신화와 같은 노경 협력의 힘은 에어컨 컴프레서의 대혁신을 가져왔고 창출된 수익으로 연속적인 투자가 이루어져 지금은 조 단위의 매출과 견실한 수익을 내는 글로벌 사업이 되었다. 이 자리를 빌려 혁신을 함께했던 구성원들에게 깊은 감사를 드린다.

> • 고민은 10분을 넘기지 마라. 1초라도 가치 있게 활용해야 한다.
> • 선두에 서서 뜻을 같이 하고 전력투구하면 어려운 일도 극복할 수 있다.

에
필
로
그

지금 하지 않으면 언제 하겠는가?

"언제 한번 보세."

"다음에 꼭 달성하겠습니다."

우리가 살아가면서 많이 쓰는 말이다. 언젠가라는 모호한 말은 1년 후가 될지 아니면 10년 후가 될지 모른다. 어떤 경우에는 평생 그 언젠가는 오지 않을 수도 있다. 통상적으로 지인을 만났을 때 "언제 시간 한번 내서 만납시다" 또는 "언제 식사 한번 합시다"로 인사를 하는데 이것은 시간 나면 한번 보겠다는 립서비스에 불과하다. 이런 말을 건네는 지인에게 할애할 정도의 여유가 있는 완벽한 사람은 없다. 즉 지금만이 아니라 앞으로도 그렇게 만나고 싶지 않은 거절의 의사 표시인 셈이다. 지금 시간 내기가 힘든 관계인데 나중에라도 여유가 만들어지겠는가? 따라서 관계가 중요한 사람에게는 언젠가라는 말은 바람직하지 않다. 그 언젠가를 지금 바로 상의해 결정하는 것이 좋다.

오늘이야말로 내가 가진 전부다. 성공한 사람들은 오늘이라는 단어와 지금이라는 단어를 선호한다. 즉 도전적이며 행동하는 사람들이다. 그러나 성공하지 못한 사람은 내일이라는 단어와 다음이라는 단어를 잘 사용한다. 다음을 기약하기보다 지금 문제를 고민하고, 해결하는 습관을 들여야 한다. 지금 고민한 결과의 연장선이 다음이다. 그렇지 않으면 언젠가와 다음이라는 것은 연결 다리가 없이 허공에 떠 있는 것이나 다름없다.

나에게 주어진 단 한 번의 삶, 도전하지 않고 얻는 삶은 없다. 지금 실천하는 것이 힘이며 언젠가를 오늘로 만들자. 시간은 나는 것이 아니라 내는 것이다.

다음은 LG전자 창원 공장의 혁신 구호다. 창원의 직원들에게 늘 혁신의 마인드를 고취해주고 언제나 힘 솟게 만드는 외침이다.

'오늘 할 일은 오늘! 지금 할 일은 지금! 혁신은 실행이다!'

일일신우일신(日日新又日新). '날마다 새롭고 또 날마다 새롭다'는 뜻으로 매일 새로운 마음가짐과 새로운 각오로 새 출발을 하라는 의미다. 내가 혁신을 강조할 때 많이 인용한 슬로건이기도 하다. 한번에 높은 곳에 오를 수는 없다. 매일 도전하는 일이 쌓이면 작은 산을 넘게 되고 어느덧 저 높은 곳에 올라와 있는 것을 느끼게 된다.

하루하루를 마지막으로 생각하고 최선을 다하는 것이 보람 있는 인생이 아닐까. 무언가 성장하지 않으면 죽은 것과 같다. 마치 자연 속의 나무와 풀의 이치처럼 말이다.

3년 시한부 조직 운영 원칙

나는 어떠한 조직의 책임자로 발령이 나면 나름대로 3년이 임기라고 스스로 정한다. 3년 시한부 조직 운영 철학은 1년 차는 조직 문화 변혁의 가시화, 2년 차는 성과의 가시화, 3년 차는 흔들리지 않는 시스템의 구축이다.

조직을 새로 맡고 난 후 1년 차는 조직 문화 변혁의 가시화를 이루는 것이다. 리더가 바뀌면 전임자와 시야나 철학도 달라서 새롭게 조직 문화를 혁신해야 한다. 여기에서 조심해야 할 사항은 전임자가 이루어놓은 것을 무시하고 자기 취향대로 조직 문화를 바꾸는 것이다. 이는 대단히 위험한 일이다. 모든 리더는 잘하는 부분과 못하는 부분이 있게 마련이며 단지 그 비율의 크고 작음이 문제일 뿐이다. 못한 부분을 확대하고 그것을 빌미로 전임자를 매도하는 것은 소인배나 할 일이다. 하지만 이런 간단한 진리도 참으로 실행하기가 쉽지 않으며 나라를 운영하는 정권에서도 비일비재로 벌어지는 일이다.

　새로운 조직이나 일을 맡게 되면 먼저 구성원들과의 간담회를 통해서 조직 문화의 개선점이나 요청 사항을 가감 없이 경청해야 한다. 물론 자유롭게 말할 수 있는 분위기를 잘 만들어주어야 한다. 무기명으로 사전에 카드식으로 적어내 그것을 바탕으로 대화를 이끌어가는 방법도 있다. 오피니언 리더들과 회식 자리를 통해 좀 더 마음을 열고 심도 있는 대화를 나누는 것이 바람직하다. 이런 스킨십을 조속히 하는 것이 좋다. 왜냐하면, 새로운 리더에 대해서는 궁금한 것이 많아 주목하고 있기 때문이다. 이런 대화가 늦어지면 궁금증이 추측을 낳고 루머가 돌게 된다.

　이렇게 충분히 대화를 나누고 도전해야 할 비전을 다시 한번 점검하고 구성원들의 꿈과 벤치마킹한 수준을 조합해 리더의 의지를 담아 전 구성원들에게 공포한다. 이 비전은 모두 함께 힘을 모아 도전을 해야 달성 가능한 높은 목표이자 구성원들의 가슴을 뛰게 하고 희망과 프라이드를 가지게 하는 것이어야 한다.

현재 조직 역량과 도전해야 할 비전 목표와의 차이가 일상 업무에서 해결해야 하는 과제다. 조직 문화의 혁신에 대해 도전 과제별로 매일, 매주, 매월 일상 보고 및 점검을 통해서 질문하고 합의하는 습관을 들여야 하며 구성원들이 공유하고 도전하려는 의지로 변화되도록 한다. 이런 줄기찬 노력만이 조직 문화의 변혁을 가져올 수 있으며, 이는 하루아침에 이루어지지 않는다. 조직 구성원들에게서 우리는 변화되고 있다는 이야기들이 나와야 하며 관련 부서에서도 달라지고 있다는 평가가 나와야 한다.

다음 2년 차는 업적의 가시화다. 혁신에 몰입하면 조직 구성원의 열정에 의해 조직 문화의 변혁이 반드시 일어나고, 적어도 2년 차에는 조직이나 개인에게 상응하는 성과가 뒤따라올 것이다. 조직의 리더는 조직 평가에 있어서 우수한 평가를 얻을 수 있도록 해 조직 구성원들이 고생한 결과에 대한 인센티브를 받을 수 있도록 하는 것이 책무일 것이다.

3년 차에는 흔들리지 않는 시스템을 구축해야 한다. 2년 차까지 전조직 구성원들이 비전을 갖고 성과가 가시화될 때까지 조직 혁신에 몰두하다 보면 제도적인 보완이 미흡할 수 있으므로 표준화를 비롯한 룰을 만들 필요가 있다. 즉 이런 변혁들을 조직 내에 내재화할 수 있도록 흔들리지 않는 시스템을 구축해야 한다. 성장을 견인한 후에는 안정화가 필요하고 안정화되면 다시 성장을 견인하는 강약 조절이 필요하다.

후임자가 와서 기본 토대를 흔들고 다시 시작하는 낭비가 없도록 시스템화가 필요하며 후임자는 그 바탕 위에서 새로운 혁신을 도전할 수 있도록 하는 것이 상향 지향적 조직 문화 혁신을 가능하게 하는 것이다.

특히 후계자 후보를 비롯한 인재 육성이 중요하다. 자리를 후배에게 빼앗길까 봐 후배를 육성하지 않는 소인배는 그 자리를 벗어나기 힘들 것이다. 시한부로 임기를 내심 정한다면 물려줄 후배들을 깊은 관심을 가지고 육성할 수밖에 없다. 그렇게 해야 다른 업무에 도전할 수 있고 더 큰일을 할 수 있기 때문이다.

내 나름대로 3년의 시한을 정하면 정말 바쁘게 일해야 하며 목표한 수준의 업적을 내면 다음 업무를 향해 도전할 수 있고 직속 상사와의 면담 시에도 원하는 바를 건의할 수 있을 것이다. 너무 한 부문에서만

안주하고 머물러 있지 마라. 항상 도전하고 열정적으로 일을 해나간다면 새로운 업무를 맡게 되고 자신도 모르게 점차 영역이 확대되게 된다.

직장 생활에서의 보직은 선출직이 아닌 임명 보직이기 때문에 스스로 결정할 수는 없다. 하지만 스스로 어떤 철학을 가지고 목표를 정해놓고 도전하고 그 목표를 이루어낸다면 다음 도전에 대해 당당히 포부를 밝힐 수 있고 임명권자는 그러한 사항이 타당하고 개선되는 일이라면 수용하게 된다.

성숙 사업이었던 생활 가전 사업이 굴뚝 산업, 사양 산업의 틀을 깨고 문화 변혁, 혁신적인 제품을 끊임없이 창출하면서 글로벌 1위를 목전에 두고 있다. 1965년 냉장고를 필두로 생활 가전 제품들이 한국 시장에 최초로 출시된 이후 선배들이 고생하면서 토대를 닦았고 또한 후배들이 그러한 정신을 이어받아 발전을 시킨 결과다.

1979년 어설프기 그지없던 엔지니어가 불안한 마음으로 접했던 창원 공장, 거기서 한 청년이 고민하고 꿈을 키우고 혁신 역사의 한 축을 담당하면서 대기업 사장의 꿈을 이루었다. 이 글을 정리하면서 부족한 점이 많았던 나를 육성해주고 혁신의 기회를 준 상사 그리고 같이 뛰어준 선배, 동료, 후배에게 이 자리를 빌어 진심으로 감사한 마음을 표한다.

정년퇴직을 한 후 이러한 살아 있는 혁신의 이야기를 체계적으로 정리하고 싶어서 박사학위 과정을 시작했다. 지도교수를 맡아주신 고려대학교 김희천 교수님을 만난 것은 행운이었다. 현장에서 실전에는 강했지만, 관련 논문을 찾고 맥락을 정리하는 일들이 서툴 수밖에 없었다. 자세하게 지도해주고 또 많은 토론도 하면서 이론적 체계를 잡아갔다. 회사와는 또 다른 인연을 소중히 간직하고 싶은 마음이다.

막상 펜을 들었지만, 출간에 이를 때까지는 힘든 일들이 많이 있었다. 긴 시간 집필할 수 있도록 나만의 공간을 만들어준 아내, 젊은 직장 생활인의 눈으로 조언을 해준 두 딸에게 고마운 마음이다.

LG전자의 생활 가전 사업은 조직 문화가 강하게 형성되어 있고 인재 육성이 튼튼하다고 이야기한다. 조직 문화는 맥을 잇는 후계 체제가 일관성이 있어야 흔들리지 않는 문화가 내재화될 수 있다. 훌륭한 리더는 훌륭한 인재를 양성한다. 생활 가전에서 배출한 2명의 부회장과 4명의 사장은 그 밀알이 되었고 향후 후계자들도 더욱 발전해나갈 것이다.

그러나 영원한 1등은 없다.

언제나 후발 추격자들은 거세게 도전해올 것이다. 진정한 고객 가치를 새롭게 발견하고 제공할 수 있는 혁신이 끊임없이 이루어진다면 남보다 앞서 수익성 기반의 성장을 이어나갈 것으로 보인다.

훌륭한 선배, 동료, 부하들과 함께 'World First World Best'의 산실에서 혁신 역사의 한 축을 담당했던 것을 보람 있게 생각하며 감사한 마음으로 이 글을 마무리하고자 한다.

참
고
문
헌

김준호. (2007).《고객만족경영》. 무역경영사.

이은영. (2016). 고객감동과 구매의도, 고객생애가치와의 관계. 마케팅관리연구 , 21(3), 77-100.

이헌조. (2004).《붉은 신호면 선다》. 위드북스.

Agarwal, S., & Ramaswami, S. N. (1992). Choice of foreign market entry mode: Impact of ownership, location and internalization factors. *Journal of International business studies*, 23(1), 1-27.

Anderson, E., & Coughlan, A. T. (1987). International market entry and expansion via independent or integrated channels of distribution. *The Journal of Marketing*, 71-82.

Avolio, B. J., Walumbwa, F. O., & Weber, T. J. (2009). Leadership: Current theories, research, and future directions. *Annual review of psychology*, 60, 421-449.

Bass, B. M., Avolio, B. J., & Goodheim, L. (1987). Biography and the assessment of transformational leadership at the world-class level. *Journal of management*, 13(1), 7-19.

Bennis, W., & Nanus, B. (1985). The strategies for taking charge. Leaders, *New York: Harper*. Row , 41.

Butcher, L. (1989). *Accidental Millionaire: The Rise and Fall of Steve Jobs*, Paragon House.

Chang, S., Kim, H., Song, J., & Lee, K. (2015). Imitation to Innovation: Late Movers' Catch-up Strategy and Technological Leadership Change. *Columbia*

Business School Research Paper, (15-51).

Chatterji, A. K., & Fabrizio, K. R. (2014). Using users: When does external knowledge enhance corporate product innovation?. *Strategic Management Journal*, 35(10), 1427-1445.

Chung, H. F., & Enderwick, P. (2001). An investigation of market entry strategy selection: Exporting vs foreign direct investment modes—a home-host country scenario. *Asia Pacific Journal of Management*, 18(4), 443-460.

Cooper, R. G., & Edgett, S. (2008). Ideation for product innovation: What are the best methods. *PDMA visions magazine*, 1(1), 12-17.

Cusumano, M. A. (2010). Staying power: Six enduring principles for managing strategy and innovation in an uncertain world(lessons from Microsoft, Apple, Intel, Google, Toyota and more). Oxford University Press.

Daellenbach, U. S., McCarthy, A. M., & Schoenecker, T. S. (1999). Commitment to innovation: The impact of top management team characteristics. *R&d Management*, 29(3), 199-208.

Dalton, J. T. (2016). What is insight? The 5 principles of insight definition. *Retrieved July*, 30, 2018.

Day, G. S., & Moorman, C. (2010). Strategy from the outside in: Profiting from customer value. McGraw Hill Professional.

Day, D. V., Gronn, P., & Salas, E. (2004). Leadership capacity in teams. *The Leadership Quarterly*, 15(6), 857-880.

Deschamps, J. P., & Nayak, P. R. (1995). *Product juggernauts: How companies mobilize to generate a stream of market winners*. Harvard Business Press.

Lee, K. C., & Choi, B. (2006). Six Sigma management activities and their influence on corporate competitiveness. *Total Quality Management & Business Excellence*, 17(7), 893-911.

Dijksterhuis, A., & Nordgren, L. F. (2006). A theory of unconscious thought. *Perspectives on Psychological science*, 1(2), 95-109.

Gardner, H. (1983). *The theory of multiple intelligences*. Heinemann.

Goodman, J. (1999). Basic facts on customer complaint behavior and the impact of service on the bottom line. *Competitive Advantage*, 9(1), 1-5.

Goodman, J., &Newman, S. (2003). Understand customer behavior and complaints. *Quality Progress*, 36(1), 51-55.

Hambrick, D. C., & Mason, P. A. (1984). Upper echelons: The organization as a reflection of its top managers. *Academy of management review*, 9(2), 193-206.

Heo, Y. (1998). A Study on the Selection and Performance of FDI Strategies. *International Business Research*, 9(1), 155-181.

Howell, J. M., & Higgins, C. A. (1990). Champions of technological innovation. *Administrative science quarterly*, 317-341.

Kim.L (2000). *Imitation to Innovation*. Sigmainsight.com

Kim, W. C., & Mauborgne, R. (2005). Value innovation: a leap into the blue ocean. *Journal of business strategy*.

Kotter, J. (2007). Leading change: Why transformation efforts fail. *Harvard business review*, 86, 97-103.

Lafley, A. G., & Martin, R. L. (2013). *Playing to win: How strategy really works*. Harvard Business Press.

Manuele, F. A. (2015). Culture change agent. *Professional Safety*, 60(12), 38.

Martin, N., & Morich, K. (2011). Unconscious mental processes in consumer choice: Toward a new model of consumer behavior. *Journal of Brand Management*, 18(7), 483-505.

Oke, A., Munshi, N., & Walumbwa, F. O. (2009). The influence of leadership on innovation processes and activities. *Organizational Dynamics*, 38(1), 64-72.

Patterson, L. (1985). A Major Chaucerian Achievement.

Pearce, C. L., & Conger, J. A. (2003). All those years ago. *Shared leadership: Reframing the hows and whys of leadership*, 1-18.

Raisch, S., Birkinshaw, J., Probst, G., & Tushman, M. L. (2009). Organizational ambidexterity: Balancing exploitation and exploration for sustained performance. *Organization science*, 20(4), 685-695.

Rapaille, C. (2007). *The Culture Code: An Ingenious Way to Understand Why People Around the World Live and Buy as They Do*. Broadway Books, New York.

Ryan, R. M., Lynch, M. F., Vansteenkiste, M., & Deci, E. L. (2011). motivation and autonomy in counseling, psychotherapy, and behavior change: a look at theory and practice 1ψ7. *The Counseling Psychologist*, 39(2), 193-260.

Sashkin, M. (1987). A new vision of leadership. *Journal of Management Development*.

Seong, Y. (1999). The foreign market entry choice and the global strategy by Korean firms. *Trade Journal*, 24(3), 55-72.

Slater, S. F., & Mohr, J. J. (2006). Successful development and commercialization of technological innovation: insights based on strategy type. *Journal of Product Innovation Management*, 23(1), 26-33.

Smith, W. K., & Lewis, M. W. (2011). Toward a theory of paradox: A dynamic equilibrium model of organizing. *Academy of management Review*, 36(2), 381-403.

Stefik, M., & Stefik, B. (2004). *Breakthrough: stories and strategies of radical innovation*. MIT press.

Stone, M., Bond, A., &Foss, B. (2004). *Consumer insight: how to use data and market research to get closer to your customer*. Kogan Page Publishers.

Tellis, G. J., & Golder, P. N. (1996). First to market, first to fail? Real causes of enduring market leadership. *Sloan Management Review*, winter.

Thomas, D. C., & Peterson, M. F. (2016). *Cross-cultural management: Essential concepts*. Sage Publications.

Treacy, M., & Wiersema, F. (1993). Customer intimacy and other value disciplines. *Harvard business review*, 71(1), 84-93.

Tushman, M., Smith, W. K., Wood, R. C., Westerman, G., & O'Reilly, C. (2010).

Organizational designs and innovation streams. *Industrial and Corporate Change*, 19(5), 1331-1366.

Tushman, M., & O'Reilly, C. 1996. Ambidextrous organizations: Managing evolutionary and revolutionary change. *California management review*, 38(4; 4): 8-30.

Ulwick, A. W. (2005). What customers want: *Using outcome-driven innovation to create breakthrough products and services* (Vol. 71408673). New York: McGraw-Hill

VOC 경영 연구회. (2013). *VOC 3.0+*, KMAC.

Wang, Dan-Shang, and Chia-Chun Hsieh. "The effect of authentic leadership on employee trust and employee engagement." *Social Behavior and Personality: an international journal* 41.4 (2013): 613-624.

Welch, J., & Byrne, J. A. (2003). Jack: *Straight from the gut*. Business Plus.

Westley, F., & Mintzberg, H. (1989). Visionary leadership and strategic management. *Strategic management journal*, 10(S1), 17-32.

세계 1등은 다르게 일한다

초판1쇄 발행	2021년 11월 01일
초판2쇄 발행	2021년 11월 19일

지은이	이영하

발행인	조인원
편집장	신수경
편집	김민경 유나리
디자인	디자인 봄에
마케팅	안영배 신지애
제작	오길섭 정수호

발행처	(주)서울문화사
등록일	1988년 12월 16일 ｜ 등록번호 제2-484호
주소	서울시 용산구 한강대로43길 5 (우)04376
편집문의	02-799-9346
구입문의	02-791-0762
이메일	book@seoulmedia.co.kr

ISBN 979-11-6438-976-6 (03320)